Der GmbH-Geschäftsführer als Verbraucher

Europäische Hochschulschriften

European University Studies

Publications Universitaires Européennes

Reihe II **Rechtswissenschaft**

Series II Law

Série II Droit

Band/Volume **5892**

Hannes Thormann

Der GmbH-Geschäftsführer als Verbraucher

PL ACADEMIC RESEARCH

Bibliografische Information der Deutschen Nationalbibliothek
Die Deutsche Nationalbibliothek verzeichnet diese Publikation in der Deutschen Nationalbibliografie; detaillierte bibliografische Daten sind im Internet über http://dnb.d-nb.de abrufbar.

Zugl.: Leipzig, Univ., Diss 2016

15
ISSN 0531-7312
ISBN 978-3-631-68104-6 (Print)
E-ISBN 978-3-653-07221-1 (E-PDF)
E-ISBN 978-3-631-70676-3 (EPUB)
E-ISBN 978-3-631-70677-0 (MOBI)
DOI 10.3726/ b10463

PL Academic Research ist ein Imprint der Peter Lang GmbH.
Peter Lang – Frankfurt am Main · Bern · Bruxelles · New York · Oxford · Warszawa · Wien

Diese Publikation wurde begutachtet.

www.peterlang.com

Die vorliegende Dissertationsschrift entstand im Rahmen eines Promotionsstudiums an der Universität Leipzig in den Jahren 2011 bis 2015. Sie wurde in öffentlicher Prüfung am 26. Mai 2016 verteidigt und mit dem Prädikat „magna cum laude“ bewertet.

Meinem Doktorvater und Erstgutachter, Herrn Prof. Burkhard Boemke, danke ich besonders für die langjährige Beschäftigung an seinem Lehrstuhl. Meine wissenschaftliche Arbeitsweise ist durch sein Vorbild entscheidend geprägt worden. Ich danke Ihnen, Herr Prof. Boemke, auch für die gute und stets zielorientierte Betreuung meiner Dissertation.

Meinem Zweitgutachter, Herrn Prof. Tim Drygala, danke ich für die Erstellung des Zweitgutachtens und die darin enthaltenen Anregungen, die eine sehr praxisbezogene Verteidigung der Arbeit ermöglicht haben.

Für den privaten Rückhalt in allen Lagen danke ich Frau Pia Hoffmann und meinen Eltern, die mich in meinem Vorhaben bestärkt und unterstützt haben.

Leipzig, im September 2016.

Inhaltsverzeichnis

Erster Teil – Einführung 19

§ 1 – Vorwort 19

§ 2 – Meinungsstand 20

I. Rechtsprechung 20
1. Ordentliche Gerichtsbarkeit 20
a) BGH 20
aa) Überblick 20
bb) Maßgebliche Person und maßgeblicher Vertragszweck 21
cc) Gewerbliche oder selbständig berufliche Tätigkeit 22
dd) Beteiligung des Geschäftsführers an der Gesellschaft ohne Einfluss 22
ee) Normzweckerwägungen 23
ff) Keine Vorlage an EuGH 23
b) Abweichende Instanzgerichtsrechtsprechung 23
aa) Schutzzweckerwägungen 23
bb) Selbständige berufliche Tätigkeit 24
cc) Berücksichtigung vorhergehender Tätigkeit 24
2. Arbeitsgerichtsbarkeit 25
II. Literatur 25
1. Allgemein 25
2. Gewerbliche Tätigkeit 26
3. Selbständige berufliche Tätigkeit 26
a) Schutzzweckerwägungen 27
b) Beherrschender Einfluss 27
aa) Kritik an isolierter Betrachtung 27
bb) Differenzierung nach Beherrschungsmöglichkeit 28
cc) Vergleich zu Kaufmann und Unternehmer 28
c) Organwaltertätigkeit keine angestellte berufliche Tätigkeit 29

d) Widerspruch zur Beurteilung des GmbH-Geschäftsführers als Arbeitnehmer 29
aa) Exkurs: Arbeitnehmereigenschaft des GmbH-Geschäftsführers 30
bb) Kongruenz der Gegensatzpaare? 31
4. Anmerkung 32
§ 3 – Gang der Untersuchung 33

Zweiter Teil – Grundlagen zum Verbraucherbegriff 35
§ 4 – Verbraucherschutz im Rahmen der Privatautonomie 35
I. Grundlagen zur Privatautonomie 35
1. Privatautonomie 35
2. Vertragsfreiheit 37
II. Privatautonomie und gestörte Vertragsparität 37
1. Gleichrangigkeit der Rechtssubjekte und Interessenausgleich 37
2. Fremdbestimmung als Folge eines Ungleichgewichts 38
3. Sicherstellung der Privatautonomie durch gesetzgeberische Gestaltung 38
a) Gesetzgeberische Einflussnahme als Folge möglicher Fremdbestimmung 38
b) Bestimmung der Bereiche gesetzgeberischer Einflussnahme 39
c) Grenze gesetzgeberischer Einflussnahme 40
4. Zwischenfazit 41
III. Typisierbarkeit der Unterlegenheit bei rechtsgeschäftlichem Handeln – Generalisierende Betrachtung 41
IV. Betrachtung des Verbraucherschutzrechts als Regelungskomplex infolge gestörter Vertragsparität 42
1. Grundlagen 42
2. Die das Verbraucherschutzrecht kennzeichnende Interessenlage 43
3. Die das Machtgefälle kennzeichnenden Merkmale 44
a) Informationsdefizit 44

b) Intellektuelles, psychologisches oder wirtschaftliches Ungleichgewicht 44
c) Fehlende Organisationsmöglichkeiten 45
4. Gesetzgeberische Maßnahmen zur Korrektur der Störungslagen 45
V. Fazit 46
§ 5 – Historische Entwicklung des Verbraucherbegriffs 47
I. Einführung 47
II. Entwicklung im deutschen Rechtskreis 48
1. Erste Phase: Verbraucherschutzrechtsentwicklung außerhalb des BGB 49
a) Abzahlungsgesetz 49
b) AGB-Gesetz 51
c) Haustürwiderrufsgesetz 53
d) Verbraucherkreditgesetz 54
2. Zweite Phase: Vereinheitlichung des Verbraucherschutzrechts 55
a) Gesetz über Fernabsatzverträge und andere Fragen des Verbraucherrechts sowie zur Umstellung von Vorschriften auf Euro – Fernabsatzgesetz 55
b) Gesetz zur Modernisierung des Schuldrechts – Schuldrechtsmodernisierungsgesetz 56
c) Gesetz zur Umsetzung der Verbraucherrechterichtlinie 58
3. Fazit 58
III. Entwicklung im Rechtskreis der europäischen Gemeinschaften 59
1. Europäisch-autonome Auslegung 60
2. Verbraucherschutzrecht als Rechtsprinzip auf europäischer Ebene 61
a) Binnenmarkterrichtung und Harmonisierung 62
aa) Bedeutung der wirtschaftlichen Integration 62
bb) Bedürfnis nach Errichtung eines Binnenmarkts 62
(1) Begriff des Binnenmarkts 62
(2) Herstellung des Binnenmarkts als kontinuierliche Aufgabe 63
cc) Harmonisierung als Instrument für die Errichtung eines Binnenmarkts 63

(1) Grundlagen zur Harmonisierung 63
(2) Primärrechtliche Grundlage: Art. 114 AEUV 64
b) Binnenmarkterrichtung durch Verbraucherschutz 64
aa) Entwicklung der Funktion des Verbraucherschutzrechts im Rahmen des Binnenmarkts 65
(1) Verbraucherschützende Regelungen vor primärrechtlicher Normierung 65
(2) Verbraucherschützende Regelungen aufgrund primärrechtlicher Normen 66
(a) Art. 100a EWGV 66
(b) Art. 95 EGV 66
(c) Art. 129a EGV 67
(3) Fazit 67
bb) Aktuelle primärrechtliche Verknüpfungen von Verbraucherschutzrecht und Binnenmarkterrichtung im Unionsrecht 68
(1) Art. 4 AEUV 68
(2) Art. 169 Abs. 1 AEUV 68
(3) Art. 114 AEUV 69
(a) Art. 114 AEUV als Kompetenznorm zur Rechtssetzung im Verbraucherschutzrecht 69
(b) Kritik 69
(4) Berücksichtigungen im Kontext des Wettbewerbsrechts 70
c) Zwischenfazit 70
3. Verbraucherschutz und Verbraucherbegriff in den Richtlinien 71
a) Einleitung 71
b) Maßgebliche Rechtsquellen 72
aa) Richtlinien 72
bb) Weitere Rechtsakte 73
c) Merkmale 74
aa) Merkmal der natürlichen Person 75
bb) Merkmal des Rechtsgeschäftszwecks 76

(1) Zweckbindung 76
(2) Tätigkeit 77
(a) Zweck muss außerhalb der gewerblichen, geschäftlichen, handwerklichen oder beruflichen Tätigkeit liegen 77
(b) Inhalt der Begriffe 78
(c) Nicht: Fehlendes Überwiegen des unternehmerischen Zwecks 80
d) Fazit 80
IV. Fazit und Kritik 81
1. Fazit 81
2. Kritik 81

§ 6 – Verbraucherbegriff im Gesetz 82
I. Natürliche Person 82
II. Abschluss eines Rechtsgeschäfts 83
1. Bedeutung des Begriffs „Rechtsgeschäft“ 83
2. Folge der Rechtsgeschäftsbezogenheit 85
3. Verhältnis mehrerer Rechtsgeschäfte zueinander 85
a) Ursprüngliche Auffassung des BGH 86
b) Rechtsprechung des EuGH 86
aa) EuGH, Urteil vom 17.03.1998 – C-45/96 (Dietzinger) 86
(1) Urteil des EuGH 86
(2) Reaktionen der Literatur 87
bb) EuGH, Urteil vom 23.03.2000 – C-208/98 (Berliner Kindl) 88
c) Anschließende Rechtsprechung des BGH 88
aa) Zustimmende Rechtsprechung 88
bb) Änderung der Rechtsprechung 89
cc) Zwischenfazit 90
d) Literatur 91
e) Fazit 91

III. Zweck des Rechtsgeschäfts 92
1. Negative Abgrenzung 92
2. Bestimmung der Zweckrichtung 93
a) Bei Vorliegen eines Rechtsgeschäfts 94
aa) Vorrang eines übereinstimmenden Willens 94
(1) Grundsatz 94
(2) Abweichung bei Anwendung des Verbraucherbegriffs 95
bb) Abstellen auf den objektiven Erklärungswert 95
(1) Grundsätze 96
(2) Abweichung bei Anwendung des Verbraucherbegriffs? 97
(a) Grundsätze zum Verbot widersprüchlichen Verhaltens 97
(b) Vorliegen eines Vertrauenstatbestands 98
(c) Fehlen eines Vertrauenstatbestands 98
(d) Zweifelsfälle 98
cc) Zwischenfazit 99
b) Bei Fehlen eines Rechtsgeschäfts 99
3. Maßgebliche Person 100
4. Maßgeblicher Zeitpunkt 101
a) Grundsatz 101
b) Zweckänderungen 101
aa) Nach Vertragsabschluss 101
bb) Nach Abgabe und vor Wirksamwerden der Willenserklärung 102
cc) Zwischenfazit 103
5. Vorliegen einer doppelten Zweckrichtung 103
IV. Gewerbliche oder selbständige berufliche Tätigkeit 104
1. Abweichung von europäischem Verbraucherbegriff? 104
a) Überblick 104
b) Entwicklung des Merkmals im bürgerlichen Recht 106
aa) Keine eindeutige Herkunft bzgl. § 13 BGB 106
bb) Kein einheitliches Bild vor Einführung des § 13 BGB 107

(1) § 6 HaustürWG a. F. 107
(2) § 1 VerbrKrG a. F. 107
(3) § 609a BGB a. F. und § 1 Abs. 1 TzWrG a. F. 108
(4) Fazit 109
cc) Fazit 109
c) Bedeutung des Merkmals der beruflichen Tätigkeit auf europäischer Ebene 109
aa) Unterschiede in den Sprachfassungen 109
(1) Englisch 110
(2) Französisch 110
(3) Spanisch 111
(4) Fazit 112
bb) Systematischer Vergleich der Begriffe 113
cc) Fazit 114
d) Fazit 114
2. Inhalt der Begriffe 115
a) Meinungsstand zur Inhaltsbestimmung 115
b) Auseinandersetzung 116
c) Inhalt im Einzelnen 117
aa) Gewerbliche Tätigkeit 118
bb) Selbständige berufliche Tätigkeit 119
(1) Berufliche Tätigkeit 119
(2) Selbständigkeit der Tätigkeit 121
(a) Begriffsmerkmale laut Rechtsprechung und Literatur 121
(b) Stellungnahme 121
(c) Keine differenzierende Auslegung 122
3. Fazit 122
V. Nicht: Schutzbedürftigkeit im Einzelfall 122
VI. Einfluss des § 14 BGB auf § 13 BGB 123
1. Rolle des § 14 BGB 123
2. Bestehen einer „dritten Kategorie“? 124

a) Gegenseitiger Ausschluss beider Eigenschaften ... 125
b) Bestehen der Eigenschaften bei jedem Rechtsgeschäft ... 125
c) Spiegelbildliche Konzeption der Begriffe ... 126
d) Ausschluss einer analogen Anwendung auf die nicht erfassten Personen ... 126
e) Zu weitgehendes Verständnis einer zwangsweisen Zuordnung? ... 126
f) Zwischenfazit ... 127
g) Dritte Kategorie auf europäischer Ebene ... 128

Dritter Teil – Verbrauchereigenschaft des GmbH-Geschäftsführers ... 131

§ 7 – Einleitung ... 131

§ 8 – Keine Gewerbliche Tätigkeit des GmbH-Geschäftsführers ... 132
I. Einleitung ... 132
II. Grundlagen: Bedeutung der gewerblichen Tätigkeit im Handelsrecht ... 132
1. Zentralnorm des § 1 HGB ... 133
2. Herkunft und Ausgestaltung des handelsrechtlichen Gewerbebegriffs ... 133
3. Merkmale des handelsrechtlichen Gewerbebegriffs ... 133
a) Rechtsprechung ... 133
b) Literatur ... 134
III. Fehlende Gewerblichkeit der reinen Vermögensverwaltung ... 135
1. Begriff der Vermögensverwaltung ... 135
2. Fehlende Gewerblichkeit der Vermögensverwaltung ... 136
a) Rechtsprechung ... 136
aa) Grundsatz: Vermögensverwaltung als private Tätigkeit ... 136
bb) Grenze: Einsatz fremden Vermögens sowie planmäßiger Geschäftsbetrieb ... 137
b) Literatur ... 137

aa) Abgrenzung nach qualitativen Merkmalen ... 137
(1) Fehlendes Anbieten am Markt ... 137
(2) Fehlende spezifische Risikostruktur? ... 138
(a) Pro: Maßgeblichkeit von Risikostrukturen ... 138
(b) Contra: Unerheblichkeit spezifischer Risikostrukturen ... 139
bb) Abgrenzung nach quantitativen Merkmalen ... 140
cc) Fazit ... 140
3. Fazit ... 140
IV. Halten von Geschäftsanteilen als Vermögensverwaltung ... 140
1. Begriff und Funktion des Geschäftsanteils ... 141
2. Entwicklungen durch das MoMiG ... 141
3. Fazit ... 142
V. Übertragbarkeit und Abweichungen der Ergebnisse mit Blick auf den verbraucherrechtlichen Gewerbebegriff ... 143
1. Ansicht von Fehrenbacher und Herr ... 143
2. Lösung anhand des verbraucherrechtlichen Gewerbebegriffs ... 144
VI. Fazit ... 145
§ 9 – Keine selbständige berufliche Tätigkeit des Geschäftsführers ... 145
I. Einleitung ... 145
II. Grundlagen zum GmbH-Geschäftsführer ... 146
1. Allgemeines ... 146
2. Vertretungs- und Geschäftsführungsorgan ... 146
3. Verhältnis zu den Gesellschaftern ... 147
4. Anstellungs- und Organverhältnis ... 147
a) Bestellung und Anstellung ... 148
b) Organverhältnis und Anstellungsverhältnis ... 149
aa) Organverhältnis ... 149
bb) Anstellungsverhältnis ... 149
(1) Notwendigkeit eines Anstellungsverhältnisses ... 150
(a) Entbehrlichkeit des Anstellungsverhältnisses im Einzelfall? ... 150

(b) Dogmatische Verbundenheit: Anstellung als Kausalgeschäft? 151
(c) Stellungnahme 152
(2) Inhalt des Anstellungsverhältnisses 153
(3) Art des Anstellungsverhältnisses 153
(4) Gesellschaftsrechtliche Prägung 153
5. Zwischenfazit 154
III. Tragen eines wirtschaftlichen Risikos 155
1. Handeln des Geschäftsführers und Tragen des wirtschaftlichen Risikos 156
2. Beurteilung bei eigener Beteiligung des Geschäftsführers 157
a) Grundsatz: keine Haftung der Gesellschafter für Verbindlichkeiten der Gesellschaft 157
b) Ausnahmsweise: Durchgriffshaftung 158
c) Fazit 158
3. Fazit 159
IV. Fehlende Selbständigkeit wegen Weisungsgebundenheit 159
1. Vorbemerkung 159
2. Gesellschaftsrechtliche Weisungsgebundenheit des GmbH-Geschäftsführers 160
a) Gesellschafterversammlung als oberstes Organ 160
b) Regelung des § 37 GmbHG 160
aa) Zuweisung der Geschäftsführungsbefugnis 160
bb) Weisungsrecht der Gesellschafter 161
(1) Gesetzliche Anbindung des Weisungsrechts 161
(2) Grenzen des Weisungsrechts 162
(a) Verbleiben eines Kernbereichs? 163
(b) Vollständige Übernahme der Geschäftsführung? 164
(c) Stellungnahme 164
(3) Zwischenfazit 165
3. Dienstvertragsrechtliche Weisungsgebundenheit 165
a) Grundlagen zu § 665 BGB 166
b) Umfang des Weisungsrechts 166

aa) Inhalt des Weisungsrechts ... 166
bb) Rechtscharakter des Weisungsrechts ... 167
c) Zwischenfazit ... 168
d) Gesellschaftsrechtliche Beschränkungen der Regelungsfreiheit im Anstellungsverhältnis ... 168
e) Fazit ... 169
4. Einfluss auf Weisungserteilung durch Halten von Geschäftsanteilen ... 170
a) Einleitung ... 170
b) Gesellschafterbeschluss als Grundlage für Weisung ... 170
aa) Funktion der Beschlussfassung ... 171
bb) Grundsätze des Beschlussverfahrens ... 171
cc) Einflussnahme durch Beherrschung oder Sperrung ... 172
(1) Einfluss kraft beherrschender Mehrheit ... 172
(2) Einfluss kraft Sperrminorität ... 173
(3) Exkurs: Rechtsprechung von BSG und BAG hinsichtlich Beschäftigten- bzw. Arbeitnehmereigenschaft bei Einflussmöglichkeiten kraft Haltens von Gesellschaftsanteilen ... 174
c) Fazit ... 175
5. Übertragung der Ergebnisse auf den verbraucherrechtlichen Begriff der Selbständigkeit innerhalb des Begriffs der beruflichen Tätigkeit ... 175

Vierter Teil ... 177

§ 10 – Ergebnisse ... 177

Literaturverzeichnis ... 179

Erster Teil – Einführung

§ 1 – Vorwort

Um eines vorweg zu nehmen: wir sind mit unserer Verbraucherdefinition – auf der ein Schwerpunkt der vorliegenden Arbeit liegt – nicht schlecht bedient. Dies zeigt ein kurzer Blick auf andere Rechtsordnungen. Auch wenn sich ein direkter Vergleich angesichts der grundlegenden Unterschiede in den Rechtsordnungen verbietet, sei als Beispiel hier die Verbraucherdefinition nach Section 2 Abs. 1 Buchst. d) des indischen Consumer Protection Act von 1986 unter Berücksichtigung später vorgenommener Änderungen aufgeführt[1]:

„„consumer“ means any person, who,–

(i) buys any goods for a consideration which has been paid or promised or partly paid and partly promised, or under any system of deferred payment and includes any user of such goods other than the person who buys such goods for consideration paid or promised or partly paid or partly promised, or under any system of deferred payment when such use is made with the approval of such person, but does not include a person who obtains such goods for resale or for any commercial purpose; or

(ii) hires or avails of any services for a consideration which has been paid or promised or partly paid and partly promised, or under any system of deferred payment and includes any beneficiary of such services other than the person who hires or avails of the services for consideration paid or promised, or partly paid and partly promised, or under any system of deferred payment, when such services are availed of with the approval of the first mentioned person but does not include a person who avails of such services for any commercial purpose;

Explanation.–For the purposes of this clause, „commercial purpose“ does not include use by a person of goods bought and used by him and services availed by him exclusively for the purposes of earning his livelihood by means of self-employment;“

Mit der zunehmenden Bedeutung des Verbraucherschutzrechts steigt auch die Bedeutung der Konturen seines Anwendungsbereichs. Dieser Anwendungsbereich wird wesentlich durch den Verbraucherbegriff bestimmt. Damit stellt sich die Frage nach den Grenzen des abstrakten Verbraucherbegriffs.

Ein in diesem Zusammenhang immer wieder behandelter Anwendungsfall ist derjenige des GmbH-Geschäftsführers. Nähert man sich den beiden Begriffen – dem des Verbrauchers und dem des Geschäftsführers – allein vom Sprachgefühl her, sind sie nur schwer miteinander in Einklang zu bringen. Auf der einen Seite

1 Umfassend hierzu *Singh*, 1, 1 ff.

der schützenswerte Konsument, auf der anderen Seite der wirtschaftlich erfahrene Unternehmensleiter.

Tatsächlich hat die Rechtsprechung eine sehr eindeutige Antwort auf die Frage, ob der GmbH-Geschäftsführer Verbraucher sein kann. Diese Antwort steht aber im exakten Gegensatz zu dem vom Sprachgefühl nahegelegten Ergebnis. Nach gefestigter Rechtsprechung des BGH hindert die Stellung des Geschäftsführers dessen Verbrauchereigenschaft selbst bei Geschäften nicht, die dieser zum Zweck der Geschäftsführung abschließt. Dies gilt vor allem auch unabhängig vom Grad seiner eigenen Beteiligung an der GmbH.

Das BAG hat zu dieser Frage ebenfalls Stellung bezogen. Anlass war die Überprüfung eines Anstellungsvertrags eines GmbH-Geschäftsführers. Wie noch ausführlich gezeigt wird[2], hat das BAG die Rechtsprechung des BGH im Grundsatz bestätigt, in einer entscheidenden Frage, nämlich der der eigenen Beteiligung des Geschäftsführers an der Gesellschaft, aber offen gelassen.

Inwieweit der Auffassung der Rechtsprechung besonders vor dem Hintergrund der europäischen Entwicklung des Verbraucherbegriffs zuzustimmen ist, ist Gegenstand der vorliegenden Arbeit.

§ 2 – Meinungsstand

Zunächst wird der Meinungsstand zu der Verbrauchereigenschaft des GmbH-Geschäftsführers vorgestellt.

I. Rechtsprechung

In der Rechtsprechung besteht zu der Frage, ob ein GmbH-Geschäftsführer bei Geschäften im Zusammenhang mit seiner Tätigkeit Verbraucher ist, ein einheitliches Bild. Besonders der BGH hat hierzu eine sehr weitreichende Auffassung, von der in der Rechtsprechung der unteren Instanzen nur vereinzelt abgewichen wird. Grundsätzlich mit derselben Argumentation, aber im Ergebnis weniger weitreichend, hat das BAG zu der Frage Stellung bezogen.

1. Ordentliche Gerichtsbarkeit

a) BGH

aa) Überblick

Die Rechtsprechung des BGH entwickelte sich anhand der Rechtslage vor Einführung der §§ 13 und 14 BGB. Die gesetzliche Grundlage hierfür bildete das VerbrKrG[3]. Eine spätere Entscheidung erging zu der Rechtslage nach Einführung der §§ 13 und

---

2 S. unten § 2.

3 Vgl. BGH, Urteil vom 28.06.2000 – VIII ZR 240/99 – BGHZ 144, 371, 379 ff.; BGH, Urteil vom 25.02.1997 – XI ZR 49/96 – BB 1997, 854, 854 f.; BGH, Urteil vom 10.07.1996 – VIII

14 BGB, aber noch vor Inkrafttreten des Schuldrechtsmodernisierungsgesetzes. Die zuvor zu den spezialgesetzlichen Begriffen gefundenen Ergebnisse übertrug der BGH ohne gesonderte Prüfung auf die neuen, zentralen Definitionen[4].

Die meisten Sachverhalte betrafen Fälle, in denen der Geschäftsführer ein Rechtsgeschäft zur Sicherung von Ansprüchen abschloss, die gegen die ihn anstellende GmbH gerichtet waren. Den gesetzlichen Rahmen für die Entscheidungen zur der Frage nach der Verbrauchereigenschaft bildeten die Übernahme einer Mithaftung bzw. der Schuldbeitritt[5].

In einem vollständig anders gelagerten Sachverhalt lag eine Gewinnzusage i. S. d. § 661a BGB zu Grunde. Hier hatte der BGH auf die fehlende Unternehmereigenschaft des Geschäftsführers einzugehen[6].

bb) Maßgebliche Person und maßgeblicher Vertragszweck

Zunächst sah sich der BGH bei der Feststellung der Verbrauchereigenschaft regelmäßig mit der Frage nach der maßgeblichen Person und dem maßgeblichen Vertragszweck konfrontiert. Die Ansicht, für die Anwendung des VerbrKrG auf einen Schuldbeitritt müsse auch der Kreditnehmer selbst Verbraucher sein, lehnte er ab. Bei einem Schuldbeitritt sei allein die Person des Beitretenden maßgeblich[7]. Ein Schuldbeitritt begründe ein selbständiges Schuldverhältnis zwischen dem Beitretenden und dem Kreditgeber, auf dessen Zweck es alleine ankomme[8]. Für den Fall einer Mitverpflichtung eines Darlehensnehmers stellte er fest, für die Beurteilung der Zweckrichtung komme es nicht darauf an, ob die gesicherte Schuld für die gewerbliche Tätigkeit des Kreditnehmers verwendet werde. Entscheidend sei, ob die Voraussetzungen für die Anwendbarkeit der verbraucherschützenden Regelung in der Person des Mitverpflichteten erfüllt seien[9]. Für die Schutzbedürftigkeit der

---

ZR 213/95 – BGHZ 133, 220, 222 ff.; BGH, Urteil vom 05.06.1996 – VIII ZR 151/95 – BGHZ 133, 71, 76 ff. – Zum VerbrKrG s. noch unten § 5 II. 1. d).

4 Vgl. BGH, Urteil vom 24.07.2007 – XI ZR 208/06 – WM 2007, 1833, 1834 f., der lediglich darauf hinweist, dass die Ansicht des BGH zur Verbrauchereigenschaft des GmbH-Geschäftsführers dem Gesetzgeber bei Einfügung des VerbrKrG in das BGB bekannt gewesen sei und er es insoweit bewusst bei der dieser Ansicht entsprechenden Rechtslage belassen habe.

5 Vgl. BGH, Urteil vom 24.07.2007 – XI ZR 208/06 – WM 2007, 1833, 1834 f.; BGH, Urteil vom 08.11.2005 – XI ZR 34/05 – BGHZ 165, 43, 46 ff.; BGH, Urteil vom 28.06.2000 – VIII ZR 240/99 – BGHZ 144, 371, 378 ff.; BGH, Urteil vom 25.02.1997 – XI ZR 49/96 – BB 1997, 854, 854 f.; BGH, Urteil vom 10.07.1996 – VIII ZR 213/95 – BGHZ 133, 220, 222 ff.; BGH, Urteil vom 05.06.1996 – VIII ZR 151/95 – BGHZ 133, 71, 73 ff.

6 BGH, Urteil vom 15.07.2004 – III ZR 315/03 – BB 2004, 2259, 2259 f.

7 BGH, Urteil vom 24.07.2007 – XI ZR 208/06 – WM 2007, 1833, 1834; BGH, Urteil vom 10.07.1996 – VIII ZR 213/95 – BGHZ 133, 220, 223.

8 BGH, Urteil vom 05.06.1996 – VIII ZR 151/95 – BGHZ 133, 71, 76 mit zustimmendem Verweis auf *Graf von Westphalen*, BB 1993, Beilage 8, 19, 20.

9 BGH, Urteil vom 28.06.2000 – VIII ZR 240/99 – BGHZ 144, 371, 380 f.; BGH, Urteil vom 25.02.1997 – XI ZR 49/96 – BB 1997, 854, 854.

mitverpflichteten natürlichen Person sei unerheblich, ob auch weitere Personen für die Verbindlichkeit einzustehen haben und ob diese den Kredit für gewerbliche oder unternehmerische Tätigkeiten in Anspruch nehmen[10].

cc) Gewerbliche oder selbständig berufliche Tätigkeit

Im Kern befasste sich der BGH mit dem Zweck der maßgeblichen Rechtsgeschäfte. Sie seien nicht für die bereits ausgeübte gewerbliche oder selbständige berufliche Tätigkeit des Beitretenden bzw. Mithaftenden bestimmt[11]. Das Halten eines GmbH-Geschäftsanteils sei keine gewerbliche Tätigkeit, sondern Vermögensverwaltung[12], und die Geschäftsführung einer GmbH sei keine selbständige, sondern eine angestellte berufliche Tätigkeit[13].

dd) Beteiligung des Geschäftsführers an der Gesellschaft ohne Einfluss

Der BGH nahm auch zu dem Einfluss der Beteiligung des Geschäftsführers an der GmbH Stellung. Bei der Übernahme einer Mitverpflichtung für eine Darlehensübernahme durch einen geschäftsführenden Gesellschafter komme es im Interesse der Rechtssicherheit und -klarheit nicht darauf an, ob der mithaftende Mehrheitsgesellschafter oder gar Alleingesellschafter der GmbH sei[14]. Nach § 13 GmbHG gelte das Prinzip der Unternehmensleitung und persönlichen Haftung nicht einmal für geschäftsführende Alleingesellschafter einer GmbH, sodass selbst diese nicht den Kaufmannsstatus erlangen könnten[15]. Auch wenn ein freier Handelsvertreter seine Tätigkeit aufgebe und stattdessen eine Stellung als geschäftsführender Gesellschafter einer GmbH annehme, verliere dieser seinen Kaufmannsstatus und dürfe nicht mehr

---

10 BGH, Urteil vom 28.06.2000 – VIII ZR 240/99 – BGHZ 144, 371, 381.

11 BGH, Urteil vom 05.06.1996 – VIII ZR 151/95 – BGHZ 133, 71, 77 f.

12 BGH, Urteil vom 08.11.2005 – XI ZR 34/05 – BGHZ 165, 43, 48.

13 BGH, Urteil vom 10.07.1996 – VIII ZR 213/95 – BGHZ 133, 220, 223; BGH, Urteil vom 05.06.1996 – VIII ZR 151/95 – BGHZ 133, 71, 78 mit zustimmendem Verweis auf *Graf von Westphalen*, BB 1993, Beilage 8, 19, 20, der für die Definition der gewerblichen Tätigkeit abweichend von der hier vertretenen Ansicht diejenige des Handelsrechts als „deckungsgleich“ zu Grunde legt. – Zustimmend BGH, Urteil vom 24.07.2007 – XI ZR 208/06 – WM 2007, 1833, 1835. – So auch für die fehlende Unternehmereigenschaft eines GmbH-Geschäftsführers BGH, Urteil vom 15.07.2004 – III ZR 315/03 – WM 2004, 2259, 2260.

14 BGH, Urteil vom 25.02.1997 – XI ZR 49/96 – BB 1997, 854, 854 f. – Vgl. auch BGH, Urteil vom 24.07.2007 – XI ZR 208/06 – WM 2007, 1833, 1834; BGH, Urteil vom 08.11.2005 – XI ZR 34/05 – BGHZ 165, 43, 47; BGH, Urteil vom 05.06.1996 – VIII ZR 151/95 – BGHZ 133, 71, 77.

15 BGH, Urteil vom 08.11.2005 – XI ZR 34/05 – BGHZ 165, 43, 49, der offensichtlich abweichend von der hier vertretenen Auffassung davon ausgeht, dass der Ausschluss von Kaufmanns-, Unternehmer- und Freiberuflereigenschaft zum Bestehen der Verbrauchereigenschaft führt. – Zustimmend BGH, Urteil vom 24.07.2007 – XI ZR 208/06 – WM 2007, 1833, 1834.

als solcher behandelt werden[16]. Bei der Übernahme einer Mithaftung für eine Kreditschuld der GmbH komme es auch nicht auf die zu Grunde liegenden Motive des Geschäftsführers an, sondern darauf, dass diese Haftung auf einem eigenständigen Willensentschluss des Geschäftsführers als Privatperson beruhe[17].

ee) Normzweckerwägungen

Erwägungen aus dem Normzweck des VerbrKrG bzw. der §§ 13 und 14 BGB hielt der BGH entgegen, der gesetzgeberische Wille spreche im Zweifel für eine Anwendung der verbraucherschützenden Vorschriften[18]. Hieran ändere auch die in aller Regel vorhandene Geschäftserfahrenheit der Geschäftsführer nichts[19]. Zudem würden weder eine geänderte Wirtschaftswirklichkeit in Form einer gestiegenen Anzahl an Handelsgesellschaften noch Erwägungen zu der Höhe des Umsatzes der durch den Geschäftsführer geleiteten Gesellschaft eine richterliche Rechtsfortbildung rechtfertigen[20].

ff) Keine Vorlage an EuGH

Zuletzt lehnte der BGH auch Vorlagen an den EuGH zwecks Überprüfung der Konformität der deutschen mit den europäischen Normen ab. Ob ein Schuldbeitritt einer natürliche Person zu einer Verbindlichkeit einer Gesellschaft vom Anwendungsbereich bestimmter Richtlinien erfasst ist, sei unerheblich, weil die Mitgliedsstaaten nach den einschlägigen Richtlinien nicht gehindert seien, über die europäischen Regelungen hinausgehende Verbraucherschutzvorschriften zu erlassen[21].

b) Abweichende Instanzgerichtsrechtsprechung

Neben zustimmenden Entscheidungen[22] sind Landgerichte und Oberlandesgerichte in der Frage der Verbrauchereigenschaft des Geschäftsführers zum Teil von der Ansicht des BGH abgewichen.

aa) Schutzzweckerwägungen

Zum Teil wird die Ansicht aus Schutzzweckerwägungen zu den konkret verbraucherschützenden Normen abgelehnt. Bei einer im Fall der Mithaftungsübernahme durch den nicht unerheblich beteiligten Gesellschafter gebotenen wirtschaftlichen

---

16 BGH, Urteil vom 24.07.2007 – XI ZR 208/06 – WM 2007, 1833, 1834.
17 BGH, Urteil vom 24.07.2007 – XI ZR 208/06 – WM 2007, 1833, 1835.
18 BGH, Urteil vom 08.11.2005 – XI ZR 34/05 – BGHZ 165, 43, 50 f.; BGH, Urteil vom 05.06.1996 – VIII ZR 151/95 – BGHZ 133, 71, 78.
19 BGH, Urteil vom 24.07.2007 – XI ZR 208/06 – WM 2007, 1833, 1835.
20 BGH, Urteil vom 08.11.2005 – XI ZR 34/05 – BGHZ 165, 43, 49 f. – Vgl. auch BGH, Urteil vom 24.07.2007 – XI ZR 208/06 – WM 2007, 1833, 1835.
21 BGH, Urteil vom 24.07.2007 – XI ZR 208/06 – WM 2007, 1833, 1835.
22 Vgl. OLG München, Urteil vom 09.09.2003 – 23 U 1945/03 – ZIP 2004, 991, 992.

Gesamtbetrachtung müsse dieser zur Vermeidung untragbarer Wertungswidersprüche aus dem Schutzbereich des VerbrKrG ausgenommen werden[23]. Im Fall des Verbraucherkreditrechts bestehe eine charakteristische Verlockungsgefahr und eine typische Tendenz zur Wertvernichtung, wovor bei Krediten zu gewerblichen Zwecken kein Schutz notwendig sei[24]. Die Schutzbedürftigkeit könne hinsichtlich einer GmbH nicht anders beurteilt werden als für einen Einzelkaufmann, der aus dem Schutzbereich des Verbraucherkreditrechts ausgenommen ist[25]. Insbesondere könne nicht ein und dieselbe Person, die sowohl das Kreditgeschäft für die GmbH als auch die Mithaftung für sich selbst abschließt, „von einer Zeile in die andere[26] „geschäftsunerfahren“ werden“[27]. Bei einem nicht unerheblich beteiligten Geschäftsführer bestehe in der Ausbildung und Berufserfahrung sowie im faktischen Tätigwerden kein Unterschied zu einem Kaufmann[28].

bb) Selbständige berufliche Tätigkeit

Die Kritik betrifft auch die Behandlung der Geschäftsführertätigkeit als nicht selbständige berufliche Tätigkeit. Nach Ansicht des OLG Düsseldorf habe der Begriff der selbständigen beruflichen Tätigkeit eigenständig in Hinblick auf den Schutzzweck des VerbrKrG definiert werden müssen[29]. Auch sei bei Ermittlung der Tätigkeit im Rahmen des § 13 BGB eine umfassende Zurechnungsbetrachtung geboten, die neben der Geschäftsführertätigkeit weitere Anstellungen und Beteiligungen einzubeziehen habe[30]. Nach Auffassung des OLG Rostock stellt sich die Mithaftungsübernahme eines Gesellschafter-Geschäftsführers zum von ihm selbst für die Gesellschaft abgeschlossenen Darlehensvertrag für ihn selbst auch als unternehmerisches Handeln dar[31].

cc) Berücksichtigung vorhergehender Tätigkeit

Auch könne eine der Beteiligung an der Gesellschaft vorausgehende frühere Tätigkeit als Handelsvertreter der Rechtsvorgängerin derselben Gesellschaft berücksichtigt werden. Die frei bestimmte selbständige Tätigkeit werde nicht dadurch

---

23 Vgl. die Zusammenfassung des Berufungsgerichts in BGH, Urteil vom 08.11.2005 – XI ZR 34/05 – BGHZ 165, 43, 45.

24 OLG Düsseldorf, Urteil vom 08.05.2006 – I-1 U 176/05 – juris Rn. 69 mit Verweis auf *Canaris*, AcP 200 (2000), 273, 355.

25 OLG Düsseldorf, Urteil vom 08.05.2006 – I-1 U 176/05 – juris Rn. 70.

26 Der Geschäftsführer hatte beide Unterschriften auf demselben Schriftstück getätigt.

27 OLG Düsseldorf, Urteil vom 08.05.2006 – I-1 U 176/05 – juris Rn. 70.

28 Vgl. die Zusammenfassung des Berufungsgerichts in BGH, Urteil vom 08.11.2005 – XI ZR 34/05 – BGHZ 165, 43, 45.

29 OLG Düsseldorf, Urteil vom 08.05.2006 – I-1 U 176/05 – juris Rn. 59.

30 OLG Düsseldorf, Urteil vom 08.05.2006 – I-1 U 176/05 – juris Rn. 59.

31 Vgl. die Zusammenfassung des Berufungsgerichts in BGH, Urteil vom 08.11.2005 – XI ZR 34/05 – BGHZ 165, 43, 45 f.

aufgehoben, dass für den Schritt in die Selbständigkeit eine Gesellschaft gegründet werde[32]. Der Geschäftsführer übe hinterher dieselben Tätigkeiten aus, übernehme nur das wirtschaftliche Risiko nicht mehr, was aber durch seine Mithaftung und der Beteiligung am Jahresüberschuss der Gesellschaft nach § 29 Abs. 1 GmbHG ausgeglichen werde[33].

2. Arbeitsgerichtsbarkeit

Auch das BAG hatte bereits Gelegenheit, sich zu der Frage nach der Verbrauchereigenschaft eines GmbH-Geschäftsführers zu äußern. Dies betraf die Situation bei Abschluss des Anstellungsvertrags des Geschäftsführers selbst.

Auch das BAG stellte fest, dass die Geschäftsführung einer GmbH keine selbständige, sondern eine angestellte berufliche Tätigkeit sei[34]. Für eine selbständige Tätigkeit sei neben der weitgehenden Freiheit von Weisungen maßgeblich, dass die Tätigkeit im eigenen Namen, auf eigene Rechnung und im eigenen Verantwortungsbereich ausgeübt werde, sodass das wirtschaftliche Risiko der Tätigkeit unmittelbar selbst getragen werde, während ein GmbH-Geschäftsführer seine Tätigkeit im Namen und auf Rechnung der Gesellschaft ausübe und er im Innenverhältnis den Weisungen der Gesellschafter unterliege[35]. Sei schon die Tätigkeit keine selbständige im Sinne des § 13 BGB, gelte dies erst recht für den Abschluss des Anstellungsvertrags[36].

Das BAG setzte allerdings eine entscheidende Beschränkung gegenüber der Auffassung des BGH. Seine Entscheidung betraf einen Fremd-Geschäftsführer. Es beschränkte seine Ausführungen auch nur auf den Fall, dass der Geschäftsführer nicht zugleich als Gesellschafter über zumindest eine Sperrminorität verfügt und Leitungsmacht über die Gesellschaft ausüben kann[37]. Ob die Verbrauchereigenschaft darüber hinaus auch bei einer beherrschenden Stellung des Gesellschafter-Geschäftsführers besteht, ließ das Gericht offen.

II. Literatur

Die Literatur folgt im Grundsatz ganz überwiegend der Rechtsprechung der Bundesgerichte.

1. Allgemein

Ein großer Teil der Literatur stimmt der Rechtsprechung des BGH zu. Der GmbH-Geschäftsführer sei Verbraucher, und zwar auch dann, wenn er eine Schuld seiner GmbH mit übernehme oder sich für sie verbürge, was auch für ein Existenzgründungsdarlehen

32 OLG Düsseldorf, Urteil vom 08.05.2006 – I-1 U 176/05 – juris Rn. 64.
33 OLG Düsseldorf, Urteil vom 08.05.2006 – I-1 U 176/05 – juris Rn. 63.
34 BAG, Urteil vom 19.05.2010 – 5 AZR 253/09 – NZA 2010, 939, 940.
35 BAG, Urteil vom 19.05.2010 – 5 AZR 253/09 – NZA 2010, 939, 940.
36 BAG, Urteil vom 19.05.2010 – 5 AZR 253/09 – NZA 2010, 939, 940.
37 BAG, Urteil vom 19.05.2010 – 5 AZR 253/09 – NZA 2010, 939, 940 f.

der GmbH gelte[38]. GmbH-Geschäftsführer seien beim Abschluss eigener Verträge selbst dann Verbraucher, wenn sie zugleich Gesellschafter sind[39]. In diesem Zusammenhang befürwortet *Hümmerich*, dass einem beherrschenden Gesellschafter-Geschäftsführer, der aufgrund seiner Leitungsmacht Einfluss auf die Vertragsgestaltung auf der Seite der Gesellschaft nehmen konnte, das Berufen auf seine Verbrauchereigenschaft bei dem Abschluss des Anstellungsvertrags wegen widersprüchlichen Verhaltens verwehrt werden soll[40].

2. Gewerbliche Tätigkeit

Die Behandlung der gewerblichen Tätigkeit durch die Rechtsprechung wird kaum hinterfragt. Grundsätzlich wird anerkannt, dass das Halten eines GmbH-Anteils durch eine Privatperson zur Verwaltung eigenen Vermögens gehöre, die nicht als gewerbliche Tätigkeit anzusehen sei[41]. Vereinzelt wird in diesem Zusammenhang aber darauf hingewiesen, dass im Rahmen der Vermögensverwaltung danach abzugrenzen sei, ob der Umfang der betriebenen Geschäfte einen planmäßigen Geschäftsbetrieb erfordere[42].

3. Selbständige berufliche Tätigkeit

Besonders die Argumentation der Rechtsprechung im Rahmen des Merkmals der selbständigen beruflichen Tätigkeit erfährt nicht nur Zustimmung[43], sondern auch deutliche Kritik.

---

38 Palandt/*Ellenberger*, BGB, § 13 Rn. 3. – Zustimmend Jauernig/*Berger*, BGB, § 491 Rn. 2; MüKo-BGB/*Micklitz/Purnhagen*, BGB, § 13 Rn. 60; Prütting/Wegen/Weinreich/*Prütting*, BGB, § 13 Rn. 9; AnwK-BGB/*Ring*, § 14 Rn. 29; jurisPK-BGB/*Schwintowski*, BGB, § 491 Rn. 16; *Bülow*, EWiR 1997, 427, 428; *Bülow*, EWiR 1996, 813, 813; *Graf von Westphalen*, MDR 1997, 307, 307; *Pfeiffer*, LM Nr. 5 zu § 1 VerbrKrG; *Reinicke/Tiedtke*, WiB 1997, 449, 449 ff.; *Ungeheuer*, LM Nr. 6 zu § 1 VerbrKrG.

39 Soergel/*Pfeiffer*, BGB, § 13 Rn. 40. – Vgl. auch Roth/Altmeppen/*Altmeppen*, GmbHG, § 43 Rn. 50; Jauernig/*Berger*, BGB, § 491 Rn. 2; jurisPK-BGB/*Schwintowski*, BGB, § 491 Rn. 16.

40 *Hümmerich*, NZA 2006, 709, 710.

41 Staudinger/*Habermann*, BGB, § 14 Rn. 42; Staudinger/*Weick*, BGB, § 13 Rn. 51. – Im Ergebnis ebenso *Bülow*, EWiR 1997, 427, 428. – Kritisch *Mülbert* in FS Hadding, 575, 580 f., für den eine Beteiligung über das bloße Halten einer Kapitalanlage hinausgeht, wenn der Gesellschaftsvertrag dem Gesellschafter erlaubt, die Gesellschaftstätigkeit maßgeblich zu bestimmen. Ebenso *Wackerbarth*, DB 1998, 1950, 1954.

42 MüKo-BGB/*Micklitz/Purnhagen*, BGB, § 13 Rn. 56; Erman/*I. Saenger*, BGB, § 13 Rn. 14; *Kleindiek* in FS Otte, 185, 188. – Vgl. auch *Mülbert* in FS Hadding, 575, 579 f.

43 Vgl. Staudinger/*Habermann*, BGB, § 14 Rn. 48; Staudinger/*Weick*, BGB, § 13 Rn. 51; *Bülow*, EWiR 1997, 427, 428. – Im Grundsatz auch *Kleindiek* in FS Otte, 185, 188, der das Ergebnis der Rechtsprechung aber nachträglich über eine normzweckorientierte Betrachtung korrigiert.

a) Schutzzweckerwägungen

In diesem Rahmen werden vereinzelt wertende Aspekte angeführt. So sei die regelmäßig vorhandene Geschäftserfahrenheit des Geschäftsführers nicht mit dem Schutzzweck der verbraucherschützenden Regelungen[44], die etwa vor den Gefahren von Rechtsgeschäftsabschlüssen schützen sollen, in Einklang zu bringen[45]. Dem wird aber entgegengehalten, Geschäftserfahrenheit alleine führe nicht zur Selbständigkeit[46]. Im Übrigen betreffen die Schutzzweckerwägungen meist nicht die Frage der Verbrauchereigenschaft, sondern die vom BGH angenommene Anwendbarkeit der Vorschriften zum Verbraucherdarlehen auf den Schuldbeitritt und die Mithaftungsübernahme[47].

b) Beherrschender Einfluss

aa) Kritik an isolierter Betrachtung

Weitaus häufiger wird in der Literatur die isolierte bzw. formale Betrachtung von Gesellschafterstellung einerseits und Geschäftsführungstätigkeit andererseits kritisiert[48]. Die Mehrheitsbeteiligung an der Gesellschaft ermögliche die Verfolgung eigener unternehmerischer Ziele[49]. Bei der Kumulation mit den Einflussmöglichkeiten eines Geschäftsführers sei die Einstufung als nur „angestellte" berufliche Tätigkeit kaum nachvollziehbar[50].

---

44 Vgl. in Bezug auf den Schutzzweck des VerbrKrG *Canaris*, AcP 200 (2000), 273, 354 ff., der allerdings nicht eigens auf die Verbrauchereigenschaft des GmbH-Geschäftsführers eingeht.

45 *Bydlinski/Thoß*, EWiR 2001, 139, 140 anhand des Schutzzwecks des VerbrKrG. – In diesem Sinne auch MüKo-BGB/*Ulmer* (4. A.), BGB, § 491 Rn. 41; *Kleindiek* in FS Otte, 185, 190 ff.; *Hänlein*, DB 2001, 1185, 1187; *Kurz*, NJW 1997, 1828, 1829; *Tiedtke*, EWiR 2006, 319, 320. – Allgemeiner *Bungeroth* in FS Schimansky, 279, 285.

46 Soergel/*Pfeiffer*, BGB, § 13 Rn. 40. – Vgl. auch *Ungeheuer*, LM Nr. 6 zu § 1 VerbrKrG, die darauf hinweist, dass nicht an die generelle Erfahrung und Geschäftsgewandtheit einer Person angeknüpft wird.

47 Vgl. *Canaris*, AcP 200 (2000), 273, 354 ff.; *Müller* in FS Nobbe, 415, 431 ff.; *Nobbe*, WM 2011, 625, 626; *Peters*, WM 2006, 1183, 1185.

48 Vgl. Bülow/Artz/*Artz*, BGB, § 491 Rn. 68; MüKo-BGB/*Schürnbrand*, BGB, § 491 Rn. 24; MüKo-BGB/*Ulmer* (4. A.), BGB, § 491 Rn. 41; *Mülbert* in FS Hadding, 575, 578 f.; *Rebmann*, DZWir 1996, 459, 460.

49 *Rebmann*, DZWir 1996, 459, 460.

50 *Rebmann*, DZWir 1996, 459, 460. – Kritisch zur sog. Verbundbetrachtung *Mülbert* in FS Goette, 333, 337 f. – A. A. *Wackerbarth*, DB 1998, 1950, 1954, demzufolge es auf eine Kumulation nicht ankommt, weil bereits die Mehrheitsbeteiligung ausreichenden Einfluss auf die Geschäftsführung vermittle; *Kleindiek* in FS Otte, 185, 192, demzufolge es auf eine Kumulation nicht ankommt, weil schon die Funktion als Unternehmensleiter bei normzweckorientierter Betrachtung die Anwendbarkeit des Verbraucherkreditrechts ausschließe.

bb) Differenzierung nach Beherrschungsmöglichkeit

Verbreitet ist daher eine vermittelnde Ansicht, die anhand der Möglichkeit des Geschäftsführers differenziert, kraft Beteiligung oder vertraglicher Absprache beherrschenden Einfluss auf die Gesellschaft auszuüben. So spricht sich *Saenger* dafür aus, mehrheitlich oder mit Sperrminorität an der Gesellschaft beteiligte Geschäftsführer im Rahmen des Anstellungsverhältnisses zwischen ihnen und ihrer Gesellschaft aufgrund ihrer selbständigen beruflichen Tätigkeit nicht als Verbraucher anzusehen[51]. *Hümmerich* legt für die Frage, ob der Abschluss von Rechtsgeschäften des Geschäftsführers mit der Gesellschaft dem selbständigen oder dem unselbständigen beruflichen Bereich zugerechnet werden kann, diejenigen Kriterien zugrunde, nach denen in sozialversicherungsrechtlicher Hinsicht zwischen selbständiger und unselbständiger Tätigkeit unterschieden wird[52]. Dies würde im Ergebnis bedeuten, Fremdgeschäftsführer und gering beteiligte Gesellschafter-Geschäftsführer grundsätzlich als unselbständig Tätige, zu mindestens 50 Prozent an der Gesellschaft beteiligte oder mit einer Sperrminorität entsprechend dem Gesellschaftsvertrag versehene Gesellschafter-Geschäftsführer als selbständig Tätige zu behandeln[53]. Zu vergleichbaren Ergebnissen kommt *Wackerbarth* unter Berücksichtigung der BGH-Rechtsprechung zur betrieblichen Altersversorgung bei GmbH-Geschäftsführern[54]. Ebenso will *Godefroid* einen Vertrag zur Sicherung einer Verpflichtung der Gesellschaft dann nicht dem Schutzbereich verbraucherschützender Normen unterstellen, wenn es sich um die vertragliche Verpflichtung eines nicht nur unwesentlich an der Gesellschaft beteiligten Gesellschafters handelt[55].

cc) Vergleich zu Kaufmann und Unternehmer

Als wertende Erwägung wird zusätzlich darauf verwiesen, dass jedenfalls der beherrschende Geschäftsführer seinem objektiven Auftreten nach mit dem als Unternehmer behandelten Einzelkaufmann vergleichbar ist und alleine die Organisationsform seines Gewerbes keinen Einfluss auf seine Schutzbedürftigkeit als Verbraucher haben dürfe[56]. Daran schließt sich die weitergehende Forderung

---

51 Erman/*I. Saenger*, BGB, § 14 Rn. 15 mit zustimmendem Verweis auf *Hümmerich*, NZA 2006, 709, 709 ff.

52 *Hümmerich*, NZA 2006, 709, 710 f.

53 *Hümmerich*, NZA 2006, 709, 710 f. – Ähnlich MüKo-BGB/*Ulmer* (4. A.), BGB, § 491 Rn. 41, der sich aber für solche Fälle der Mehrheitsbeteiligung, in denen es an einer Stellung als Geschäftsführer und am Ausüben unternehmerischen Einflusses auf die Gesellschaft fehlt, nicht festlegt. – Ohne starre Grenzen auch MüKo-BGB/*Schürnbrand*, BGB, § 491 Rn. 24, der ebenfalls auf die unternehmerische Beteiligung bzw. Weisungsgebundenheit abstellt. – Gegen eine Differenzierung anhand der Beteiligung *Müller* in FS Nobbe, 415, 428 ff.

54 Vgl. *Wackerbarth*, DB 1998, 1950, 1953 f.

55 *Godefroid*, BB 1994, Beilage 6, 14, 15 f.

56 Vgl. MüKo-BGB/*Ulmer* (4. A.), BGB, § 491 Rn. 41; GroßkommGmbHG/*Paefgen*, GmbHG, § 35 Rn. 133: die Unterscheidung zwischen Unternehmerrolle der

Schürnbrands[57] und *Ulmers*[58] an, jedenfalls einen Alleingesellschafter-Geschäftsführer analog § 14 Abs. 1 BGB als Unternehmer zu behandeln.

c) *Organwaltertätigkeit keine angestellte berufliche Tätigkeit*

Vereinzelt wird die Annahme einer unselbständigen beruflichen Tätigkeit aber sogar vollständig abgelehnt. *Mülbert* wählt hierfür einen stark an der Dogmatik des Gesellschaftsrechts orientierten Ansatz. Der Tatbestand des § 13 BGB betreffe keine Situationen der Vertretung, da nur der Abschluss eines eigenen Rechtsgeschäfts erfasst sei[59]. Da der Schutzzweck des § 13 BGB an einer rechtsgeschäftlichen Bindung ansetze, müssten auch alle anderen Fälle von seinem Anwendungsbereich ausgenommen werden, in denen eine Person rechtsgeschäftlich für eine andere handele[60]. Das Handeln eines Organwalters als organschaftliche Vertretung werde aber der Gesellschaft zugerechnet, Organwalterhandeln sei also kraft Zurechnung eigenes Handeln der Gesellschaft selbst und eben nicht „angestellte berufliche Tätigkeit“[61]. Hieran ändere auch der mit der Bestellung einhergehende Abschluss eines Dienstvertrags nichts, weil es sich hierbei nur um den schuldrechtlichen Rahmen der Organwaltertätigkeit handele, der auf die zwingenden gesellschaftsrechtlichen Maßstäbe keinen beeinträchtigenden, sondern höchstens konkretisierenden Einfluss nehme[62].

d) *Widerspruch zur Beurteilung des GmbH-Geschäftsführers als Arbeitnehmer*

Wank kritisiert namentlich die Ansicht des BAG[63] und sieht hierin einen Widerspruch zur herrschenden Ansicht bezüglich der Arbeitnehmereigenschaft des GmbH-Geschäftsführers. Um dies darzustellen ist zunächst ein kurzer Exkurs zu diesem Problemkreis notwendig.

Gesellschaft (§ 14 Abs. 1 BGB) und Verbraucherrolle des Geschäftsführers (§ 13 BGB) erscheine im Fall eines beherrschenden Gesellschafter-Geschäftsführers gekünstelt; *Bungeroth* in FS Schimansky, 279, 285; *Mülbert* in FS Hadding, 575, 580, der zudem darauf eingeht, dass die Unterscheidung jedenfalls für den Alleingesellschafter-Geschäftsführer auch subjektiv keine Rolle spielt; *Bydlinski/Thoß*, EWiR 2001, 139, 140; *Kurz*, NJW 1997, 1828, 1829; *Kurz*, WiB 1997, 807, 808. – A. A. insoweit *Müller* in FS Nobbe, 415, 427.

57 MüKo-BGB/*Schürnbrand*, BGB, § 491 Rn. 24.

58 MüKo-BGB/*Ulmer* (4. A.), BGB, § 491 Rn. 41.

59 *Mülbert* in FS Goette, 333, 338.

60 *Mülbert* in FS Goette, 333, 338.

61 *Mülbert* in FS Goette, 333, 339. – Vgl. hierzu aber auch *Kleindiek* in FS Otte, 185, 188, der darauf verweist, dass der Geschäftsführer bei seinem Handeln für die Gesellschaft niemals selbst berechtigt oder verpflichtet wird, was dagegen spreche, seine Tätigkeit als selbständige berufliche anzusehen.

62 *Mülbert* in FS Goette, 333, 339.

63 Vgl. oben § 2 I. 2.

aa) Exkurs: Arbeitnehmereigenschaft des GmbH-Geschäftsführers

Nach herrschender Ansicht ist der Geschäftsführer kein Arbeitnehmer seiner GmbH. Als Mitglieder des Vertretungsorgans übten die Geschäftsführer im Rahmen ihrer Leitungsaufgaben selbst die Funktionen eines Arbeitgebers und als dessen Repräsentanten dessen Weisungsbefugnisse gegenüber allen Beschäftigten aus, sie seien nicht in demselben Maß wie Arbeitnehmer sozial abhängig und gegen ihre Arbeitnehmereigenschaft spreche ferner, dass sie vom Anwendungsbereich verschiedener arbeitnehmerschützender Regelungen ausgenommen sind[64]. Der Anstellungsvertrag wird stattdessen als ein auf die Geschäftsführung durch Ausübung des Geschäftsführeramts gerichteter freier Dienstvertrag angesehen[65]. Der BGH wendet arbeitsrechtliche Vorschriften im Einzelfall dennoch auf Geschäftsführer an, wenn diese vergleichbar einem Arbeitnehmer sozial schutzbedürftig erscheinen[66].

---

64 St. RSpr. des BGH: BGH, Urteil vom 10.05.2010 – II ZR 70/09 – NJW 2010, 2343, 2343; BGH, Urteil vom 10.09.2001 – II ZR 14/00 – NJW-RR 2002, 173, 173; BGH, Urteil vom 29.01.1981 – II ZR 92/80 – AP Nr. 14 zu § 622 BGB; BGH, Urteil vom 09.02.1978 – II ZR 189/76 – AP Nr. 1 zu § 38 GmbHG unter 3. der Gründe; BGH, Urteil vom 09.11.1967 – II ZR 64/67 – BGHZ 49, 30, 31. – Für die Herausnahme aus dem ArbNErfG BGH, Urteil vom 24.10.1989 – X ZR 58/88 – DB 1990, 676, 676. – Zusammenfassend *Fleck*, WM 1981, Beil. 3, 1, 3. – Aus der Literatur s. Roth/Altmeppen/*Altmeppen*, GmbHG, § 6 Rn. 76; MüKo-GmbHG/*Jaeger*, GmbHG, § 35 Rn. 278 ff.; Schaub/*Vogelsang*, § 14 Rn. 3; BeckOK-GmbHG/*Wisskirchen/Kuhn*, GmbHG, § 6 Rn. 68; Baumbach/Hueck/*Zöllner/Noack*, GmbHG, § 35 Rnrn. 172, 174; *Flume*, Juristische Person, § 10 I. 2.; *Jaeger*, S. 22; *Preis*, § 8 II. 4. c) ff); *Schmidt*, GesellschaftsR, § 36 II 2. c); *Fleck* in FS Hilger/Stumpf, 197, 208; *Hueck* in FS Hilger/Stumpf, 365, 374 ff.; *Boemke*, ZfA 1998, 209, 212 ff.; *Hueck*, ZfA 1985, 25, 31 f. – So auch für Vorstandsmitglieder einer AG BGH, Urteil vom 16.12.1953 – II ZR 41/53 – BGHZ 12, 1, 8.

65 BGH, Urteil vom 10.05.2010 – II ZR 70/09 – NJW 2010. 2343, 2343; BGH, Urteil vom 07.12.1987 – II ZR 206/87 – NJW-RR 1988, 420, 420; Roth/Altmeppen/*Altmeppen*, GmbHG, § 6 Rn. 73; Rowedder/Schmidt-Leithoff/*Koppensteiner/Gruber*, GmbHG, § 35 Rn. 78; Baumbach/Hueck/*Zöllner/Noack*, GmbHG, § 35 Rn. 171; *Reiserer*, II. 1. a).

66 Vgl. BGH, Urteil vom 29.01.1981 – II ZR 92/80 – BGHZ 79, 291, 294; BGH, Urteil vom 09.11.1967 – II ZR 64/67 – BGHZ 49, 30, 31; Scholz/*Schneider/Hohenstatt*, GmbHG, § 35 Rn. 267 f.; *Fleck*, WM 1981, Beil. 3, 1, 3; *Hueck*, ZfA 1985, 25, 32 ff. – Ausführlich hierzu *Goette* in FS Wiedemann, 873, 876 ff. sowie *Boemke*, ZfA 1998, 209, 216 ff. – Ohne die ausdrückliche Konsequenz der Anwendbarkeit von arbeitsrechtlichen Vorschriften Roth/Altmeppen/*Altmeppen*, GmbHG, § 6 Rn. 76; Baumbach/Hueck/*Zöllner/Noack*, GmbHG, § 35 Rn. 174. – Kritisch zur unterschiedlichen entsprechenden Anwendung arbeitsrechtlicher Regeln und daraus folgender Rechtsunsicherheit *Hueck* in FS Hilger/Stumpf, 365, 367.

Die Gegenansicht sieht den Geschäftsführer wenigstens im Einzelfall[67], in seltenen Fällen sogar grundsätzlich[68] als Arbeitnehmer an. Sie verweist darauf, dass sich der GmbH-Geschäftsführer regelmäßig nicht von einem leitenden Angestellten unterscheide, der ebenfalls als Arbeitnehmer angesehen werde,[69] und dass er gegenüber den Gesellschaftern[70] bzw. der Gesellschaft[71] weisungsgebunden sei.

Eine dritte Ansicht, die in dem Rechtsverhältnis einen sog. Amtswahrnehmungsvertrag sieht, soll erst an späterer Stelle behandelt werden[72].

Eine zusätzliche Dimension zu dieser Diskussion hat der EuGH geliefert, der einen GmbH-Geschäftsführer dann als Arbeitnehmer im Sinne arbeitnehmerschützender Richtlinien ansieht, wenn er seine Tätigkeit für eine bestimmte Zeit nach der Weisung oder unter der Aufsicht eines anderen Organs der Gesellschaft ausübt und als Gegenleistung für die Tätigkeit ein Entgelt erhält[73]. Ob dies eine einheitliche Beurteilung des Geschäftsführers nach deutschem und nach europäischem Recht erforderlich macht oder eine nur partielle Anwendung der europarechtlich vorgegebenen Arbeitnehmerschutzvorschriften auf das jeweilige Anstellungsverhältnis geboten ist, ist umstritten[74].

bb) Kongruenz der Gegensatzpaare?

Wank kritisiert die Darstellung des BAG, die den Eindruck erwecke, Arbeitsrecht und Verbraucherschutzrecht könnten voneinander unabhängig beurteilt werden[75].

---

67 BAG, Urteil vom 26.05.1999 – 5 AZR 664/98 – AP Nr. 10 zu § 35 GmbHG unter III. 1. der Gründe für den Fall einer Mehrpersonengeschäftsführung; Küttner/*Kania*, Geschäftsführer Rn. 17, Scholz/*Schneider/Hohenstatt*, GmbHG, § 35 Rn. 262 ff.; *Schaub*, § 15 Rn. 6; *Henssler*, RdA 1992, 289, 293 f. – Zurückhaltend BAG, Urteil vom 06.05.1999 – 5 AZB 22/98 – AP Nr. 46 zu § 5 ArbGG 1979, in dem der Senat für ein Arbeitsverhältnis im Ausnahmefall irreführend auf *Boemke*, ZfA 1998, 209, 210 verweist, der dort für den unmittelbar bei der Gesellschaft angestellten Geschäftsführer die Auffassung vertritt, dieser sei niemals ihr Arbeitnehmer, sondern stets freier Dienstnehmer, und die Arbeitnehmereigenschaft nur für den Fall der Drittanstellung bejaht, *Boemke*, ZfA 1998, 209, 213 ff.

68 *Miller*, BB 1977, 723, 725.

69 Vgl. Scholz/*Schneider/Hohenstatt*, GmbHG, § 35 Rn. 265; *Miller*, BB 1977, 723, 724 f.

70 So *Miller*, BB 1977, 723, 725.

71 So wohl BAG, Urteil vom 26.05.1999 – 5 AZR 664/98 – AP Nr. 10 zu § 35 GmbHG unter III. 1. der Gründe, worin zwar nicht explizit auf den Weisungsberechtigten, aber ausgehend von den arbeitsrechtlichen Grundsätzen auf die mögliche Weisungsabhängigkeit einzelner Geschäftsführer innerhalb einer Mehrpersonengeschäftsführung hingewiesen wird. Dieses Weisungsrecht steht dem Arbeitgeber zu, der im Fall des Geschäftsführers nur die Gesellschaft sein kann, zu der er in einem Dienstverhältnis steht.

72 Dazu noch unten § 9 II. 4. b) bb) (3).

73 EuGH, Urteil vom 11.11.2010 – C-232/09 – NZA 2011, 143, 143 ff.

74 S. die Übersicht bei Scholz/*Schneider/Hohenstatt*, GmbHG, § 35 Rn. 263 ff.

75 *Wank*, RdA 2011, 178, 178.

Die systematische Auslegung ergebe vielmehr, dass es sich bei beiden um Schutzsysteme zu Gunsten Schwächerer handelt, die sich der Gegenüberstellung eines jeweils starken (Arbeitgeber/Unternehmer) und eines jeweils schwachen (Arbeitnehmer/Verbraucher) Vertragspartners bedienten[76]. Das BAG ziehe zur Bestimmung des Selbständigen bzw. des Unternehmers richtigerweise diejenigen Kriterien heran, die das Arbeitsrecht für die Unterscheidung zwischen Arbeitnehmern und Selbständigen nutze[77]. Sind die Gegensatzpaare Unternehmer/Verbraucher im Sinne des § 13 BGB und Arbeitgeber/Arbeitnehmer im Sinne des Arbeitsrechts aber kongruent, sei es ausgeschlossen, dass jemand gleichzeitig Selbständiger und Verbraucher bzw. Arbeitnehmer und Unternehmer ist[78]. Die Entscheidung des BAG zur Verbrauchereigenschaft des GmbH-Fremdgeschäftsführers entziehe der herrschenden Ansicht zu dessen (fehlender) Arbeitnehmereigenschaft die Grundlage[79].

4. *Anmerkung*

Wank's Ergebnis erscheint zutreffend. Zwar ist seine Herleitung nicht vollends überzeugend. Denn *Wank* bezieht als Abgrenzungsmerkmal im Rahmen des Arbeitsrechts neben der von der herrschenden Meinung als entscheidend angesehenen persönlichen Abhängigkeit[80] auch die wirtschaftliche Abhängigkeit ein[81], die von der herrschenden Meinung als für die Arbeitnehmereigenschaft weder erforderlich noch ausreichend erachtet wird[82]. Erst dadurch stellt er die Kongruenz mit den von dem BAG für den Geschäftsführer als Verbraucher für maßgeblich gehaltenen Abgrenzungskriterien her[83].

Unabhängig davon trifft es zu, dass Arbeitnehmer von der herrschenden Meinung auch bei Abschluss ihres Arbeitsvertrags als Verbraucher angesehen werden[84]. Dies

76 *Wank*, RdA 2011, 178, 178.
77 *Wank*, RdA 2011, 178, 179.
78 *Wank*, RdA 2011, 178, 179.
79 *Wank*, RdA 2011, 178, 179.
80 St. RSpr. des BAG: BAG, Urteil vom 20.01.2010 – 5 AZR 106/09 – AP Nr. 120 zu § 611 BGB Abhängigkeit unter II. 2. a) der Gründe; BAG, Urteil vom 25.05.2005 – 5 AZR 347/04 – AP Nr. 117 zu § 611 BGB Abhängigkeit unter I. der Gründe; BAG, Urteil vom 22.04.1998 – 5 AZR 342/97 – AP Nr. 26 zu § 611 BGB Rundfunk unter I. 1. der Gründe; BAG, Urteil vom 13.01.1983 – 5 AZR 149/82 – AP Nr. 42 zu § 611 BGB Abhängigkeit unter II. 1. der Gründe. – Vgl. MünchHbArbR/*Richardi*, § 16 Rn. 17; *Boemke*, Studienbuch Arbeitsrecht, § 2 Rn. 38.
81 Vgl. *Wank*, RdA 2011, 178, 179.
82 BAG, Urteil vom 20.07.1994 – 5 AZR 627/93 – AP Nr. 73 zu § 611 BGB Abhängigkeit unter B. I. der Gründe; MünchHbArbR/*Richardi*, § 16 Rn. 19; *Nikisch*, § 1 II. 6.
83 Vgl. oben § 2 I. 2.
84 BAG, Urteil vom 20.05.2005 – 5 AZR 572/04 – BAGE 115, 19, 29. – Dem folgend BAG, Urteil vom 31.08.2005 – 5 AZR 545/04 – BAGE 115, 372, 384; LAG Sachsen-Anhalt, Urteil vom 06.09.2007 – 10 Sa 142/07 – juris Rn. 37; LAG München, Urteil vom 20.06.2007 – 7 Sa 1188/06 – juris Rn. 49; LAG Sachsen, Urteil vom 26.02.2007 – 3

wird mit dem Wortlaut des § 13 BGB begründet[85]: Der Arbeitnehmer als natürliche Person schließe den Arbeitsvertrag als Rechtsverhältnis weder zum Zweck einer gewerblichen noch selbständig beruflichen Tätigkeit ab[86]. Letzteres folge auch aus dem allgemeinen Arbeitnehmerbegriff, demzufolge für den Arbeitnehmer gerade die Unselbständigkeit der Tätigkeit charakteristisch sei[87]. Unselbständige berufliche Tätigkeiten seien vom Verbraucherbegriff des § 13 BGB gerade nicht ausgeschlossen[88]. Ist aber auch die Tätigkeit der GmbH-Geschäftsführer gerade durch eine Weisungsgebundenheit gekennzeichnet, die ihre Verbrauchereigenschaft begründet, müssten sie gleichzeitig Arbeitnehmer sein. Gegenüber dem BAG, das den GmbH-Geschäftsführer sogar im Einzelfall als Arbeitnehmer anerkennt, ist diese Verwerfung noch relativ gering. Die Ansichten des BGH zu Arbeitnehmer- und Verbrauchereigenschaft lassen sich unter diesem Blickwinkel aber kaum in Einklang bringen. Diese Beobachtung soll den Rahmen für die vorliegende Untersuchung bilden.

§ 3 – Gang der Untersuchung

Die vorliegende Arbeit verfolgt daher das Ziel, die Frage nach der Verbrauchereigenschaft des GmbH-Geschäftsführers alleine aus dem Regelungsgegenstand des Verbraucherschutzrechts heraus zu beantworten. Zu diesem Zweck wurde eine umfassende Darstellung der Hintergründe des Verbraucherschutzrechts und des Verbraucherbegriffs gewählt, um hieran eine schlüssige Einordnung des GmbH-Geschäftsführers vornehmen zu können.

Der Arbeit wird im zweiten Teil eine umfassende Darstellung des Verbraucherbegriffs vorangestellt. Zu Beginn wird die Funktion des Verbraucherschutzrechts anhand grundlegender Betrachtungen im Kontext der Privatautonomie dargestellt. Hierauf folgt eine Darstellung der historischen Entwicklung des Verbraucherschutzrechts auf Ebene des deutschen und europäischen Rechts. Im Rahmen der deutschen Entwicklung werden die ersten Ansätze deutscher Verbraucherschutzgesetzgebung bis hin zu den aktuell verwirklichten Gesetzesvorhaben betrachtet. Im Rahmen

---

Sa 493/06 – juris Rn. 41; Soergel/*Pfeiffer*, BGB, § 13 Rn. 41; *Boemke*, Studienbuch Arbeitsrecht, § 2 Rn. 19; *Boemke*, BB 2002, 96, 96 f.; *Singer*, RdA 2003, 194, 194 ff. – Unter Berufung hierauf für einen Volontariatsvertrag auch BAG, Urteil vom 18.03.2008 – 9 AZR 186/07 – BAGE 126, 187, 192. – A. A. OLG Hamm, Urteil vom 03.08.2004 – 4 U 94/04 – NJW 2004, 3269, 3270; *Annuß*, NJW 2002, 2844, 2844 f.; *Bauer/Kock*, DB 2002, 42, 42 f.; *Henssler*, RdA 2002, 129, 129 ff.; *Löwisch*, NZA 2001, 465, 465 f.; *Natzel*, NZA 2002, 595, 595 f.; *Singer*, RdA 2003, 194, 194 f.

85 Vgl. BAG, Urteil vom 20.05.2005 – 5 AZR 572/04 – BAGE 115, 19, 29.

86 *Boemke*, Studienbuch Arbeitsrecht, § 2 Rn. 19; *Boemke*, BB 2002, 96, 97.

87 *Boemke*, Studienbuch Arbeitsrecht, § 2 Rn. 19; *Löwisch*, Rn. 10; *Boemke*, BB 2002, 96, 97. – Vgl. ErfK/*Preis*, BGB, § 611 Rn. 182; *Hümmerich/Holthausen*, NZA 2002, 173, 175.

88 Schaub/*Vogelsang*, § 8 Rn. 8; *Boemke*, BB 2002, 96, 97; *Bülow/Artz*, NJW 2000, 2049, 2050. – Im Ergebnis so auch *Däubler*, NZA 2001, 1329, 1333.

der europäischen Entwicklung werden die europarechtlichen Hintergründe aufgezeigt, einerseits mit Blick auf die grundlegende Motivation zur Schaffung des Verbraucherschutzes auf europäischer Ebene, andererseits hinsichtlich der Ausgestaltung des Verbraucherbegriffs nach dem europäischen Sekundärrecht. Diese Ausführungen sollen für das Verständnis des europäischen sowie des deutschen Verbraucherbegriffs fruchtbar gemacht werden. Der zweite Teil schließt mit einer Darstellung der aktuellen Ausgestaltung des Verbraucherbegriffs im Gesetz. Dabei werden besonders die Erkenntnisse der Entwicklung des Verbraucherbegriffs auf europäischer Ebene berücksichtigt.

Im dritten Teil der Arbeit wird die Verbrauchereigenschaft des GmbH-Geschäftsführers einer detaillierten Untersuchung unterzogen. Der Aufbau der Prüfung folgt den Tatbestandsmerkmalen des Verbraucherbegriffs. Gegenstand der Prüfung wird es sein, die oben bereits dargestellte Ansicht der Rechtsprechung anhand der zum Verbraucherbegriff im zweiten Teil dargestellten Ergebnisse zu überprüfen. Dies erfolgt unter Berücksichtigung der gesellschaftsrechtlichen Grundlagen, die zur Stellung des GmbH-Geschäftsführers bestehen.

Zweiter Teil – Grundlagen zum Verbraucherbegriff

Inhalt dieses Kapitels ist eine Darstellung der Grundlagen des Verbraucherbegriffs. Auf diesen Grundlagen soll die Beantwortung der konkreten Fragestellung aufbauen. Ziel ist, den Begriff des Verbrauchers hierfür hinreichend deutlich zu bestimmen.

Dafür wird zuerst das Verbraucherschutzrecht im Kontext der Privatautonomie dargestellt (unten § 4). Daran anschließend wird die Entwicklung des Verbraucherbegriffs auf nationaler und europäischer Ebene behandelt (unten § 5). Zuletzt wird dessen aktuelle gesetzliche Ausgestaltung betrachtet (unten § 6).

§ 4 – Verbraucherschutz im Rahmen der Privatautonomie

Der anfänglich nicht im BGB enthaltene Verbraucherschutz[89] hat sich zu einem wesentlichen Schutzprinzip des bürgerlichen Rechts entwickelt[90]. Seine Schutzfunktion innerhalb der Rechtsordnung soll zunächst erläutert werden.

Ausgangspunkt der Überlegungen ist, dass jeder Einzelne in seinem Handeln grundsätzlich frei ist und Verträge nach eigenem Willen, also privatautonom, schließen können soll (unten I.). Privatautonomie setzt aber einen Idealzustand in Form ungestörter Vertragsparität voraus. Ist diese gestört, muss der Gesetzgeber im Sinne der Bewahrung der Privatautonomie gestaltend auf den Rechtsverkehr einwirken (unten II.). Verbrauchergeschäfte stellen eine typische Situation gestörter Vertragsparität dar, die gesetzgeberische Gestaltung nahelegt (unten III.). Der Gesetzgeber reagierte hierauf mit einer Fülle sehr unterschiedlicher Regelungen (unten IV.).

I. Grundlagen zur Privatautonomie

Zunächst ist es notwendig, die Begriffe der Privatautonomie und der Vertragsfreiheit darzustellen. Die Darstellung folgt dem Verhältnis der Begriffe zueinander: als Oberbegriff wird zunächst die Privatautonomie erläutert (unten 1.). Anschließend folgt die Darstellung der Unterkategorie Vertragsfreiheit (unten 2.).

1. *Privatautonomie*

Die Privatautonomie stellt die Freiheit des Einzelnen dar, seine Rechtsverhältnisse selbstbestimmt und eigenverantwortlich, also ohne staatliche Einflussnahme[91]

89 Vgl. unten § 5 II.

90 Palandt/*Ellenberger*, BGB, § 13 Rn. 1; Palandt/*Sprau*, BGB, Einl. Rn. 1.

91 Als einheitliches Element verschiedener Begriffe der Privatautonomie herausgestellt von *Busche*, § 2 I.

zu gestalten[92]. Sie wird als Grundvoraussetzung für selbstbestimmte Entfaltung des Menschen erachtet[93]. Als grundlegendes und kennzeichnendes Element einer freiheitlichen Gesellschaftsordnung[94] ist die Privatautonomie kein ureigenes, der Rechtsordnung zwingend vorgegebenes und von ihr lediglich aufgenommenes und geschütztes Prinzip, sondern leitet sich aus der Rechtsordnung in ihrer konkreten Ausgestaltung erst ab[95]. Mit anderen Worten müssen sich bei Betrachtung einer bestehenden gesetzlichen Ordnung Anhaltspunkte finden lassen, die auf eine Kodifikation mit dem vom Gesetzgeber vorgesehenen Ziel der Gewährleistung privatautonomen Handelns hindeuten.

In der Ordnung des Grundgesetzes findet sich der entsprechende Ausdruck selbstbestimmten Verhaltens in der allgemeinen Handlungsfreiheit nach Art. 2 Abs. 1 GG wieder. Letztere schützt ihrerseits die Freiheit des Einzelnen zu jedem beliebigen Tun und Unterlassen, worunter auch die selbstbestimmte Gestaltung der Rechtsverhältnisse, also die Privatautonomie fällt[96]. Die allgemeine Handlungsfreiheit wird in einem umfassenden Sinn verstanden[97], sodass auch die Privatautonomie umfassende Geltung beanspruchen kann.

Zuvor ist sie schon dem BGB bei dessen Schaffung als Kernelement zugrunde gelegt worden[98]. Ihren Ausdruck findet sie hier überwiegend als Fall der Vertragsfreiheit, die im Anschluss dargestellt wird[99].

---

92 BVerfG, Beschluss vom 19.10.1993 – 1 BvR 567, 1044/89 – BVerfGE 89, 214, 231; BVerfG, Beschluss vom 07.02.1990 – 1 BvR 26/84 – BVerfGE 81, 242, 254; Palandt/*Ellenberger*, BGB, Überbl. v. § 104 Rn. 1; *Boemke/Ulrici*, § 4 Rn. 1.

93 Staudinger/*Olzen*, BGB, Einleitung zum SchuldR Rn. 49: unverzichtbarer Grundwert; *Flume*, Rechtsgeschäft, § 1 1. – Vgl. *Kümpel*, WM 2005, 1, 2.

94 BVerfG, Beschluss vom 07.02.1990 – 1 BvR 26/84 – BVerfGE 81, 242, 254; Staudinger/*Olzen*, BGB, Einleitung zum SchuldR, Rn. 50; *Bork*, Rn. 99. – Vgl. auch *Flume*, Rechtsgeschäft, § 1 1.: „Es gibt keine Rechtsordnung ohne Privatautonomie.". – Differenzierend nach Selbst- oder Fremdbestimmung als Gestaltungsprinzip der jeweiligen Rechtsordnung *Busche*, § 2 II. 1.

95 BVerfG, Beschluss vom 19.10.1993 – 1 BvR 567, 1044/89 – BVerfGE 89, 214, 231; *Busche*, § 2 I. – A. A. *Fastrich*, RdA 1997, 65, 69: Grundsätzlich ist von einem Primat der Vertragsfreiheit auszugehen.

96 BVerfG, Beschluss vom 13.05.1986 – 1 BvR 1542/84 – BVerfGE 72, 155, 170. – Vgl. *Kümpel*, WM 2005, 1, 2.

97 BVerfG, Beschluss vom 06.06.1989 – 1 BvR 921/85 – BVerfGE 80, 137, 152; BVerfG, Beschluss vom 10.03.1998 – 1 BvR 178/97 – BVerfGE 97, 332, 340; BVerfG, Beschluss vom 26.10.2005 – 1 BvR 396/98 – BVerfGE 114, 371, 384; Sachs/*Murswiek*, GG, Art. 2 Rn. 43. – Für ein enges Schutzbereichsverständnis: *Grimm*, BVerfGE 80, 164, 164 ff.; *Peters*, 47 ff.

98 *Bork*, Rn. 101. – Zur Entwicklung der Bedeutung des Prinzips der Privatautonomie seit dem 17. Jahrhundert vgl. *Flume*, Rechtsgeschäft, § 1 9. – Zur Kritik am mit der Privatautonomie einhergehenden formalen Gleichheitsbegriff im BGB vgl. Staudinger/*Honsell*, BGB, Einleitung zum BGB Rn. 113.

99 Zu den weiteren Schutzregelungen des Privatrechts als Ausdrucksformen der Privatautonomie s. *Paulus/Zenker*, JuS 2001, 1, 1 ff.

2. *Vertragsfreiheit*

Die Gestaltung der Rechtsverhältnisse des Einzelnen in Beziehung zu anderen erfolgt überwiegend durch den Abschluss von Verträgen[100]. Diese Art der Gestaltung stellt damit eine der wesentlichen Erscheinungsformen der Privatautonomie dar[101]. Somit ist auch diese als Vertragsfreiheit bezeichnete Erscheinungsform[102] vom Schutzbereich der allgemeinen Handlungsfreiheit nach Art. 2 Abs. 1 GG umfasst[103]. Als Modifikation der weiter greifenden Privatautonomie ist die Vertragsfreiheit demnach definiert als die Freiheit des Einzelnen, die im Rahmen der Privatautonomie gewährte eigenverantwortliche Gestaltung seiner Rechtsverhältnisse durch den Abschluss von Verträgen wahrzunehmen[104]. Grundlegender Ausdruck der Vertragsfreiheit im bürgerlichen Recht ist § 311 Abs. 1 BGB[105]. Innerhalb der Vertragsfreiheit lassen sich insbesondere drei Schutzbereiche unterscheiden: die – positive und negative – Abschlussfreiheit, die Gestaltungsfreiheit[106] und die Formfreiheit[107].

II. Privatautonomie und gestörte Vertragsparität

1. *Gleichrangigkeit der Rechtssubjekte und Interessenausgleich*

Der Zivilrechtsverkehr wird durch die Teilnahme von Rechtssubjekten geprägt, die gleichrangigen Grundrechtsschutz genießen und sich damit jeweils in gleichem Maße auf Grundrechte, also auch auf die Gewährleistung privatautonomen Handelns berufen können[108]. Diese Teilnehmer am Rechtsverkehr verfolgen unterschiedliche, oft gegenläufige Interessen[109]. Ihre Interessen bringen sie durch Verhandlung

---

100 Jarass/Pieroth/*Jarass*, GG, Art. 2 Rn. 22a; *Flume*, Rechtsgeschäft, § 1 6. a). – So am Beispiel der beruflichen Handlungsfreiheit auch BVerfG, Beschluss vom 07.02.1990 – 1 BvR 26/84 – BVerfGE 81, 242, 254. – Vgl. aus rechtsvergleichender Perspektive *Hesselink*, ERPL 2007, 323, 333.

101 *Boemke/Ulrici*, § 4 Rn. 7. – Zu anderen Gestaltungsmitteln vgl. *Bork*, Rn. 100, Fn. 110.

102 Palandt/*Ellenberger*, BGB, Überbl. v. § 104 Rn. 1.

103 BVerfG, Beschluss vom 12.11.1958 – 2 BvL 4, 26, 40/56, 1, 7/57 – BVerfGE 8, 274, 328; BVerfG, Beschluss vom 26.10.2005 – 1 BvR 396/98 – BVerfGE 114, 371, 384; Jarass/Pieroth/*Jarass*, GG, Art. 2 Rn. 22a.

104 Palandt/*Ellenberger*, BGB, Einf. v. § 145 Rn. 7.

105 MüKo-BGB/*Emmerich*, BGB, § 311 Rn. 1; Palandt/*Grüneberg*, BGB, § 311 Rn. 1. – Noch zur wortgleichen Fassung des § 305 BGB a. F. *Boemke*, NJW 1993, 2083, 2083.

106 Staudinger/*Honsell*, BGB, Einleitung zum BGB Rn. 113; MüKo-BGB/*Emmerich*, BGB, § 311 Rn. 1.

107 Palandt/*Ellenberger*, BGB, Einf. v. § 145 Rn. 8 ff.; Staudinger/*Olzen*, BGB, Einleitung zum SchuldR Rn. 53 ff.; *Boemke/Ulrici*, § 4 Rn. 8; *Boemke*, NJW 1993, 2083, 2083.

108 BVerfG, Beschluss vom 19.10.1993 – 1 BvR 567, 1044/89 – BVerfGE 89, 214, 232.

109 BVerfG, Beschluss vom 19.10.1993 – 1 BvR 567, 1044/89 – BVerfGE 89, 214, 232.

insoweit in Ausgleich, als sie auf einen übereinstimmenden Willen angewiesen sind, den sie ihrem Vertrag als typischem Gestaltungsmittel[110] zugrunde legen können[111].

2. *Fremdbestimmung als Folge eines Ungleichgewichts*

Im Idealfall besteht bei den Verhandlungen der Rechtssubjekte ein Kräftegleichgewicht, sodass beide Vertragspartner ihr Freiheitsrecht in Form der Vertragsfreiheit gleichmäßig ausüben können und die vertragliche Bindung auf Selbstbestimmung beruht[112]. Demnach ist die formale Gleichheit aller Teilnehmer am Rechtsverkehr Grundvoraussetzung für die Verwirklichung von Privatautonomie[113].

Verhandlungen können aber ebenso gut von einem einseitigen Übergewicht geprägt werden, indem ein Vertragspartner aufgrund für ihn vorteilhafter Umstände Verhandlungsinhalte zu seinen Gunsten vorgeben und damit schließlich Vertragsinhalte diktieren kann. Die vertragliche Bindung drückt dann nicht mehr Selbst-, sondern Fremdbestimmung aus[114].

3. *Sicherstellung der Privatautonomie durch gesetzgeberische Gestaltung*

a) *Gesetzgeberische Einflussnahme als Folge möglicher Fremdbestimmung*

Die soeben dargestellte Fremdbestimmung ist mittelbare Folge des weiten Verständnisses der allgemeinen Handlungsfreiheit und damit der Privatautonomie[115]. Ein enges Verständnis könnte den fremdbestimmenden Handlungen bereits damit begegnen, dass die Rechtshandlungen insbesondere des überlegenen Vertragsteils nicht *per se* grundrechtlich, sondern nur durch die Regelungen und Rechtsbehelfe des einfachen Rechts geschützt sind[116]. Das weite Verständnis, das grundsätzlich auch die Handlungen des Überlegenen zunächst als grundrechtlich geschützt erachtet, zwingt dagegen zu Eingrenzung und Ausgestaltung der zivilrechtlichen Rahmenbedingungen, um die selbstbestimmte Wahrnehmung von Privatautonomie und

---

110 Vgl. oben § 4 I. 2.

111 BVerfG, Beschluss vom 07.02.1990 – 1 BvR 26/84 – BVerfGE 81, 242, 254; BVerfG, Beschluss vom 19.10.1993 – 1 BvR 567, 1044/89 – BVerfGE 89, 214, 232.

112 Vgl. BVerfG, Beschluss vom 19.10.1993 – 1 BvR 567, 1044/89 – BVerfGE 89, 214, 232; *Bülow/Artz*, Rn. 5.

113 BVerfG, Beschluss vom 6.12.2005 – 1 BvR 1905/02 – BVerfGE 115, 51, 67; BVerfG, Beschluss vom 19.10.1993 – 1 BvR 567, 1044/89 – BVerfGE 89, 214, 233; Staudinger/*Olzen*, BGB, Einleitung zum SchuldR Rn. 50. – Vgl. *Kümpel*, WM 2005, 1, 2.

114 BVerfG, Beschluss vom 07.02.1990 – 1 BvR 26/84 – BVerfGE 81, 242, 255; BVerfG, Beschluss vom 19.10.1993 – 1 BvR 567, 1044/89 – BVerfGE 89, 214, 232; *Boemke/Ulrici*, § 4 Rn. 28.

115 Vgl. zur Kritik am weiten Schutzbereichsverständnis des BVerfG i. R. d. allgemeinen Handlungsfreiheit und der daraus folgenden Notwendigkeit einer Beschränkung *Peters*, 49.

116 Vgl. *Grimm*, BVerfGE 80, 164, 165.

Vertragsfreiheit zu gewährleisten[117]. Dieser Zwang zur Korrektur wird in unserer Rechtsordnung grundrechtlich nicht nur durch die aufeinandertreffenden Garantien privatautonomen Handelns der einzelnen Rechtssubjekte, sondern auch durch das Sozialstaatsprinzip geschaffen, das als Ausgleich für die der freien Marktwirtschaft attestierte Ignoranz gegenüber sozialen Problemen[118] eine Korrektur völlig ungleichgewichtiger Verträge fordert und ermöglicht[119]. Die entsprechende Ausgestaltung obliegt dem Gesetzgeber[120]. Er hat bei Schaffung neuer Rahmenbedingungen die auf beiden Seiten geltende Privatautonomie zu berücksichtigen und auf faktische Gleichberechtigung der Rechtssubjekte hinzuwirken[121].

Im Ergebnis darf der Einzelne seine Rechtsverhältnisse nur im Rahmen der gesetzlichen Ordnung gestalten[122]. Im Gegenzug verleiht die Rechtsordnung dem privatautonomen Akt rechtliche Geltung[123].

b) Bestimmung der Bereiche gesetzgeberischer Einflussnahme

An welchen Stellen der Gesetzgeber die Vertragsfreiheit durch Schutzgesetzgebung ergänzen oder begrenzen muss, lässt sich jedenfalls nicht dem Grundgesetz entnehmen[124]. Zwar wirken die Grundsätze der verfassungsrechtliche gewährleisteten Privatautonomie über die Generalklauseln der §§ 138, 242 und 826 BGB auch in das Privatrecht hinein[125]. Mit ihrer Hilfe lassen sich die Rechtshandlungen in den Ungleichgewichtslagen begrenzen, wenn es an speziellen Regelungen für den jeweils betroffenen Lebens- und Vertragsbereich fehlt[126]. Für eine effektive Sicherung der

---

117 BVerfG, Beschluss vom 07.02.1990 – 1 BvR 26/84 – BVerfGE 81, 242, 254 f.; BVerfG, Beschluss vom 19.10.1993 – 1 BvR 567, 1044/89 – BVerfGE 89, 214, 231; *Boemke/Ulrici*, § 4 Rn. 7; *Flume*, Rechtsgeschäft, § 1 2.: die Rechtsordnung als Korrelat der Privatautonomie; *Fastrich*, RdA 1997, 65, 68 f. – Zur Kritik an der fortschreitenden Verdrängung der Privatautonomie durch gesetzliche Vorgaben s. Staudinger/*Honsell*, BGB, Einleitung zum BGB Rn. 113.

118 S. hierzu die Übersicht bei Staudinger/*Honsell*, BGB, Einleitung zum BGB Rn. 113. – Zum Verhältnis von Privatautonomie und Marktwirtschaft s. noch unten unter § 4 II. 3. c).

119 Jarass/Pieroth/*Jarass*, GG, Art. 2 Rn. 23.

120 BVerfG, Beschluss vom 19.10.1993 – 1 BvR 567, 1044/89 – BVerfGE 89, 214, 231 f.

121 Staudinger/*Olzen*, BGB, Einleitung zum SchuldR, Rn. 50.

122 BVerfG, Beschluss vom 16.05.1961 – 2 BvF 1/60 – BVerfGE 12, 341, 347; MüKo-BGB/*Emmerich*, BGB, § 311 Rn. 6; Staudinger/*Olzen*, BGB, Einleitung zum SchuldR Rn. 50; *Bork*, Rn. 103; *Flume*, Rechtsgeschäft, § 1 2.; *Boemke*, NJW 1993, 2083, 2083.

123 *Flume*, Rechtsgeschäft, § 2 3. a).

124 BVerfG, Nichtannahmebeschluss vom 23.11.2006 – 1 BvR 1909/06 – AP Nr. Nr. 22 zu § 307 BGB unter II. 2. b) aa) (2) (a) der Gründe; BAG, Urteil vom 16.03.1994 – 5 AZR 339/92 – BAGE 76, 155, 167.

125 BVerfG, Beschluss vom 07.02.1990 – 1 BvR 26/84 – BVerfGE 81, 242, 254; Palandt/*Ellenberger*, BGB, Einf. v. § 145 Rn. 7. – Vgl. *Kemper*, § 3 A.

126 Vgl. BAG, Urteil vom 16.03.1994 – 5 AZR 339/92 – BAGE 76, 155, 168. – So auch in Bezug au das Verbraucherschutzrecht *Bülow/Artz*, Rn. 6.

Freiheitsrechte ist der Gesetzgeber aber darauf angewiesen, typisierbare Fallgestaltungen zu ermitteln, in denen sich die Ungleichgewichtslage der Vertragspartner besonders häufig wiederfindet[127].

c) *Grenze gesetzgeberischer Einflussnahme*

Die Grenze gesetzgeberischer Einflussnahme lässt sich aus einer zentralen Eigenart der Privatautonomie bzw. einer in privatautonomen Rahmen befindlichen Marktwirtschaft ableiten: besteht ein „funktionierender Markt", auf dem die nachfragende Vertragspartei die Möglichkeit hat, auf einen anderen Anbieter auszuweichen, entsteht ein angemessener Interessenausgleich bereits aus dem Wettbewerb der Anbieter heraus[128]. Die Macht des Anbieters wird dadurch geschmälert, dass er selbst auf Vertragsabschlüsse entsprechend der Marktlage als Gesamtheit unzähliger privatautonomer Handlungen angewiesen ist[129]. Fremdbestimmung ist daher – jedenfalls bei wirtschaftlichen Ungleichgewichtslagen[130] – ganz überwiegend dort anzutreffen, wo der Markt beispielsweise aufgrund von Monopolstellungen[131] oder notstandsähnlichen Umständen wie Naturkatastrophen oder Kriegen gestört ist[132]. Im Ergebnis ergibt sich daraus für die Notwendigkeit staatlicher Einflussnahme: die Selbstregulierungskräfte des Marktes dürfen durch staatliche Gestaltung nicht ausgeschaltet werden[133] und Schutzgesetzgebung ist nur dort verhältnismäßig, wo die Selbstregulierung des Marktes fehlschlägt und tatsächlich zu Fremdbestimmung führt[134].

---

127 BVerfG, Nichtannahmebeschluss vom 23.11.1006 – 1 BvR 1909/06 – AP Nr. 22 zu § 307 BGB unter II. 2. b) aa) (2) (a) der Gründe; BVerfG, Beschluss vom 19.10.1993 – 1 BvR 567, 1044/89 – BVerfGE 89, 214, 232.

128 *Busche*, § 3 III. 3. b. bb) (2) (c); *Grunsky*, III. 3. – Zur Ordnungs- und Befriedungsfunktion der Rechtsordnung für die marktwirtschaftliche Gesamtordnung s. auch *Boemke*, Schuldvertrag und Arbeitsverhältnis, § 6 IV. 2. b); *Habersack*, § 5 III. 2.

129 *Flume*, Rechtsgeschäft, § 1 7.

130 Zur Bedeutung des Ungleichgewichts noch unten § 4 III.

131 Sowie bestimmte Oligopolstellungen, *Bülow/Artz*, Rn. 16.

132 *Flume*, Rechtsgeschäft, § 1 7.; *Grunsky*, III. 3., der davon ausgeht, dass ein staatliche Eingriffe rechtfertigendes Ungleichgewicht grundsätzlich nur bei einem gestörten Markt in Betracht kommt. – Zur Behandlung dieses Marktmodells in der Ökonomik und den daraus folgenden Anforderungen an den Gesetzgeber vgl. *Albers/Ortler*, GewArch 2009, 225, 226.

133 Vgl. am Beispiel des Mieterschutzes *Grunsky*, III. 3.: die schwache Stellung des Mieters, die Eingriffe zu seinen Gunsten erfordert, beruhe zu weiten Teilen auf zwingenden Vorschriften zu seinem eigenen Schutz, die dem Markt kaum mehr Spielraum überließen, durch Selbstregulierung zu einem interessengerechten Ausgleich der Verhandlungspositionen beizutragen.

134 S. auch die Argumentation bei *Fastrich*, RdA 1997, 65, 69: ein Übermaß an staatlicher Regulierung nehme den Teilnehmern am Rechtsverkehr das Bewusstsein der eigenen Verantwortlichkeit für ihre Handlungen, ohne welches Privatautonomie nicht funktioniere.

4. *Zwischenfazit*

Nach alledem ist es der Anspruch unserer Rechtsordnung, privatautonomes Handeln jedes Rechtssubjekts zu gewährleisten. Dieser Anspruch ist nicht in jedem Fall gefährdet, wenn ein Rechtssubjekt seine Privatautonomie zu Lasten eines anderen ausübt[135]. Denn einzelne, als Ausdruck eines Ungleichgewichts erzielte Verhandlungsergebnisse sind eine notwendige Folge des von unterschiedlichen Interessen geprägten Strebens der Rechtssubjekte nach Selbstbestimmung. Konsequenterweise darf sie nicht in jedem Fall unterbunden werden, wenn der Grundsatz der Privatautonomie weiter Geltung beanspruchen soll. In welchen Bereichen der der Gesetzgeber auf Grund des Bekenntnisses zu einer sozialen Grundordnung durch Gestaltung des Zivilrechts entgegensteuern muss, zeigt sich durch eine auftretende Häufung von durch Fremdbestimmung geprägten Rechtsverhältnissen. Diese Häufung indiziert ein Versagen der bereits vorhandenen, dem Privatrecht systemimmanenten Schutzregelungen[136]. Der Ausgleich gestörter Vertragsparität wird als eine der Hauptaufgaben des geltenden Zivilrechts erachtet[137].

III. Typisierbarkeit der Unterlegenheit bei rechtsgeschäftlichem Handeln – Generalisierende Betrachtung

Lassen sich die theoretischen Grundlagen korrekturbedürftiger Störungen der Vertragsfreiheit darstellen, so liegt die Annahme nicht fern, dass es definierbare Merkmale gibt, anhand derer eine solche Störung auch praktisch erkennbar wird. Bislang wurden jedoch keine einheitlichen Merkmale erarbeitet, die das Ungleichgewicht definieren[138]. *Busche* stellt zusammenfassend fest, dass die Rechtsprechung des BVerfG regelmäßig von einem wirtschaftlichen Gefälle auszugehen scheint, ohne sich hierauf ausdrücklich festzulegen[139]. Eine weniger spezifische Annäherung schlägt *Grunsky* vor, indem er das Ungleichgewicht danach ermitteln will, ob die eine Vertragspartei die rechtlichen und wirtschaftlichen Folgen des Vertragsschlusses deutlicher erkennt und die andere, „unterlegene" Vertragspartei zum Abschluss bewegt, dessen Tragweite letztere nicht in demselben Maß überschauen kann[140]. Eine weitere annäherungsweise Eingrenzung findet sich bei *Fastrich*, der den Begriff des

135 Vgl. BVerfG, Beschluss vom 19.10.1993 – 1 BvR 567, 1044/89 – BVerfGE 89, 214, 232; *Kötz*, III.

136 Zur Kategorisierung der Schutzregelungen s. *Paulus/Zenker*, JuS 2001, 1, 2 ff.

137 Vgl. BVerfG, Beschluss vom 06.12.2005 – 1 BvR 1905/02 – BVerfGE 115, 51, 67 f.; BVerfG, Beschluss vom 19.10.1993 – 1 BvR 567, 1044/89 – BVerfGE 89, 214, 233.

138 *Busche*, § 3 III. 3. b. bb) (2) (c). – Vgl. *Fastrich*, RdA 1997, 65, 69 ff.; *Wellenhöfer-Klein*, ZIP 1997, 774, 775. – Zum Verbraucherschutzrecht so auch *Tamm*, 1. Teil, 2. Kapitel, II.

139 *Busche*, § 3 III. 3. b. bb) (2) (c). – So auch *Grunsky*, III. 2. b).

140 *Grunsky*, III. 2. b). – Auch *Knobel* sieht die Ausnutzung einer bestehenden Ungleichgewichtslage durch den überlegenen Vertragsteil als Voraussetzung für gesetzliche Einflussnahme auf den Vertrag an, grenzt die Ungleichgewichtslage

strukturellen Ungleichgewichts in der Weise ersetzt, dass es sich um das Versagen der Ordnungsfunktion der Privatautonomie in einem abgrenzbaren Bereich handelt[141]. Andere Ansätze gehen nur auf einzelne Bereiche ein, treffen aber keine allgemeingültigen Aussagen[142]. Anstatt einer einheitlichen Merkmalsbestimmung der Ungleichgewichtslagen bzw. einer allgemeingültigen Definition finden sich also näherungsweise Lösungsansätze, die die Merkmale der Ungleichgewichtslagen eingrenzen.

IV. Betrachtung des Verbraucherschutzrechts als Regelungskomplex infolge gestörter Vertragsparität

Im Privatrecht haben sich verschiedene Rechtsgebiete rund um Verträge etabliert, die sich für solche Ungleichgewichtslagen als typischerweise anfällig erwiesen haben. Hierzu gehören die Arbeitsverträge bzw. das Arbeitsrecht[143], Wohnraummietverträge bzw. das sog. soziale Mietrecht[144], die Kreditbürgschaften von Privatpersonen[145] sowie das Wettbewerbsrecht[146]. Auch die Verbrauchergeschäfte und das dazugehörige Verbraucherschutzrecht bilden eine solche Fallgruppe.

In den folgenden Ausführungen wird ein Überblick zum Verbraucherschutzrecht in seiner Funktion als Regelungskomplex zur Behebung typischerweise bestehender Störungslagen der Vertragsparität gegeben.

1. Grundlagen

Dem Verbraucherschutzrecht kommt eine sehr weitreichende Bedeutung zu. Rein praktisch betrachtet bildet ein Vertrag zwischen Verbrauchern und Unternehmern – der sog. Verbrauchervertrag – die typische Erscheinungsform eines schuldrechtlichen Vertrags[147].

---

aber nicht allgemeingültig ein, sondern nach der Ausgestaltung der als Korrektiv zu den typischen Ungleichgewichtslagen ergangenen Gesetze, *Knobel*, § 7 IV. 3.

141 *Fastrich*, RdA 1997, 65, 71.

142 So etwa *Wellenhöfer-Klein*, ZIP 1997, 774, 775: Der Begriff der „existenziellen Abhängigkeit" soll ausdrücklich besonders das Miet- und Arbeitsrecht erfassen, den Verbraucherschutz aber als Fall strukturell ungleicher Verhandlungsmacht ausklammern. – S. auch *Dauner-Lieb*, C. II., derzufolge dem Verbraucherschutzrecht typischerweise ein Informationsgefälle zugrunde liegt.

143 Grundlegend hierzu *Nikisch*, § 1. I. 1. f.

144 Hierzu *Fastrich*, § 6 III. 2. a).

145 Vgl. BGH, Urteil vom 24.11.2009 – XI ZR 332/08 – WM 2010, 32, 33 f.; BGH, Urteil vom 24.02.1994 – IX ZR 93/93 – BGHZ 125, 206, 210 ff.; OLG Koblenz, Urteil vom 29.10.2010 – 10 U 1514/09 – juris Rn. 34; OLG Sachsen-Anhalt, Beschluss vom 15.09.2005 – 10 W 38/05 – juris Rn. 62 ff.

146 Zu den Bezügen des Wettbewerbsrechts zum Verbraucherrecht unter Betrachtung des UWG s. Staudinger/*Köhler*, UWG, § 13a Rn. 1, im Bereich des Verbraucherkreditrechts s. *Gilles*, ZRP 1989, 299, 301.

147 Palandt/*Sprau*, BGB, Einleitung Rn. 1.

Ein Grund hierfür liegt in dem weiten Umfang des Verbraucherschutzrechts. Während die übrigen Fallgruppen gestörter Vertragsparität an bestimmten Schuldverhältnissen anknüpfen, geht das Verbraucherschutzrecht weiter. Zwar gibt es auch in diesem Regelungen, die das Bestehen einer bestimmten Art Schuldverhältnis voraussetzen. Beispielhaft stehen hierfür die Sonderregelungen der §§ 491 ff. BGB, die als Sonderbestimmungen innerhalb des Darlehensrechts dem Verbraucherschutz in Darlehensverträgen dienen[148], oder die Regelungen über den Verbrauchsgüterkauf[149]. Andere Normen des Verbraucherschutzrechts sind dagegen in ihrer Anwendbarkeit von der Art des Schuldverhältnisses unabhängig. Ihr Anwendungsbereich wird vielmehr durch die Situation des Rechtsgeschäftsabschlusses eröffnet, wie etwa im Fall der Vorschriften zum Haustürgeschäft und zu den Fernabsatzverträgen[150]. Sie können grundsätzlich auf jedes Schuldverhältnis Anwendung finden. Insofern handelt es sich bei dem Verbraucherschutzrecht um einen Sammelbegriff für eine Vielzahl von Regelungen, die den Schutz des privaten Verbrauchers in seiner Rolle als Abnehmer von Waren und Dienstleistungen bezwecken[151].

2. *Die das Verbraucherschutzrecht kennzeichnende Interessenlage*

Die Interessenlage der Vertragspartner im Verbraucherschutzrecht ist Ausgangspunkt der typischen Gefahrenlage[152]. Die Interessen der Verbraucher und Unternehmer als Marktteilnehmer kollidieren miteinander. Insoweit liegt noch keine Besonderheit gegenüber anderen, nicht verbraucherrechtlichen Schuldverhältnissen vor. Ermöglicht wird das Entstehen einer Gefahrenlage erst durch die unterschiedlichen Absichten, die den Interessen innewohnen: Auf Seite der Unternehmer findet eine Herstellung von Waren bzw. ein Anbieten von Dienstleistungen statt, um hieraus wiederum einsetzbare Werte, insbesondere Geld, zu erlangen[153]. Verbraucher dagegen setzen ihre Mittel – zumeist Geld – nicht ein, um an Werte zu gelangen, die sie in einem dem Erwerb nachgelagerten Austauschverhältnis einsetzen können. Ihr Interesse richtet sich auf den Erwerb von Gegenständen zur Daseinsvorsorge bzw. zur Erfüllung eigener Bedürfnisse[154]. Der Ausgleich der Interessen findet im

148 Vgl. MüKo-BGB/*K. P. Berger*, BGB, Vor § 488 Rn. 3.

149 Vgl. *Bülow/Artz*, Rn. 30.

150 Ein weiteres Beispiel sind die Vorschriften zu den allgemeinen Geschäftsbedingungen, die allerdings nicht in erster Linie dem Verbraucherschutz dienen.

151 *Tamm*, 1. Teil, 2. Kapitel A. II., die die Definition darüber hinaus sogar auf Rechtsnormen ohne konkreten Bezug zum Verbraucherbegriff ausweitet.

152 Vgl. *Kemper*, § 3 C.; *Tamm*, 1. Teil 2. Kapitel, B. I.

153 Tamm, 1.Teil, 2. Kapitel B. I. – Allgemeiner bei *Reich*, 4. Kapitel I. 2.

154 *Reich/Micklitz*, Verbraucherschutzrecht in der Bundesrepublik Deutschland, 1. Kapitel Rn. 6; *Tamm*, 1.Teil, 2. Kapitel B. I. – Ähnlich *Kemper*, § 3 C. – Kritisch zu dieser Grenzziehung *Lieb*, AcP 183 (1983), 327, 350.

jeweiligen Verbrauchervertrag statt. Dass hierbei ein Kräfteungleichgewicht zwischen Verbraucher und Unternehmer besteht, ist im Ergebnis unbestritten[155].

3. *Die das Machtgefälle kennzeichnenden Merkmale*

Worin die Merkmale bestehen, die dieses Machtgefälle begründen und somit die Unterlegenheit des Verbrauchers kennzeichnen, wird unterschiedlich beantwortet[156].

a) Informationsdefizit

Eine erste Ansicht sieht die Unterlegenheit des Verbrauchers in einem Informationsdefizit hinsichtlich des zu erwerbenden Guts und des Markts begründet[157]. *Dauner-Lieb* erachtet die genaue Vorstellung über Eigenschaften eines gewünschten Produkts und die Höhe der zu erbringenden Gegenleistung einerseits, die Kenntnis der relevanten Marktverhältnisse sowie in Betracht kommender Substitutionsmöglichkeiten andererseits als wesentliche Voraussetzung optimaler, interessengerechter Wahrnehmung von Marktchancen[158]. Diese Voraussetzungen seien bei Verbrauchergeschäften typischerweise nicht erfüllt[159]. Als Reaktion hierauf sollen Schutznormen Verbrauchern den Zugang zu Informationen erleichtern und die Markttransparenz fördern[160]. *Busche* relativiert dagegen die Aussagekraft des Modells eines Informationsdefizits. Dieses müsse nicht nur für Verbraucher als typisch erachtet werden, sondern könne ebenso gut bei Gewerbetreibenden vorliegen, die Güter nachfragen, welche nicht mit ihrem Gewerbebetrieb in Verbindung stehen[161]. Auch könne es „kundige" Verbraucher geben, die durch intensive Befassung mit dem nachgefragten Gegenstand ein höheres Informationsniveau erreichen könnten als der Unternehmer und das Informationsgefälle insofern umkehren[162].

b) Intellektuelles, psychologisches oder wirtschaftliches Ungleichgewicht

Eine ebenfalls verbreitete Ansicht sieht die Unterlegenheit des Verbrauchers über das Informationsdefizit hinaus in einem intellektuellen, psychologischen oder wirtschaftlichen Ungleichgewicht begründet[163]. Nach *Kümpel* kann sich die

---

155 *v. Hippel*, § 1 I. 1.; *Reymann*, § 2 B.; *Tamm*, 1. Teil,2. Kapitel, II.

156 Zusammenfassend *Dick*, I. 2.; *Reymann*, § 2 B.; *Tamm*, 1. Teil, 2. Kapitel III.

157 So etwa *Dauner-Lieb*, C. – Wohl auch *Lieb*, AcP 183 (1983), 327, 348 ff. – Vgl. auch *Dick*, I. 2.1; *v. Hippel*, § 1 I. 1. – Generell die Bedeutung des Informationsverkehrs für den Privatrechtsverkehr betonend *Zöllner*, AcP 188 (1988), 85, 97.

158 *Dauner-Lieb*, C I.

159 *Dauner-Lieb*, C I.

160 So etwa zum VIG *Albers/Ortler*, GewArch 2009, 225, 225.

161 *Busche*, § 3 III. 3. b. bb) (3) (b).

162 *Busche*, § 3 III. 3. b. bb) (3) (b).

163 So etwa *Dick*, I.2.; *Kemper*, § 3 B., C.; *Kümpel*, WM 2005, 1, 2. – Vgl. auch *Dauner-Lieb*, C. II. 1; *Larenz/Wolf*, § 42 Rn. 25.

Unterlegenheit einerseits als Folge geschäftlicher wie rechtlicher Unerfahrenheit darstellen, andererseits aber auch auf intellektueller Unterlegenheit beruhen[164]. Nach *Kemper* besteht die wirtschaftliche Unterlegenheit darin, dass der (einzelne) Verbraucher nur in Mengen ohne besondere wirtschaftliche Bedeutung für den Anbieter nachfragt[165]. *Dick* sieht die Unterlegenheit des Verbrauchers auch darin begründet, dass er nicht rational, also als streng kalkulierender autonomer Nutzenmaximierer, sondern häufig emotional und impulsiv handelt[166]. Zum Teil wird auch auf empirische Erhebungen verwiesen, wonach Verbraucher vor Gericht häufiger Beklagte seien als umgekehrt, sodass ihnen gegenüber den Unternehmern auch Erfahrung und Routine bei der Rechtsdurchsetzung fehlten[167].

c) Fehlende Organisationsmöglichkeiten

Teilweise wird die Unterlegenheit auch auf die fehlende Organisationsmöglichkeiten der Gruppe der Verbraucher zurückgeführt[168]. Nach *Kemper* kann der Verbraucher seine fehlende Marktmacht nicht durch Gruppenbildung kompensieren[169]. Er begründet dies mit der Unterschiedlichkeit der Interessen einzelner Verbraucher[170], die auch an anderen Stellen in der Literatur Bestätigung findet[171].

4. Gesetzgeberische Maßnahmen zur Korrektur der Störungslagen

Der Ungleichgewichtslage ist der Gesetzgeber mit einer Fülle von Regelungen begegnet.

Im Wesentlichen knüpfen diese an dem zwischen den Rechtsverkehrsteilnehmern bestehenden Schuldverhältnis an. Hierzu zählen sowohl (einseitig[172]) zwingende, den Schutz des unterlegenen Vertragsteils unmittelbar stärkende Vorschriften[173], die Normierung richterlicher Inhaltskontrolle, den überlegenen Vertragsteil treffende Informationspflichten sowie die Einführung von Widerrufsrechten[174].

---

164 *Kümpel*, WM 2005, 1, 2. – Vgl. *Dauner-Lieb*, C. II. 1.

165 *Kemper*, § 3 C.

166 *Dick*, I. 2.2.

167 Vgl. *Tamm*, 1. Teil, 2. Kapitel, III. 4.

168 So etwa *Dick*, I. 2.5; *Kemper*, § 3 C. – Vgl. auch *v. Hippel*, § 1 I. 1.

169 *Kemper*, § 3 C.

170 *Kemper*, § 3 C.

171 Zur Inhomogenität der Verbraucherinteressen vgl. etwa *Kemper*, § 3; *Tamm*, 1. Teil, 2. Kapitel, III. 3; *E. Schmidt* in FS Reich, 81, 81 ff.

172 Vgl. *Fastrich*, § 6 III. 3. b).

173 Der Aspekt zwingender Regelungen zum Schutz der Verbraucher spielt auch in der Diskussion um ein europäisches Vertragsrecht eine herausragende Rolle, s. hierzu *Hesselink*, ERPL 2007, 323, 327.

174 S. den Überblick bei Palandt/*Ellenberger*, BGB, Einf v § 145 Rn. 14 ff. sowie *Bülow/Artz*, Rn. 22 ff.; *Dauner-Lieb*, C. II. 2. – Vgl. die Begründung zum Gesetzentwurf der Bundesregierung für das Schuldrechtsmodernisierungsgesetz, BT-Drs. 14/6040,

Die gesetzlichen Regelungen beschränken sich indes nicht auf die Ausgestaltung des Verbrauchervertragsverhältnisses. Mit Hilfe öffentlich-rechtlicher Informationszugänge, wie sie etwa das VIG vorsieht, soll die Markttransparenz gefördert werden[175]. Diese ist insbesondere in Form der Möglichkeit eines Produkt- und Preisvergleichs eine Voraussetzung für das Funktionieren der Selbstregulierungsmechanismen des Marktes[176]. Fehlt die Transparenz, entfaltet die Konkurrenz der überlegenen Marktteilnehmer nicht mehr ihre schwächende Wirkung[177] und die Unterlegenheit des Verbrauchers bleibt trotz eines an sich funktionierenden Marktes bestehen.

Des Weiteren finden sich auch im Verbraucherschutzrecht – etwa im UWG oder im UKlaG – Regelungen kollektiver Formen der Interessenwahrnehmung und -durchsetzung, die der Kompensation des strukturellen Defizits der Verbraucher dienen sollen[178].

V. Fazit

Das Verbraucherschutzrecht stellt in den meisten Fällen eine Einschränkung der Vertragsfreiheit dar. Zwar bilden die Formen der kollektiven Interessenwahrnehmung im Verbraucherschutzrecht und die Förderung der Markttransparenz Ansätze, die dem Ungleichgewicht zwischen Verbrauchern und Unternehmern begegnen, ohne unmittelbaren Einfluss auf die Gestaltung ihrer Rechtsverhältnisse zu nehmen. Die Mehrzahl der verbraucherschützenden Vorschriften versucht die Milderung der Folgen des Ungleichgewichts aber durch zwingende[179] Einflussnahme auf die Gestaltung der Verbrauchervertragsverhältnisse. Noch dazu ist der Anwendungsbereich der Verbraucherschutzregelungen kaum begrenzt. Dank der von einigen Schutzregeln genutzten situationsbezogenen Anknüpfung kann es sich bei den Verbraucherverträgen um ganz unterschiedliche besondere Schuldverhältnisse handeln. Den Verbraucherschutzregelungen kommt also eine sehr weitreichende Bedeutung zu.

92, die die Einführung einer Widerrufsfrist, vorvertraglicher Informationsarten und die Einführung eines Schriftformzwangs sowie inhaltliche Anforderungen an bestimmte Verträge als Beispiele verbraucherschützender Beschränkungen der Privatautonomie aufführt. – Vgl. auch die Begründung zum Gesetzentwurf der Bundesregierung für das Fernabsatzgesetz, BT-Drs. 14/2658, 17, in der Informationspflichten und Widerrufsrechte als zum traditionellen Instrumentarium des Verbraucherschutzes gehörend bezeichnet werden.

175 Vgl. die Begründung der Bundesregierung zum Entwurf eines Gesetzes zur Neuregelung des Rechts der Verbraucherinformation, BT-Drs. 16/5404, 7. – Ausführlich zu den Zielen, der Ausgestaltung und der Kritik am VIG *Albers/Ortler*, GewArch 2009, 225, 225 ff.

176 Vgl. *Dauner-Lieb*, C. II. 1; *v. Hippel*, § 1 III. 6.; *Albers/Ortler*, GewArch 2009, 225, 225.

177 Vgl. oben § 4 II. 3. c).

178 Staudinger/*Kannowski*, BGB, § 13 Rn. 7.

179 Vgl. zur Verdrängung der Vertragsinhaltsfreiheit durch die Zunahme zwingenden Rechts im Hinblick auf verbraucherschützende Normen *Fastrich*, § 6 III. 3. b).

Sie stellen eine intensive Beeinträchtigung der Privatautonomie dar[180]. Angesichts dieser Wirkung ist es wichtig, für die Verbraucherschutzregelungen klare Grenzziehungen vorzunehmen.

§ 5 – Historische Entwicklung des Verbraucherbegriffs

Das Verbraucherschutzrecht ist das Ergebnis einer komplexen, nicht begrenzten und fortdauernden Entwicklung. Der Begriff des Verbraucherschutzrechts meint dabei die Zusammenfassung aller Rechtsvorschriften und -regeln, die die rechtliche Stellung des Verbrauchers betreffen[181]. In einem engen Zusammenhang hiermit steht der ebenfalls sehr weite Begriff des Verbraucherprivatrechts, der diejenigen Regelungen des Privatrechts meint, in denen Verbraucher und Unternehmer aufeinander treffen[182]. Schärfere Konturen bietet der Begriff des Verbrauchervertragsrechts. Dieser meint die Gesamtheit der Normen, welche die vertraglichen Beziehungen zwischen einem Verbraucher und einem Unternehmer regeln und in ihrer Anwendung vom Eingreifen eines sachlichen Schutzgrundes[183] abhängen[184]. Innerhalb des Verbrauchervertragsrechts bildet der Verbraucherbegriff die Definition der personalen Komponente des Verbrauchers[185].

I. Einführung

Gegenstand des folgenden Abschnitts ist, den bisherigen Verlauf der Entwicklung des Verbraucherbegriffs anhand der jeweiligen gesetzlichen Regelungen darzustellen. Dafür sind Entwicklungen auf zwei verschiedenen Ebenen zu betrachten.

---

180 Auch in anderen, von typischen Ungleichgewichtslagen geprägten Rechtsverhältnissen wird grundlegend die Geltung der Privatautonomie thematisiert. So ist ihr Bestand im Arbeitsrecht bereits angezweifelt worden., vgl. *Däubler*, Arbeitsrecht, 1.2 Rn. 4; *Däubler*, Das Arbeitsrecht 2, 3.; *Gamillscheg*, Grundrechte im Arbeitsrecht, II. 3. a); *Gamillscheg*, Kollektives Arbeitsrecht, § 1 I. 2. a) (1). Vgl. dagegen mit Plädoyers für die Geltung von Privatautonomie und Vertragsfreiheit ErfK/*Preis*, BGB, § 611 Rn. 7; MünchHbArbR/*Richardi*, § 1 Rn. 15; *Boemke*, Schuldvertrag und Arbeitsverhältnis, § 6; *Boemke*, NZA 1993, 532, 532 f.; *Zöllner*, AcP 176 (1976), 221, 222 f. Diese Diskussion findet auch im Rahmen des Mietrechts statt. Kritisch zur Geltung der Privatautonomie dort *Fastrich*, § 6 III. 2. b); *Sternel*, Teil I Rn. 272. Die grundsätzliche Geltung der Vertragsfreiheit im Mietrecht bejahend Palandt/*Weidenkaff*, BGB, Einf. v. § 535 Rn. 90.

181 *Drexl*, § 1 V.; *Sedlmeier*, § 2 A. – Kritisch zu dieser weiten Begrifflichkeit *Tamm*, 2. Kapitel A. I.

182 *Bülow/Artz*, Rn. 1. – Ein weiteres Verständnis findet sich bei *Sedlmeier*, § 2 A., die unter den Begriff des Verbraucherprivatrechts alle Regelungen fasst, die den Fall der Beteiligung eines Verbrauchers vorsehen.

183 S. hierzu *Sedlmeier*, § 2 A.

184 *Sedlmeier*, § 2 A.; *v. Vogel*, GPR 2004, 164, 164.

185 Vgl. *Sedlmeier*, § 2 A.

Auf nationaler Ebene bestanden schon Ende des 19. Jahrhunderts erste Regelungen, die zwar noch nicht ausdrücklich, aus heutiger Sicht aber dem Schutzzweck nach dem Verbraucherschutz zu dienen bestimmt waren[186]. Mit Entstehung der Europäischen Gemeinschaften und dem europäischen Binnenmarkt entwickelten sich auch auf europäischer Ebene verbraucherschützende Regelungen, denen allerdings andere Absichten zu Grunde lagen, als dies auf deutscher Ebene der Fall war. Diese europäische Entwicklung beeinflusste das deutsche Verbraucherschutzrecht zunehmend[187]. Ein ausführliches Verständnis des deutschen Verbraucherbegriffs erfordert es daher, auch diese europäischen Absichten darzustellen.

Die weitere Entwicklung des deutschen Verbraucherschutzrechts ist von zwei Brüchen gekennzeichnet: Der erste Bruch betrifft unmittelbar den Verbraucherbegriff. Er hat seine heutige Ausgestaltung erst gegen Ende des 20. Jahrhunderts erhalten. Der zweite Bruch[188] betraf die im Verbraucherschutzrecht generell herrschende Gesetzeslage, die mit Einführung der §§ 13, 14 BGB[189] bzw. im Jahr 2002 mit der Schuldrechtsmodernisierung[190] tiefgreifende Änderungen erfuhr. Auch diese Änderungen wirkten sich entscheidend auf den Verbraucherbegriff aus.

Die nachfolgende Darstellung bezieht sich zuerst auf die nationale Entwicklung (unten II.). Sie geht sodann auf die europäische Entwicklung ein (unten III.).

II. Entwicklung im deutschen Rechtskreis

Auf deutscher Ebene entwickelte sich das Verbraucherschutzrecht zunächst außerhalb des BGB. Aus diesem Anlass wurde zunehmend der Charakter des Verbraucherschutzrechts als Sonderprivatrecht und sein Einfluss auf das bürgerliche Recht diskutiert[191]. Dies änderte sich mit der ab 2000 herbeigeführten Übertragung des Verbraucherschutzrechts in das BGB[192].

Diese ursprüngliche Entwicklung erfolgte nicht zielgerichtet. Eine gezielte Verbraucherschutzpolitik wurde erst Anfang der 60er Jahre betrieben, die sich aber in

186 Für frühere Ansätze s. Staudinger/*Kannowski*, BGB, Vorbem. zu §§ 13, 14 Rn. 2.

187 So attestiert etwa *Kannowski* dem deutschen Gesetzgeber mit Zunahme der Gemeinschaftsregelungen schwindenden Elan bei der Schaffung einer eigenständigen deutschen Verbraucherschutzpolitik, Staudinger/*Kannowski*, BGB, Vorbem. zu §§ 13, 14 Rn. 4. Ebenso MüKo-BGB/*Micklitz/Purnhagen*, BGB, Vorbemerkung zu §§ 13, 14 Rn. 6.

188 Vgl. MüKo-BGB/*Micklitz* (6. A.), BGB, Vorbemerkung zu §§ 13, 14 Rn. 1: „eine Art Revolution".

189 S. hierzu noch unten § 5 II. 2. a).

190 S. hierzu noch unten § 5 II. 2. b).

191 Ausführlich hierzu *Lieb*, AcP 183 (1983), 327, 348 ff.; *Roth*, JZ 2001, 475, 475 ff.; *Zöllner*, AcP 188 (1988), 85, 91 ff. – Zusammenfassend MüKo-BGB/*Micklitz/Purnhagen*, BGB, Vorbemerkung zu §§ 13, 14 Rn. 5 ff.

192 Vgl. MüKo-BGB/*Micklitz/Purnhagen*, BGB, Vorbemerkung zu §§ 13, 14 Rn. 8.

einigen punktuellen Regelungen erschöpfte[193]. Mit dem zunehmenden Aufkommen an europäischen Regelungen in Bereich des Verbraucherschutzes nahm die eigene, gestalterische Tätigkeit des deutschen Gesetzgebers in diesem Bereich ab[194]. Damit einher geht die Entwicklung des Verbraucherbegriffs bzw. des personalen Anknüpfungsmerkmals der verbraucherschützenden Regelungen[195].

Im Anschluss wird zuerst die Entwicklungsphase vor Überführung des Verbraucherschutzrechts in das BGB dargestellt (unten 1.), anschließend die Phase der Überführung sowie der Zustand danach (unten 2.).

1. *Erste Phase: Verbraucherschutzrechtsentwicklung außerhalb des BGB*

In den frühen, dem Schutzzweck nach verbraucherschützenden Regelungen ist die Abgrenzung des geschützten Personenkreises noch ohne Verwendung des Verbraucherbegriffs getroffen worden. Der Begriff des Verbraucherschutzes bzw. des Verbrauchers fand erst in der politischen Zielsetzung Anwendung, ehe er Teil der Rechtssprache wurde[196].

Am Beginn dieser ersten Phase steht das Abzahlungsgesetz[197]. Denn im Gegensatz zu noch früheren Regelungen, die sich aus heutiger Sicht unter den Begriff des Verbraucherschutzes fassen ließen[198], hatte das AbzG bis Ende des zwanzigsten Jahrhunderts Bestand, ehe es in anderen Normen aufging[199]. Außerdem steht es exemplarisch für die frühe, noch ohne den Verbraucherbegriff gestaltete Verbraucherschutzgesetzgebung. Weiter wird auf das AGB-Gesetz, das Haustürwiderrufsgesetz, das Verbraucherkreditgesetz, das Fernabsatzgesetz und das Schuldrechtsmodernisierungsgesetz eingegangen[200].

a) Abzahlungsgesetz

Das Abzahlungsgesetz[201] stellte eine erste Sonderregelung des Verbraucherkredits dar. Seine Regelungen gingen später im Verbraucherkreditgesetz auf[202]. Sein Zweck

---

193 Ausführlich hierzu Staudinger/*Kannowski*, BGB, Vorbem. zu §§ 13, 14 Rn. 3 f.; MüKo-BGB/*Micklitz/Purnhagen*, BGB, Vorbemerkung zu §§ 13, 14 Rn. 6.

194 Staudinger/*Kannowski*, BGB, Vorbem. zu §§ 13, 14 Rn. 4.

195 S. oben die Einleitung zu § 5.

196 Vgl. die umfassende Darstellung bei *Medicus* in FS Kitagawa, 471, 472 ff.

197 Vgl. Staudinger/*Kannowski*, BGB, Vorbem. zu §§ 13, 14 Rn. 2; *Kemper*, § 3 A: Markstein der Entwicklung zunehmender Korrektur von Störungslagen; *Medicus* in FS Kitagawa, 471, 472; *Roth*, JZ 2001, 475, 476.

198 S. hierzu die Übersicht bei Staudinger/*Kannowski*, BGB, Vorbem. zu §§ 13, 14 Rn. 2.

199 Dazu noch unten § 5 II. 1. a) sowie § 5 II. 1. d).

200 Vgl. zu dieser Auswahl auch *Medicus* in FS Kitagawa, 471, 472 ff.; *Roth*, JZ 2001, 475, 476.

201 Gesetz betreffend die Abzahlungsgeschäfte vom 16.05.1894, RGBl. 1894, 450, 450 f.

202 Bülow/Artz/*Bülow*, Einf. Rn. 1.

war der Schutz wirtschaftlich schwacher und unerfahrener Käufer[203]. Anlass für das Gesetz gaben die Ende des 19. Jahrhunderts zunehmenden Ratenkäufe, die mit einer überlegenen Stellung des die Vertragsbedingungen diktierenden Verkäufers einhergingen[204]. Als rückblickender Beleg für seinen verbraucherschützenden Charakter dient nicht zuletzt der Umstand, dass der Schutzbereich des AbzG im Rahmen späterer, auf den Verbraucherschutz abzielender Gesetzesvorhaben oft in Bezug genommen wurde[205], obwohl der Begriff des Verbrauchers im Gesetz selbst oder bei seiner Entstehung[206] keine tragende Rolle gespielt hat[207].

Das Gesetz versuchte die Bestimmung des Adressatenkreises anstatt durch positive Erwähnung der geschützten Personen durch die Ausklammerung von Kaufleuten aus seinem Anwendungsbereich zu erreichen[208]. Nach § 8 AbzG war das AbzG unanwendbar, wenn der Empfänger der Ware[209] als Kaufmann in das Handelsregister eingetragen ist[210]. Dies betraf ab Inkrafttreten des HGB am 01.01.1900 jedenfalls Vollkaufleute, da diese nach den §§ 4, 29 HGB in das Handelsregister einzutragen

---

203 BGB-RGRK/*Kessler*, AbzG, Einl. Rn. 4; *Ewald*, 35; MüKo-BGB/*H. P. Westermann* (2. A.), AbzG, vor § 1 Rn. 2, der auch auf die spätere Wandlung der Schutzrichtung infolge der Gesetzesänderungen zu einer Warnfunktion für den Käufer vor der Fehleinschätzung seiner Leistungsfähigkeit eingeht.

204 Ausführlich hierzu *v. Hippel*, § 8 I.; *Benöhr*, ZHR 138 (1974), 492, 492 ff.

205 Vgl. etwa die Begründung zum Gesetzentwurf des Bundesrates für das HaustürWG, BT-Drs. 10/2876, 6, in der der zu enge Schutzbereich des AbzG für die Gefahrensituation der Haustürgeschäfte mit als Grund für die Notwendigkeit eines eigenständigen Schutzes durch das HaustürWG genannt wird. Vgl. auch *Gilles*, ZRP 1989, 299, 300 und *Schmelz/Klute*, ZIP 1988, 1509, 1510, die als Ausgangspunkt für die letztlich zum VerbrKrG führenden Reformbemühungen im Verbraucherkreditrecht bereits auf die Novellierungen des AbzG verweisen.

206 Dort wird für den Gesetzeszweck aber bereits auf den Schutz der „verbrauchenden Bevölkerung" verwiesen, vgl. *Benöhr* in ZHR 138 (1974), 492, 492.

207 *Medicus* in FS Kitagawa, 471, 472.

208 Staudinger/*Weick*, BGB, Vorbem. zu §§ 13, 14 Rn. 2.

209 Zur Kritik an der Anknüpfung am Merkmal des Warenempfängers vgl. MüKo-BGB/*H. P. Westermann* (2. A.), AbzG, § 8 Rn. 1 (maßgeblich könne nur die Funktion als Schuldner der Vertragspflichten sein) und *Ewald*, 35.

210 BGB-RGRK/*Kessler*, AbzG, Einl. Rn. 8. – Zur Kritik an diesem Vorgehen und den Auswirkungen für die uneinheitliche Entwicklung des Verbraucherschutzrechts vgl. Staudinger/*Kannowski*, BGB, Vorbem. zu §§ 13, 14 Rn. 5 ff., der darauf hinweist, dass sich die Kopplung des Verbraucherbegriffs an den des Kaufmanns aufgrund der unterschiedlichen Funktionen beider Begriffe als Irrweg herausgestellt hat. Ähnlich *Preis*, ZHR 1994, 567, 584, der die lediglich an den Kaufmannsstatus anknüpfende Herausnahme kritisiert, weil der Kaufmann so auch im Privatbereich den strengeren Regeln unterworfen gewesen und gegenüber anderen geschäftserfahrenen Personen wie Vorstandsmitgliedern oder Freiberuflern grundlos benachteiligt worden sei.

waren[211]. Damit stellte das Gesetz auf Eigenschaften der beteiligten Personen ab und galt damit als personenbezogen[212]. Die Einschränkung war in der Geschäftserfahrung des Kaufmanns begründet, von dem erwartet wurde, die Nachteile und Risiken von Abzahlungsgeschäften aufgrund seiner wirtschaftlichen Erfahrung zu überschauen[213].

Diese Gesetzgebungstechnik der Ausklammerung von Kaufleuten[214] führte allerdings dazu, dass auch wirtschaftlich starke Freiberufler vom Schutzzweck des auf den Schutz wirtschaftlich Schwächerer ausgerichteten Gesetzes profitieren konnten[215]. Somit führte die Technik zu einer Ausdehnung des Anwendungsbereichs auch auf nicht vom Schutzzweck des Gesetzes erfasste Personen. Die Methode erwies sich damit als nicht interessengerecht[216].

b) AGB-Gesetz

Das AGBG[217] fand gemäß seinem Anwendungsbereich hauptsächlich unabhängig vom Verbraucherschutz Anwendung[218]. Zudem galt der Verbraucherschutz bei seinem Inkrafttreten nicht als wesentliches Schutzprinzip, was auch mit einem ursprünglich fehlenden Verbraucherbegriff einherging[219]. Allerdings ist es letztlich der Verbraucherbegriff des AGBG gewesen, der in § 13 BGB übernommen worden ist[220].

---

211 *Medicus* in FS Kitagawa, 471, 473. – Umstritten war, ob auch nicht eingetragene Vollkaufleute bzw. Kaufleute i. S. d. § 5 HGB vom Schutzbereich ausgenommen sein sollten; aus Gründen des Gesetzeszwecks für eine Unanwendbarkeit auf nicht eingetragene Vollkaufleute vgl. BGB-RGRK/*Kessler*, AbzG, § 8 Rn. 1 und MüKo-BGB/*H. P. Westermann* (2. A.), AbzG, § 8 Rn. 3 ff.; dagegen aus strenger Wortlautauslegung für eine Anwendbarkeit auf nicht eingetragene Vollkaufleute vgl. BGH, Urteil vom 24.05.1982 – VIII ZR 105/81, ZIP 1982, 842, 843 und BGH, Urteil vom 19.02.1986 – VIII ZR 113/85, NJW 1986, 1679, 1680.

212 Vgl. *Canaris*, AcP 200 (2000), 273, 356.

213 MüKo-BGB/*H. P. Westermann* (2. A.), AbzG, § 8 Rn. 2; *Ewald*, 35.

214 Sie fand außerdem in den §§ 29, 38 ZPO Anwendung, vgl. Staudinger/*Kannowski*, BGB, Vorbem. zu §§ 13, 14 Rn. 5; *Reich/Micklitz*, Verbraucherschutzrecht in der Bundesrepublik Deutschland, 1. Kapitel Rn. 17; *Medicus* in FS Kitagawa, 471, 476.

215 Staudinger/*Kannowski*, BGB, Vorbem. zu §§ 13, 14 Rn. 2.

216 Vgl. Staudinger/*Kannowski*, BGB, Vorbem. zu §§ 13, 14 Rn. 7: „Irrweg“; *Reich/Micklitz*, Verbraucherschutzrecht in der Bundesrepublik Deutschland, 1. Kapitel Rn. 17, die auf erhebliche Überschneidungen bzw. Schutzlücken als Folge der unterschiedlichen Anknüpfungen der verschiedenen Verbraucherschutzgesetze hinweisen.

217 Gesetz zur Regelung des Rechts der Allgemeinen Geschäftsbedingungen vom 09.12.1976, BGBl. I, 3317, 3317 ff.

218 *Medicus* in FS Kitagawa, 471, 476.

219 Es wurde daher jedenfalls zu Beginn nicht als Verbraucherschutzgesetz „im technischen Sinne“ verstanden, Palandt/*Grüneberg*, BGB, Überbl. v. § 305 Rn. 8.

220 Vgl. BT-Drs. 14/2658, 1, 47 f. sowie unten § 6 IV. 1. b).

Das AGB-Gesetz stellte eine Reaktion auf zwei Funktionen allgemeiner Geschäftsbedingungen dar: Erstens wurden AGB als typisches Machtinstrument bei einer systematischen Ausnutzung einer Monopolstellung des überlegenen Vertragspartners erachtet[221]. Zweitens wurde gerade mit Blick auf Verbrauchergeschäfte alleine im Stellen von Geschäftsbedingungen zur mehrfachen Verwendung eine Stärkung der Verhandlungsposition des Verwenders gesehen[222]. Rein tatsächlich wird gegen AGB zudem vorgebracht, dass sie vielfach der Risikoabwälzung auf den Vertragspartner dienen sollen[223]. Die Rechtsprechung reagierte darauf – im Fall des Reichsgerichts unter Verweis auf die Vertragsfreiheit noch zurückhaltend[224], durch den BGH dann zunehmend[225] – mit der Einführung einer Inhaltskontrolle, der durch den Erlass des AGBG ein allgemeingültiger[226], normativer Maßstab verschafft wurde[227].

Inhaltlich beabsichtigte das AGBG schon in seiner ursprünglichen Fassung den Schutz des Verwendungsgegners von AGB vor dem Verwender[228]. Ähnlich wie schon im AbzG eingetragene Kaufleute vom Schutzbereich ausgenommen waren[229], sollte das AGBG nach seinem § 24 Satz 1 Nr. 1 AGBG nur eingeschränkt Anwendung auf AGB finden, die gegenüber einem Kaufmann verwendet wurden, wenn der Vertrag zum Betrieb seines Handelsgewerbes gehörte[230]. Insofern fand sich auch hier eine an der Kaufmannseigenschaft ansetzende Einschränkung des Anwendungsbereichs[231].

Im AGBG wurde unmittelbar der Wechsel in der Gesetzgebungstechnik vollzogen[232]: weg von der Ausklammerung der Kaufleute, hin zur Eingrenzung auf Verbraucher. In Umsetzung der Klauselrichtlinie 93/13/EWG wurde der Verbraucherbegriff

---

221 Staudinger/*Schlosser*, BGB, Vorbem. zu §§ 305 ff. Rn. 3 f.

222 Vgl. *Kötz*, III.

223 So etwa MüKo-BGB/*Basedow*, BGB, Vorbemerkung zu §§ 305 ff. Rn. 3; Palandt/*Grüneberg*, BGB, Überbl. v. § 305 Rn. 6: wichtigster Zweck der Verwendung von AGB.

224 MüKo-BGB/*Basedow*, BGB, Vorbemerkung zu §§ 305 ff. Rn. 9; Wolf/Lindacher/Pfeiffer/*Pfeiffer*, Einleitung, Rn. 6; *Kötz*, III.

225 Vgl. Wolf/Lindacher/Pfeiffer/*Pfeiffer*, Einleitung, Rn. 6.

226 Vgl. MüKo-BGB/*Basedow*, BGB, Vorbemerkung zu §§ 305 ff. Rn. 11.

227 Wolf/Lindacher/Pfeiffer/*Pfeiffer*, Einleitung, Rn. 7.

228 Palandt/*Grüneberg*, BGB, Überbl. v. § 305 Rn. 8.

229 Vgl. oben § 5 II. 1. a).

230 Für die Inhaltskontrolle war allein § 9 AGBG a. F. mit den Ergänzungen des § 24 S. 2 AGBG a. F. maßgebend, die Klauselverbote der §§ 10 und 11 AGBG a. F. galten hingegen nicht, Palandt/*Heinrichs* (57. A.), AGBG, § 24 Rn. 10.

231 Vgl. *Medicus* in FS Kitagawa, 471, 476, der auch darauf hinweist, dass diese Einschränkung durch die Rechtsprechung unter Zuhilfenahme von § 24 Satz 2 AGBG teilweise wieder relativiert wurde; Staudinger/*Kannowski*, BGB, Vorbem. zu §§ 13, 14 Rn. 5.

232 Vgl. oben § 5 II. 1. a).

durch das AGB-Änderungsgesetz[233] in das AGBG eingefügt[234]. Verbraucher war nach § 24a AGBG eine natürliche Person, die den Vertrag zu einem Zweck abschließt, der weder einer gewerblichen noch einer selbständigen beruflichen Tätigkeit zugerechnet werden kann. Indem das Gesetz den Anwendungsbereich auf eine Nichtzurechenbarkeit zu *selbständigen* beruflichen Zwecken einschränkte, wich es sprachlich bereits von der Klauselrichtlinie ab, die eine Nichtzurechenbarkeit zu jeglicher beruflichen Tätigkeit vorgab[235]. Hierin wurde eine Ausweitung des Schutzbereichs und damit eine Stärkung des Verbraucherschutzniveaus gesehen, die von der Richtlinie selbst ausdrücklich erlaubt wurde[236]. Durch die Einfügung des § 24a AGBG ist der Verbraucherschutz tragender Schutzgedanke des AGBG geworden[237]. Durch das Fernabsatzgesetz[238] wurde der Verbraucherbegriff wieder aus dem Gesetz entfernt[239].

c) *Haustürwiderrufsgesetz*

Das Haustürwiderrufsgesetz[240] enthielt den Verbraucherbegriff ebenfalls nicht von Anfang an. Es diente dem Schutz vor den mit dem sog. Direktvertrieb verbundenen Gefahren[241]. Es sollte Kunden davor schützen, in Situationen des Direktvertriebs[242] unter Beeinträchtigung seiner rechtsgeschäftlichen Entscheidungsfreiheit überrumpelt oder sonst auf unzulässige Weise zu unüberlegten Geschäftsabschlüssen gedrängt zu werden[243]. Durch Einführung eines bei Vertragsschlüssen in

233 Gesetz zur Änderung des AGB-Gesetzes und der Insolvenzordnung vom 19.07.1996, BGBl. I 1996, 1013, 1013 ff.

234 Palandt/*Heinrichs* (59. A.), AGBG, § 24a Rn. 1. – Ausführlich hierzu *Pfeiffer*, NJW 1999, 169, 169 ff.

235 Vgl. Art. 2 b) der Klauselrichtlinie 93/13/EWG.

236 So etwa MüKo-BGB/*Basedow*, BGB, Vorbemerkung zu §§ 305 ff. Rn. 20. – Vgl. hierzu auch noch unten § 6 IV. 1.

237 Palandt/*Heinrichs* (61. A.), AGBG, Einf. v. § 1 Rn. 6.

238 Gesetz über Fernabsatzverträge und andere Fragend es Verbraucherrechts sowie zur Umstellung von Vorschriften auf Euro vom 27.06.2000, BGBl. I 2000, 897, 897 ff.

239 Palandt/*Heinrichs* (61. A.), AGBG, § 24a Rn. 1.

240 Gesetz über den Widerruf von Haustürgeschäften und ähnlichen Geschäften vom 16.01.1986, BGBl. I 1986, 122, 122 ff.

241 Palandt/*Putzo* (61. A.), HaustürWG, Einführung Rn. 1.

242 Der Direktvertrieb zeichnete sich durch Geschäftsabschlüsse in Situationen aus, in denen den Kunden neben der Möglichkeit, andere Angebote vergleichsweise heranzuziehen, die für Ladengeschäfte typische Umkehrmöglichkeit und Überlegungszeit fehlte, vgl. die Begründung zum Gesetzentwurf des Bundesrates für das HaustürWG, BT-Drs. 10/2876, 6.

243 BGH, Urteil vom 26.03.1992 – I ZR 104/90 – NJW 1992, 1189, 1890; BGH, Urteil vom 21.06.1990 – I ZR 303/88 – NJW 1990, 3265, 3265. – Ähnlich *Medicus* in FS Kitagawa, 471, 476.

Haustürsituationen bestehenden Widerrufsrechts wurde als angemessenes Mittel erachtet, die ungünstige Verhandlungslage des Kunden auszugleichen[244].

In personaler Hinsicht wurde der Schutzbereich hauptsächlich durch § 6 Nr. 1 HaustürWG begrenzt[245]. Danach waren solche Verträge von seinem Anwendungsbereich ausgenommen, die der Kunde in Ausübung einer selbständigen Erwerbstätigkeit abschloss. Somit knüpfte der Gesetzgeber in Abkehr von der bisherigen Praxis der Ausklammerung an einen auf materielle Kriterien abstellenden Begriff des Verbrauchervertrags an[246]. Der Begriff des Kunden wurde bei der Neufassung des HaustürWG im Rahmen von Artikel 6 des Fernabsatzgesetzes[247] durch denjenigen des Verbrauchers ersetzt[248]. Zur Definition des Verbrauchers wurde bereits auf diejenige des neu geschaffenen § 13 BGB zurückgegriffen[249].

d) Verbraucherkreditgesetz

Das Verbraucherkreditgesetz[250] diente weitgehend der Umsetzung europarechtlicher Vorgaben[251]. Es löste das AbzG mit dem Anspruch ab, möglichst alle Arten von Verbraucherkrediten zu erfassen[252]. Obwohl die europäische Vorgabe letztlich treibende Kraft bei der Schaffung des VerbrKrG war[253], bestanden auf nationaler Ebene auch zuvor schon auf ein entsprechendes Gesetz gerichtete Bemühungen, um das Verbraucherkreditrecht zu reformieren[254]. Die verschiedenen, auf nationaler Ebene angestoßenen Gesetzesinitiativen blieben aber erfolglos[255].

Verbraucher war nach § 1 Abs. 1 VerbrKrG a. F. eine „natürliche Person, es sei denn, daß der Kredit nach dem Inhalt des Vertrages für ihre bereits ausgeübte gewerbliche oder selbständige berufliche Tätigkeit bestimmt ist". Damit wurde der

244 Begründung zum Gesetzentwurf des Bundesrates für das HaustürWG, BT-Drs. 10/2876, 7.
245 *Medicus* in FS Kitagawa, 471, 476.
246 MüKo-BGB/*Ulmer* (3. A.), HausTWG, § 6 Rn. 2. – Vgl. zu der Abkehr auch Erman/*I. Saenger* (10. A.), HausTWG, § 6 Rn. 3.
247 Dazu noch unten § 5 II. 2. a).
248 Begründung zum Gesetzentwurf der Bundesregierung für das Fernabsatzgesetz, BT-Drs. 14/2658, 60.
249 Staudinger/*Werner*, HWiG, Vorbem. zum HWiG, Rn. 20.
250 Gesetz über Verbraucherkredite, zur Änderung der Zivilprozessordnung und anderer Gesetze vom 17.12.1990, BGBl. I, 2840, 2840 ff.
251 Staudinger/*Kessal-Wulf*, VerbrKrG, Einl zum VerbrKrG Rn. 1.
252 MüKo-BGB/*Ulmer* (3. A.), VerbrKrG, Vor § 1 Rn. 2.
253 Ausführlich zur Entstehungsgeschichte im Anschluss an die Richtlinie MüKo-BGB/*Ulmer* (3. A.), VerbrKrG, Vor § 1 Rn. 9 ff.
254 Anlass waren steigende Zahlen schwerwiegender Ver- und Umschuldungen ab Ende der 1960er Jahre. Ausführlich hierzu Staudinger/*Kessal-Wulf*, VerbrKrG, Einl. zum VerbrKrG Rn. 6 ff.; MüKo-BGB/*Ulmer* (3. A.), VerbrKrG, Vor § 1 Rn. 4 ff.; *Gilles*, ZRP 1989, 299, 299 ff.; *Schmelz/Klute*, ZIP 1988, 1509, 1510 f.
255 Zu den Initiativen s. Staudinger/*Kessal-Wulf*, VerbrKrG, Einl. zum VerbrKrG Rn. 8.

Vertragszweck entscheidendes Kriterium für die Anwendbarkeit des Gesetzes. Im Unterschied zu dem personenbezogenen AbzG[256] handelte es sich bei dem VerbrKrG daher um ein vertragsbezogen konzipiertes Regelungswerk[257].

In der Fassung vom 29.06.2000[258] nahm § 1 Abs. 1 Satz 1 VerbrKrG dann ebenfalls Bezug auf den neu eingefügten Verbraucherbegriff des § 13 BGB[259], enthielt aber in Satz 2 als Erweiterung eine Fiktion, die auch Existenzgründer in den Schutzbereich des Gesetzes einbezog[260].

2. *Zweite Phase: Vereinheitlichung des Verbraucherschutzrechts*

Die zweite Phase der Verbraucherschutzgesetzgebung in Deutschland ist von einer Vereinheitlichung des Verbraucherschutzrechts und der weitgehenden Übertragung in das BGB geprägt. Damit einher ging auch eine Vereinheitlichung des Verbraucherbegriffs.

a) *Gesetz über Fernabsatzverträge und andere Fragen des Verbraucherrechts sowie zur Umstellung von Vorschriften auf Euro – Fernabsatzgesetz*

Das Fernabsatzgesetz[261] sah laut seiner Begründung in erster Linie die Umsetzung der Fernabsatzrichtlinie[262] und daneben der Richtlinien 98/27/EG[263] und 99/34/EG[264] vor[265]. Neben der Schaffung des Fernabsatzgesetzes in Artikel 1[266] enthielt es in

256 Vgl. oben § 5 II. 1. a).

257 Vgl. *Canaris*, AcP 200 (2000), 273, 356. – Vgl. auch *Kleindiek* in FS Otte, 185, 190: vertragstypbezogenes Anknüpfen des gesetzlichen Schutzkonzepts.

258 Bekanntmachung der Neufassung des Verbraucherkreditgesetzes vom 29.06.2000, BGBl. I, 940, 940 ff.

259 Palandt/*Putzo* (61. A.), VerbrKrG, § 1 Rn. 4.

260 Palandt/*Putzo* (61. A.), VerbrKrG, § 1 Rn. 4.

261 Gesetz über Fernabsatzverträge und andere Fragen des Verbraucherrechts sowie zur Umstellung von Vorschriften auf Euro vom 27.06.2000, BGBl. I 2000, 897, 897 ff.

262 Richtlinie 97/7/EG des Europäischen Parlaments und des Rates vom 20.04.1997 über den Verbraucherschutz bei Vertragsabschlüssen im Fernabsatz, ABl. Nr. L 144/19 vom 04.06.1997.

263 Richtlinie 98/27/EG des Europäischen Parlaments und des Rates vom 19.05.1998 über Unterlassungsklagen zum Schutz der Verbraucherinteressen, ABl. EG Nr. L 166, 51, 51 ff.

264 Richtlinie 99/34/EG des Europäischen Parlaments und des Rates vom 10.05.1999 zur Änderung der Richtlinie 85/374/EWG des Rates zur Angleichung der Rechts- und Verwaltungsvorschriften der Mitgliedsstaaten über die Haftung für fehlerhafte Produkte, ABl. EG Nr. L 141, 20, 20 ff.

265 BT-Drs. 14/2658, 1, 1.

266 BGBl. I 2000, 897, 897.

Artikel 2 mehrere Änderungen des BGB[267], darunter die Einfügung der §§ 13 und 14 BGB[268] in ihrem – im Wesentlichen[269] – noch heute geltenden Wortlaut[270].

Die verbraucherprivatrechtlichen Grundbegriffe sollten nach Übernahme in das BGB Geltung für alle damaligen Sondergesetze wie das VerbrKrG und das HaustürWG beanspruchen[271]. Die Vielzahl der auf nationaler Ebene getroffenen Regelungen zum Verbraucherschutz hatte zu einer zersplitterten und unübersichtlichen Rechtslage geführt. Mit der Einführung eines einheitlichen Verbraucherbegriffs sollte zunächst nur sichergestellt werden, dass den verschiedenen Verbraucherschutzgesetzen einheitliche Definitionen zugrunde lagen[272]. Erst im Rahmen der Schuldrechtsmodernisierung wurden auch die Verbraucherschutzgesetze zu weiten Teilen in das BGB überführt[273]. In ihrer Ausgestaltung erlangen die §§ 13, 14 BGB Bedeutung für das gesamte Verbraucherrecht[274]. Die Ausgestaltung des § 13 BGB wird unten noch ausführlich dargestellt[275].

b) *Gesetz zur Modernisierung des Schuldrechts – Schuldrechtsmodernisierungsgesetz*

Das Schuldrechtsmodernisierungsgesetz wurde nach über einem Jahrzehnt der Vorbereitung eines umfassenden Reformwerks[276] anlässlich der Umsetzungen der Verbrauchsgüterkaufrichtlinie[277], der Zahlungsverzugsrichtlinie[278] und der

---

267 BGBl. I 2000, 897, 899.

268 Art. 2 Abs. 1 Nr. 1 des Gesetzes, BGBl. 2000, 897, 899.

269 Bis zum 12.06.2014 bestand die einzige Abweichung darin, dass der „Zweck" der ursprünglichen Fassung des § 13 BGB in der zwischenzeitlichen Fassung zum „Zwecke" wurde. Seit dem 13.06.2014 genügt der Vertragsabschluss zu einem Zweck, der überwiegend weder der gewerblichen noch selbständigen beruflichen Tätigkeit der Person zugerechnet werden kann.

270 Vgl. die Bekanntmachung der Neufassung des BGB vom 02.01.2002, BGBl. I 2002, 42, 75.

271 Bülow/Artz/*Bülow*, Einf. Rn. 7.

272 MüKo-BGB/*Miclklitz/Purnhagen*, BGB, Vor §§ 13, 14 Rn. 68. – Vgl. BT-Drs. 14/2658, 1, 47 f.

273 S. dazu noch unten § 5 II. 2. b).

274 jurisPK-BGB/*Martinek*, BGB, § 13 Rn. 7: Die Definition des Verbraucherbegriffs in § 13 BGB stellt den Schlüssel für die Anwendung des gesamten Verbraucherrechts dar.

275 S. noch unten § 6.

276 Ausführlich hierzu Staudinger/*Olzen*, BGB, Einleitung zum SchuldR, Rn. 180 ff.

277 Richtlinie 1999/44/EG des Europäischen Parlaments und des Rates vom 25.05.1999 zu bestimmten Aspekten des Verbrauchsgüterkaufs und der Garantien für Verbrauchsgüter, ABl. Nr. L 171/12 vom 07.07.1999.

278 Richtlinie 2000/35/EG des Europäischen Parlaments und des Rates vom 29.06.2000 zur Bekämpfung von Zahlungsverzug im Geschäftsverkehr, ABl. Nr. L 200/35 vom 08.08.2000.

E-Commerce-Richtlinie[279] erlassen[280]. Anliegen des Gesetzgebers war, den bis dahin aufgetretenen Modernisierungsbedarf des Schuldrechts umzusetzen, die strukturellen Mängel des geltenden Schuldrechts durch die isolierte Umsetzung der Richtlinien nicht weiter zu verschärfen[281] und der Auslagerung von Rechtsmaterien aus dem BGB und der damit einhergehenden Rechtszersplitterung entgegenzuwirken[282]. Dies betraf insbesondere die verbraucherschützenden Regelungen, die mit dem Gesetz in das BGB integriert werden sollten[283]. Der Gesetzgeber sah den Verbraucherschutz als einen – schon vor der Prägung durch das Gemeinschaftsrecht im bürgerlichen Recht eingeführten – schuldrechtsimmanenten, allgemeinen Schutzgedanken an, dessen Bedeutung er mit der Einfügung der Sondergesetze in das BGB Rechnung tragen wollte[284]. Die mit der Einführung von Verbraucher- und Unternehmerbegriff in §§ 13, 14 BGB begonnene Vereinheitlichung der Verbraucherschutzgesetze[285] sollte mit der Integration der Sondergesetze weiter fortgeschrieben werden, weil ihre Vielzahl zu einem Ordnungs- und Transparenzverlust des bürgerlichen Rechts geführt habe[286]. In diesem Sinne wurden das HaustürWG und das Fernabsatzgesetz in die §§ 312 ff. BGB, das TzWrG in die §§ 481 ff. BGB und das VerbrKrG in die §§ 488 ff. BGB sowie das nicht originär verbraucherschützende AGBG in die §§ 305 ff. BGB eingefügt[287].

---

279 Richtlinie 2000/31/EG des Europäischen Parlaments und des Rates vom 08.06.2000 über bestimmte rechtliche Aspekte der Dienste der Informationsgesellschaft, insbesondere des elektronischen Geschäftsverkehrs, im Binnenmarkt („Richtlinie über den elektronischen Geschäftsverkehr"), ABl. Nr. L 178/1 vom 17.07.2000.

280 Vgl. die Begründung zum Gesetzentwurf der Bundesregierung vom 31.08.2001, BT-Drs. 14/6857, 1 sowie vom 14.05.2001, BT-Drs. 14/6040, 79; Staudinger/*Olzen*, BGB, Einleitung zum SchuldR, Rn. 188; *Dauner-Lieb*, JZ 2001, 8, 8 f.

281 Auf die beiden ersten Punkte soll hier nicht näher eingegangen werden, weil sie das Verbraucherschutzrecht nicht unmittelbar betreffen. S. umfassend zu den Änderungen Staudinger/*Olzen*, BGB, Einleitung zum SchuldR, Rn. 193 ff. sowie *Dauner-Lieb*, JZ 2001, 8, 12 ff.

282 Vgl. die Begründung zum Gesetzentwurf der Bundesregierung vom 31.08.2001, BT-Drs. 14/6857, 1 sowie vom 14.05.2001, BT-Drs. 14/6040, 79.

283 Vgl. Staudinger/*Olzen*, BGB, Einleitung zum SchuldR Rn. 202.

284 Vgl. die Begründung zum Gesetzentwurf der Bundesregierung vom 14.05.2001, BT-Drs. 14/6040, 91.

285 S. oben § 5 II. 2. a).

286 Begründung zum Gesetzentwurf der Bundesregierung vom 14.05.2001, BT-Drs. 14/6040, 92, 97. – Kritisch zur Frage, inwieweit die Reform Ordnung und Transparenz herzustellen geeignet war *Dauner-Lieb*, JZ 2001, 8, 16.

287 Staudinger/*Olzen*, BGB, Einleitung zum SchuldR Rn. 202. – Vgl. *Dauner-Lieb*, JZ 2001, 8, 15.

c) Gesetz zur Umsetzung der Verbraucherrechterichtlinie

Zuletzt nahm das Gesetz zur Umsetzung der Verbraucherrechterichtlinie[288] unmittelbar Einfluss auf den Verbraucherbegriff des § 13 BGB. Vor dieser Neufassung war nicht eindeutig geregelt, wie Rechtsgeschäfte zu beurteilen sind, die sowohl zu privaten als auch zu beruflichen Zwecken abgeschlossen werden. Die Ansichten reichten hier von „im Zweifel unternehmerisches Handeln" über eine auf die überwiegende Benutzung abstellende Ansicht[289] bis hin zu „im Zweifel privates Handeln"[290]. Mit der Gesetzesänderung wurde das Wort *überwiegend* in die Verbraucherdefinition eingefügt, sodass ein Verbraucher nun jede natürliche Person ist, die ein Rechtsgeschäft *überwiegend* zu einem Zweck abschließt, der weder ihrer gewerblichen noch ihrer selbständigen beruflichen Tätigkeit zugerechnet werden kann[291]. Die Änderung gelangte über die Beschlussempfehlung des Rechtsausschusses in die Gesetzesvorlage[292]. Zur Begründung wird auf den Erwägungsgrund Nr. 17 der Verbraucherrechterichtlinie verwiesen. Darin werde ausdrücklich klargestellt, dass es bei Verträgen, die sowohl zu gewerblichen als auch zu nichtgewerblichen Zwecken geschlossen werden (sog. Dual-use-Verträge), auf den überwiegenden Zweck ankomme[293]. Somit wurde die Ansicht, dass es bei einem sowohl im privaten als auch im beruflichen Bereich genutzten Vertragsgegenstand auf die überwiegende Benutzung ankomme, in das Gesetz übertragen[294].

3. Fazit

Bis zum Erlass des Fernabsatzgesetzes fehlte es auf nationaler Ebene an einem einheitlichen Verbraucherbegriff. Vielmehr bestanden einzelne Regelungen mit jeweils eigens definierten Anwendungsbereichen. Dabei handelte es sich um unterschiedliche Herangehensweisen der Abgrenzung, zu Anfang noch durch Ausgrenzung bestimmter, als wirtschaftlich stark vermuteter Personen, später zunehmend durch

---

288 Gesetz zur Umsetzung der Verbraucherrechterichtlinie und zur Änderung des Gesetzes zur Regelung der Wohnungsvermittlung vom 20.09.2013, BGBl. I 2013, 3642, 3642 ff.

289 OLG Celle, Urteil vom 11.08.2004 – 7 U 17/04 – NJW-RR 2004, 1645, 1646; OLG Naumburg, Urteil vom 11.12.1997 – 3 U 144/96 – WM 1998, 2158, 2159.

290 S. die Übersicht bei BeckOK-BGB/*Bamberger*, BGB, § 13 Rn. 12.

291 *Wendehorst*, NJW 2014, 577, 577.

292 Vgl. die Beschlussempfehlung des Rechtsausschusses zu dem Gesetzentwurf der Bundesregierung, BT-Drs. 17/13951, 5.

293 Begründung zur Beschlussempfehlung des Rechtsausschusses zu dem Gesetzentwurf der Bundesregierung, BT-Drs. 17/13951, 61.

294 *Wendehorst*, NJW 2014, 577, 577: „zementiert". – Vgl. Staudinger/*Martinek*, Eckpfeiler, BGB Aktuell 2014/2015 Rn. 16; *Bülow*, WM 2014, 1, 1 f.; *Koch*, GPR 2014, 128, 128 f.

Berücksichtigung des privaten Vertragszwecks. Einheitlich waren die Regelungen insoweit, als sie alle einen Individualschutz im Sinne der oben beschriebenen Situationen gestörter Vertragsparität bezweckten. Das einheitliche Merkmal des Verbrauchers und dessen Definition sind dagegen eine Folge der zunehmenden Europäisierung des Verbraucherschutzrechts[295]. Die sich daneben vollziehende Entwicklung des Merkmals der selbständigen beruflichen Tätigkeit wird an anderer Stelle ausführlich dargestellt[296].

Mit Einfügung der §§ 13 und 14 BGB wurden nicht nur die Begriffe des Verbrauchers und des Unternehmers vereinheitlicht. Ihnen wurde auch eine äußerst weitreichende Geltung verschafft. Sie wurden zu umfassenden Anwendungsvoraussetzungen mit Bedeutung für die verschiedenen, konkret verbraucherschutzrechtlichen Regelungen, unabhängig von deren jeweiligem Regelungsgehalt.

III. Entwicklung im Rechtskreis der europäischen Gemeinschaften

Wie bereits erwähnt[297], haben die europäischen Regelungen erheblichen Einfluss auf den deutschen Verbraucherbegriff genommen. Sie werden anschließend dargestellt. Während der Schutzgedanke der deutschen Regelungen bereits einleitend erläutert wurde[298], wird an dieser Stelle auch derjenige der europäischen Vorgaben nachgezeichnet. Aus dem Vergleich beider Schutzgedanken sollen Rückschlüsse für das Verständnis des Verbraucherbegriffs ermöglicht werden.

Im folgenden Abschnitt wird zuerst der Maßstab der Auslegung des europäischen Verbraucherbegriffs dargestellt (unten 1.). Ausgangspunkt der Auslegung sind dann die primärrechtlichen europäischen Regelungen und ihre Hintergründe, aus denen der Verbraucherschutz auf europäischer Ebene als Rechtsprinzip folgt (unten 2.). Die konkrete Ausgestaltung des Verbraucherschutzes und mit ihr die Entwicklung des Verbraucherbegriffs vollzog und vollzieht sich materiell allerdings anhand sekundärrechtlicher Instrumente, insbesondere durch Richtlinien, die im dritten Schritt dargestellt werden (unten 3.).

---

295 Vgl. BeckOK-BGB/*Bamberger*, BGB, § 13 Rn. 3: Der Verbraucherbegriff ist nicht im deutschen Recht entwickelt worden; Staudinger/*Kannowski*, BGB, Vorbem. zu §§ 13, 14 Rn. 5 f.

296 S. noch unten § 6 IV. 1.

297 Vgl. oben § 5 II. 2.

298 S. hierzu oben § 4.

1. *Europäisch-autonome Auslegung*

Der Verbraucherbegriff ist europäisch-autonom auszulegen[299], also unabhängig vom gleichlautenden mitgliedsstaatlichen Recht[300]. Diesen Grundsatz hat der EuGH in seiner Rechtsprechung zu verschiedenen Begriffen des EuGVÜ[301] und seiner späteren Fassungen geprägt[302]. Grund dafür ist die Absicht hinter vielen europarechtlichen Regelungen, harmonisierend auf die verschiedenen Rechtsordnungen einzuwirken[303].

Die jeweiligen Umsetzungen in den mitgliedsstaatlichen Gesetzen erfolgen oft mit unterschiedlichen Zielsetzungen[304]. Die auf diese Weise entstehenden unterschiedlichen Regelungen führen zu Behinderungen im Rechtsverkehr und bei Erledigung von Rechtsstreitigkeiten im Zusammenhang mit innergemeinschaftlichen Beziehungen auf dem jeweiligen Rechtsgebiet[305]. Um die harmonisierende Wirkung der europarechtlichen Vorgaben zu gewährleisten ist es daher notwendig, die jeweils europarechtlich vorgegebenen, in nationales Recht umgesetzten Begriffe als eigenständige und damit als solche der Gesamtheit der Mitgliedsstaaten anzusehen[306]. Sofern es nicht ausdrücklich vorgesehen ist, werden Begriffe der Gemeinschaftsrechtsordnung daher nicht in Anlehnung an nationale Rechtsordnungen definiert[307].

Den Begriffen muss also ein einheitlicher materieller, an die Gemeinschaftsrechtsordnung anknüpfender Gehalt beigemessen werden[308]. In erster Linie sind

---

299 So zu Art. 13 EuGVÜ EuGH, Urteil vom 03.07.1997 – C-269/95 (BENINCASA) – Slg. 1997 I-3767, I-3794; EuGH, Urteil vom 19.01.1993 – C-89/91 (SHEARSON LEHMAN HUTTON) – Slg. 1993 I-139, I-186. – Vgl. Soergel/*Pfeiffer*, BGB, § 13 Rn. 5; Staudinger/*Kannowski*, BGB, Vorbem. zu §§ 13, 14 Rn. 17; *Faber*, ZEuP 1998, 854, 859; *Pfeiffer*, NJW 1999, 169, 172.

300 Vgl. Geiger/Khan/Kotzur/*Kotzur/Geiger*, EUV, Art. 19 Rn. 17.

301 Übereinkommen über die gerichtliche Zuständigkeit und die Vollstreckung gerichtlicher Entscheidungen in Zivil- und Handelssachen vom 27.09.1968, ABl. Nr. L 299/32 vom 31.12.1972.

302 Zu weiteren Anwendungsbereichen s. etwa EuGH, Urteil vom 14.01.1982 – 64/81 (CORMAN / HAUPTZOLLAMT GRONAU) – Slg. 1982 13, 24.

303 Grundlegend hierzu EuGH, Urteil vom 21.06.1978 – 150/77 (BERTRAND / OTT) – Slg. 1978 1431, 1445 sowie EuGH, Urteil vom 14.01.1982 – 64/81 (CORMAN / HAUPTZOLLAMT GRONAU) – Slg. 1982 13, 24.

304 So zum Begriff des „Kaufs auf Teilzahlung“ gem. Art. 14 EuGVÜ EuGH, Urteil vom 21.06.1978 – 150/77 (BERTRAND / OTT) – Slg. 1978 1431, 1445.

305 So zum Kauf auf Teilzahlung i. S. d. Art. 14 EuGVÜ EuGH, Urteil vom 21.06.1978 – 150/77 (BERTRAND / OTT) – Slg. 1978 1431, 1445.

306 So zum Begriff des „Kaufs auf Teilzahlung“ gem. Art. 14 EuGVÜ EuGH, Urteil vom 21.06.1978 – 150/77 (BERTRAND / OTT) – Slg. 1978 1431, 1445.

307 So zum Begriff des „verbrauchsfähigen Speiseeis“ i. S. d. Verordnung Nr. 1259/72 EuGH, Urteil vom 14.01.1982 – 64/81 (CORMAN / HAUPTZOLLAMT GRONAU) – Slg. 1982 13, 24.

308 So zum Begriff des „Kaufs auf Teilzahlung“ gem. Art. 14 EuGVÜ EuGH, Urteil vom 21.06.1978 – 150/77 (BERTRAND / OTT) – Slg. 1978 1431, 1445. – Vgl. zum

dabei die Systematik und Zielsetzung des jeweiligen Rechtsakts zu berücksichtigen[309]. Bei Bestimmung des Gehalts sind auch diejenigen Grundsätze zu berücksichtigen, die sich aus den von den Mitgliedsstaaten auf dem jeweiligen Gebiet erlassenen Gesetzen ergeben[310].

Die Begriffsbildung erfolgt durch den EuGH[311]. Ihm obliegt nach Art. 19 Abs. 1 UAbs. 1 Satz 1 Alt. 1 i. V. m. Art. 19 Abs. 1 UAbs. 1 Satz 2 EUV die Auslegung der Verträge sowie speziell im Vorlageverfahren nach Art. 267 AEUV die Auslegung sekundären Unionsrechts[312]. Die Deutungshoheit des EuGH wird insbesondere durch die Vorlagepflicht der staatlichen Gerichte nach Art. 267 Abs. 3 AEUV gesichert[313].

2. *Verbraucherschutzrecht als Rechtsprinzip auf europäischer Ebene*

Auf europäischer Ebene ist der Verbraucherschutz als Rechtsprinzip primärrechtlich verankert. Er wird in Art. 4 Abs. 2 Buchst. f) AEUV als Aufgabe der Union genannt, in Art. 12 AEUV in Form einer Querschnittsklausel erwähnt und in Art. 169 AEUV als Politik der Union näher ausgestaltet.

Die einzelnen Aufgaben des Art. 4 Abs. 2 AEUV betreffen Aktionsbereiche der Union, die primär der Errichtung des Binnenmarktes dienen[314]. Im Folgenden wird zunächst auf den Zusammenhang zwischen Verbraucherschutz und Binnenmarkt

---

Verbraucherbegriff gem. Art. 13 EuGVÜ EuGH, Urteil vom 03.07.1997 – C-269/95 (BENINCASA) – Slg. 1997 I-3767, I-3794; EuGH, Urteil vom 19.01.1993 – C-89/91 (SHEARSON LEHMAN HUTTON) – Slg. 1993 I-139, I-186. – Vgl. zum Begriff des „Vertrags oder Ansprüche aus einem Vertrag" gem. Art. 5 EuGVÜ EuGH, Urteil vom 17.06.1992 – C-26/91 (HANDTE) – Slg. 1992 I-3967, I-3993.

309 So zum Verbraucherbegriff gem. Art. 13 EuGVÜ EuGH, Urteil vom 03.07.1997 – C-269/95 (BENINCASA) – Slg. 1997, I-3767, I-3794; EuGH, Urteil vom 19.01.1993 – C-89/91 (SHEARSON LEHMAN HUTTON) – Slg. 1993 I-139, I-186. – So zum Begriff des „Vertrags oder Ansprüche aus einem Vertrag" gem. Art. 5 EuGVÜ EuGH, Urteil vom 17.06.1992 – C-26/91 (HANDTE) – Slg. 1992 I-3967, I-3993. – Vgl. auch Geiger/Khan/Kotzur/*Geiger*, EUV, Art. 19 Rn. 17, nach dem sich der EuGH vor allem der teleologischen Auslegung bedient.

310 So zum Begriff des „Kaufs auf Teilzahlung" gem. Art. 14 EuGVÜ EuGH, Urteil vom 21.06.1978 – 150/77 (BERTRAND / OTT) – Slg. 1978 1431, 1446.

311 *Streinz*, Rn. 616.

312 Vgl. Geiger/Khan/Kotzur/*Kotzur*, AEUV, Art. 267 Rn. 8.

313 Vgl. Streinz-EUV-AEUV/*Ehricke*, AEUV, Art. 267 Rn. 6; Geiger/Khan/Kotzur/*Kotzur*, AEUV, Art. 267 Rn. 17.

314 Vgl. Geiger/Khan/Kotzur/*Kotzur*, AEUV, Art. 4 Rn. 5. – Zwar ist der Binnenmarkt laut Art. 4 Abs. 2 a) AEUV selbst Gegenstand geteilter Zuständigkeit. Die Systematik des Art. 4 Abs. 2 AEUV vermittelt für sich alleine gelesen noch kein Rangverhältnis in der Weise, dass der Verbraucherschutz dem Binnenmarkt zu dienen habe. Das Rangverhältnis folgt vielmehr aus der Erwähnung der Errichtung des Binnenmarkts als Ziel der Union in Art. 3 Abs. 3 UAbs. 1 Satz 1 EUV und der von den Zielen der Union zu unterscheidenden, in den Art. 2 ff. AEUV geregelten Verteilung der Zuständigkeiten zwischen der Union und ihren Mitgliedern.

eingegangen. Die Darstellung beschränkt sich auf die ergangenen Rechtsakte des europäischen Gesetzgebers, während die zahlreichen, nur politisch wirkenden Vereinbarungen zur Verbraucherpolitik auf europäischer Ebene nicht gesondert berücksichtigt werden[315].

a) Binnenmarkterrichtung und Harmonisierung

aa) Bedeutung der wirtschaftlichen Integration

Die Errichtung eines gemeinsamen Binnenmarkts innerhalb der EU basierte wesentlich auf frühen Erfahrungen mit der Schaffung politisch tätiger Einrichtungen auf europäischer Ebene im Sinne einer politischen Integration. Spätestens das Inkrafttreten der Europäischen Gemeinschaft für Kohle und Stahl im Jahr 1952 und das Scheitern der Europäischen Verteidigungsgemeinschaft und der Europäischen Politischen Gemeinschaft[316] zeigten, dass Fortschritte bei der europäischen Integration am ehesten im Wirtschaftsbereich zu erreichen waren[317]. Die politische Integration sollte erreicht werden, indem die Mitglieder ihre Bemühungen auf die wirtschaftliche Integration konzentrierten, welche schließlich eine politische Integration nach sich ziehen sollte[318]. Diese Einsicht mündete in der Forderung nach einer wirtschaftlichen Gesamtintegration und der Gründung der Europäischen Wirtschaftsgemeinschaft sowie der Europäischen Atomgemeinschaft im Rahmen der „Römischen Verträge" aus dem Jahr 1957[319].

bb) Bedürfnis nach Errichtung eines Binnenmarkts

(1) Begriff des Binnenmarkts

Wichtigstes Merkmal[320] dieser angestrebten wirtschaftlichen Integration ist das in Art. 3 Abs. 3 UAbs. 1 Satz 1 EUV normierte Ziel der Union, einen Binnenmarkt zu errichten. Vorgesehen ist, die europäische Integration durch eine Verschmelzung der nationalen Märkte zu einem einzigen Markt ohne Binnengrenzen zu fördern[321]. Konkret ist das Binnenmarktkonzept in Art. 26 AEUV festgeschrieben. Nach der Legaldefinition in Art. 26 Abs. 2 AEUV umfasst der Binnenmarkt einen Raum ohne Binnengrenzen, in dem der freie Verkehr von Waren, Personen, Dienstleistungen und Kapital gemäß den Bestimmungen der Verträge gewährleistet ist. Die

---

315 Ausführlich hierzu Lenz/Borchardt/*Grub*, EGV, Art. 153 Rn. 4 sowie bis zur Rechtslage des EGV *Kapnopoulou*, A. 2 und Craig/de Búrca/*Weatherill*, 19 2.

316 Vgl. Oppermann/Classen/Nettesheim/*Oppermann*, § 2 Rn. 9 ff.; *Streinz*, Rn. 17 ff.

317 Oppermann/Classen/Nettesheim/*Oppermann*, § 2 Rn. 12.

318 *Streinz*, Rn. 20.

319 Vgl. Oppermann/Classen/Nettesheim/*Oppermann*, § 2 Rn. 12; *Streinz*, Rn. 20.

320 Vgl. Oppermann/Classen/Nettesheim/*Nettesheim*, § 18 Rn. 8: „Grundziel"; *Streinz*, Rn. 782: „eines der zentralen Ziele".

321 Vgl. Geiger/Khan/Kotzur/*Kotzur*, AEUV, Art. 26 Rn. 1.

ursprünglich vorgenommene und umstrittene Unterscheidung[322] zwischen dem gemeinsamen Markt und dem Binnenmarkt ist mittlerweile zu Gunsten des Binnenmarktbegriffs aufgehoben worden[323].

(2) Herstellung des Binnenmarkts als kontinuierliche Aufgabe

Die ursprünglichen Regelungsansätze, welche die Vorstellung eines final herstellbaren Binnenmarkts verfolgten[324], erreichten dieses Ziel nicht[325]. Stattdessen setzte sich die Ansicht durch, die Verwirklichung des Binnenmarktes sei kein statisches Ziel, sondern eine fortwährende Herausforderung an die EU[326]. Die für den Binnenmarkt bestehenden Hemmnisse müssen also kontinuierlich mit fortschreitender Integration abgebaut werden. Art. 26 Abs. 1 AEUV ist daher als Auftrag an die Union zur kontinuierlichen Weiterentwicklung im Sinne immer neuer, auch von den Zeitumständen bestimmter Verwirklichung des Binnenmarkts zu verstehen[327].

cc) Harmonisierung als Instrument für die Errichtung eines Binnenmarkts

(1) Grundlagen zur Harmonisierung

Eng verbunden mit der Errichtung des Binnenmarkts ist die Figur der Rechtsangleichung. Die Rechtsangleichung (bzw. „Angleichung", „Koordinierung", „Harmonisierung"[328] oder „Vereinheitlichung"[329]), also die Angleichung der nationalen Rechtsvorschriften, stellt eine Kernaufgabe der Europäischen Union dar[330], vgl. Artt. 114 ff. AEUV. Sie ist selbst kein eigenes Ziel der Union, sondern hat eine dienende

---

322 Der Begriff des Binnenmarkts ist entweder als weniger umfassend oder als umfassender als derjenige des Gemeinsamen Markts verstanden worden, Geiger/Khan/Kotzur/*Kotzur*, AEUV, Art. 26 Rn. 4. – Vgl. auch die umfassende Übersicht bei *Streinz* (8. A.), Rn. 909 ff.

323 Geiger/Khan/Kotzur/*Kotzur*, AEUV, Art. 26 Rn. 4.

324 Weißbuch der Kommission an den Europäischen Rat zur Vollendung des Binnenmarktes, KOM 1985/0310 endg.

325 Von den dort vorgeschlagenen Maßnahmen sind bis zum August 1992 über 75 Prozent in nationales Recht umgesetzt worden, wobei aber unter anderem die symbolträchtige Abschaffung der Grenzkontrollen im Personenverkehr auch bis zum 01.01.1993 nicht vollständig umgesetzt war, *Oppermann/Classen*, NJW 1993, 5, 6.

326 Schwarze/*Hatje*, AEUV, Art. 26 Rn. 4.

327 Geiger/Khan/Kotzur/*Kotzur*, AEUV, Art. 26 Rn. 2. – Vgl. mit diesem Ergebnis auch Schwarze/*Hatje*, AEUV, Art. 26 Rn. 23; Streinz-EUV-AEUV/*Schröder*, AEUV, Art. 26 Rn. 9.

328 *Streinz*, Rn. 918.

329 Geiger/Khan/Kotzur/*Khan*, AEUV, Art. 114 Rn. 6; Oppermann/Classen/Nettesheim/*Classen*, § 32 Rn. 1.

330 Geiger/Khan/Kotzur/*Khan*, AEUV, Art. 114 Rn. 1; Grabitz/Hilf/Nettesheim/*Tietje*, EU-Arbeitsweisevertrag, Art. 114 Rn. 20; Oppermann/Classen/Nettesheim/*Classen*, § 32 Rn. 1. – Zur Rechtslage nach dem EGV s. Schwarze/*Herrnfeld*, EGV, Artikel 94 Rn. 1.

Funktion zum Erreichen anderer Vertragsziele[331]. Die Harmonisierung wird als notwendig erachtet, um das störungsfreie Funktionieren eines gemeinsamen Markts[332] zu gewährleisten[333]. Mit ihrer Hilfe sollen vor allem diejenigen Hindernisse für das Funktionieren des Markts beseitigt werden, die sich aus den unterschiedlichen Rechtsordnungen der Mitgliedsstaaten ergeben[334]. Die Errichtung des gemeinsamen Markts soll wiederum zur Verwirklichung der Unionsziele beitragen[335] bzw. stellt selbst ein Grundziel der Unionsverträge dar[336], vgl. Art. 3 Abs. 3 UAbs. 1 Satz 1 EUV.

(2) Primärrechtliche Grundlage: Art. 114 AEUV

Rechtliche Grundlage für den Erlass von Maßnahmen zur Angleichung von Rechts- und Verwaltungsvorschriften der Mitgliedsstaaten ist derzeit Art. 114 AEUV. Als zentrale Kompetenznorm soll es Art. 114 AEUV der Union ermöglichen, die sich aus den unterschiedlichen Rechtsordnungen ergebenden Hemmnisse für den Binnenmarkt effektiv zu beseitigen[337]. Die Ermächtigung umfasst unabhängig von einzelnen Politikbereichen der Union den Erlass aller Maßnahmen, derer es zur Errichtung und zum Funktionieren des Binnenmarkts bedarf, sofern nicht andere Vertragsbestimmungen vorrangig eingreifen[338].

b) Binnenmarkterrichtung durch Verbraucherschutz

Der Verbraucherschutz ist auf europäischer Ebene fest mit der Errichtung des Binnenmarkts verbunden und in engem Zusammenhang mit dieser entwickelt worden (unten aa.). Dieser Zusammenhang findet in der derzeit gültigen primärrechtlichen Ausgestaltung des Verbraucherschutzrechts weiterhin Bestätigung (unten bb.).

---

331 Geiger/Khan/Kotzur/*Khan*, AEUV, Art. 114 Rn. 1; Streinz-EUV-AEUV/*Leible/Schröder*, AEUV, Art. 114 Rn. 5; *Möstl*, EurR 2002, 318, 324.

332 Ausführlich zur Unterscheidung zwischen dem gemeinsamen Markt und dem Binnenmarkt sowie zum Wegfall dieser Unterscheidung durch den Lissabonvertrag s. *Nowak*, Fünfter Teil Rn. 3 ff.

333 Vgl. Oppermann/Classen/Nettesheim/*Nettesheim*, § 32 Rn. 1; *Streinz*, Rn. 907.

334 Vgl. Geiger/Khan/Kotzur/*Khan*, AEUV, Art. 114 Rn. 2; Streinz-EUV-AEUV/*Leible/Schröder*, AEUV, Art. 114 Rn. 6; *Möstl*, EurR 2002, 318, 324.

335 So noch zur Rechtslage nach dem EGV, vgl. Schwarze/*Hatje*, EGV, Artikel 2 Rn. 27; *Streinz*, Rn. 779.

336 So zur Rechtslage des EUV Oppermann/Classen/Nettesheim/*Nettesheim*, § 18 Rn. 8. – A. A. zur Rechtslage des EUV Geiger/Khan/Kotzur/*Geiger*, EUV, Art. 3 Rn. 4, demzufolge es sich bei der Errichtung des Binnenmarktes um eine allgemeine Aufgabe der Union als Konkretisierung des Ziels der Förderung des Friedens, der Werte der Union und des Wohlergehens ihrer Völker handelt.

337 Streinz-EUV-AEUV/*Leible/Schröder*, AEUV, Art. 114 Rn. 6.

338 Streinz-EUV-AEUV/*Leible/Schröder*, AEUV, Art. 114 Rn. 6.

aa) Entwicklung der Funktion des Verbraucherschutzrechts im Rahmen des Binnenmarkts

Schon bevor der Verbraucherschutz als Rechtsprinzip in den Verträgen der Gemeinschaften normiert war[339], sollte die Errichtung des Binnenmarkts mit seiner Hilfe befördert werden[340] (unten (1)). Später wurde der Verbraucherschutz ausdrücklich in die Gemeinschaftsverträge aufgenommen (unten (2)).

(1) Verbraucherschützende Regelungen vor primärrechtlicher Normierung

Schon bei Erlass der Haustürgeschäfterichtlinie[341] ging der Rat davon aus, dass sich Unterschiede zwischen Rechtsvorschriften der Mitgliedsstaaten, die Rechtsgeschäftsabschlüsse zwischen einem Verbraucher und einem Gewerbetreibenden betreffen, unmittelbar auf das Funktionieren des Gemeinsamen Markts auswirken könnten[342]. Zwar geht aus der Richtlinie selbst nicht hervor, inwiefern sich die angestrebte Angleichung zum Schutz der Verbraucher auf das Funktionieren des Binnenmarkts auswirkt. Sie verweist aber auf das erste[343] und zweite[344] Verbraucherschutzprogramm der EWG. Diese beziehen sich auf die Entwicklung des Markts der Waren und Dienstleistungen, auf dem Händler und Hersteller gegenüber den Verbrauchern zunehmend im Vorteil seien. Infolge der Entwicklung der Marktbedingungen habe eine Tendenz zur Störung des Gleichgewichts zwischen Verbraucher und Lieferanten zugunsten letzterer bestanden, sodass der Verbraucher seine Rolle als Gleichgewichtselement nicht mehr habe wahrnehmen können[345]. Dementsprechend

339 Im EWGV war der Verbraucherschutz zunächst nur beiläufig im Zusammenhang mit anderen Regelungen erwähnt, vgl. Streinz-EUV-AEUV/*Lurger*, AEUV, Art. 169 Rn. 3 sowie Craig/de Búrca/*Weatherill*,19 1.

340 Vgl. Craig/de Búrca/*Weatherill*, 19 2. und 5. (a); *Hesselink*, ERPL 2007, 323, 326.

341 Richtlinie 85/577/EWG des Rates vom 20.12.1985 betreffend den Verbraucherschutz im Falle von außerhalb von Geschäftsräumen geschlossenen Verträgen, ABl. Nr. L 372/31 vom 31.12.1985.

342 Erwägungsgründe 1 und 2 der Richtlinie 85/577/EWG, ABl. Nr. L 372 vom 31.12.1985, 31.

343 Erstes Programm der Europäischen Wirtschaftsgemeinschaft für eine Politik zum Schutz und zur Unterrichtung der Verbraucher, ABl. Nr. C 92 vom 25.04.1975, 2.

344 Zweites Programm der Europäischen Wirtschaftsgemeinschaft für eine Politik zum Schutz und zur Unterrichtung der Verbraucher, ABl. Nr. C 133 vom 03.06.1981, 1. – Der Inhalt wies nur geringfügige Erweiterungen gegenüber dem ersten Verbraucherschutzprogramm auf, vgl. Craig/de Búrca/*Weatherill*, 19 2.

345 So die Begründung zum ersten Verbraucherschutzprogramm, ABl. Nr. C 92 vom 25.04.1975, 3.

bildete Art. 100 EWGV, der die Kompetenz für die Rechtsangleichung zum Funktionieren des Gemeinsamen Markts[346] regelte, die Grundlage für die Richtlinie[347].

(2) Verbraucherschützende Regelungen aufgrund primärrechtlicher Normen

Beginnend mit Art. 100a EWGV a. F. wurde der Verbraucherschutz primärrechtlich normiert.

(a) Art. 100a EWGV

Durch die Einheitliche Europäische Akte wurde der Verbraucherschutz erstmalig als Art. 100a Abs. 3 EWGV in die Verträge eingeführt, der die Kommission ausdrücklich dazu verpflichtete, in ihren Vorschlägen zur Gesetzgebung von einem hohen Verbraucherschutzniveau auszugehen[348]. Damit war der Verbraucherschutz Teil der mit Art. 100a EWGV vollständig neu eingeführten Kompetenz des Rates zum Erlass inhaltlich rechtssetzender Maßnahmen, die die Errichtung und das Funktionieren des Binnenmarkts zum Gegenstand haben sollten[349]. Hierin kommt eine grundlegende Abhängigkeit von Binnenmarkt- und Verbraucherpolitik zum Ausdruck[350]. Auf Art. 100a EWGV gingen etwa die Pauschalreiserichtlinie[351], die Klauselrichtlinie[352] sowie die Fernabsatzrichtlinie[353] zurück.

(b) Art. 95 EGV

Durch den Vertrag von Amsterdam wurde der Verbraucherschutz in Art. 95 Abs. 3 EGV verankert[354]. Die als Verfahrensregelung formulierte Norm wurde über ihren Wortlaut hinaus als Rechtspflicht verstanden, im Zuge der Rechtsangleichung ein

---

346 Zum mittlerweile durch den Begriff des Binnenmarkts ersetzten Begriff des Gemeinsamen Markts s. oben § 5 III. 2. a) bb) (1).

347 Vgl. ABl. Nr. L 372 vom 20.12.1985, 1. – Kritisch hierzu Gsell/Herresthal/*Roth*, V. 7. b) cc), der die alleinige Behauptung bestehender Unterschiede zwischen den Rechtsordnungen für unzureichend hält.

348 Vgl. Schwarze/*Berg*, AEUV, Art. 169 Rn. 2; Streinz-AEUV-EUV/*Lurger*, AEUV, Art. 169 Rn. 5.

349 Streinz-AEUV-EUV/*Lurger*, AEUV, Art. 169 Rn. 5.

350 Craig/de Búrca/ *Weatherill*, 19 5. (b), der darin einen Beleg für die Sorge sieht, die Harmonisierung könnte ohne die Erwähnung des Verbraucherschutzes zu einer Absenkung des Schutzstandards führen.

351 Richtlinie 90/314/EWG des Rates vom 13.06.1990 über Pauschalreisen, ABl. Nr. L 158 vom 23.06.1990, 59.

352 Richtlinie 93/13/EWG des Rates vom 05.04.1993 über missbräuchliche Klauseln in Verbraucherverträgen, ABl. Nr. L 95/29 vom 21.04.1993.

353 Richtlinie 97/7/EG des Europäischen Parlaments und des Rates vom 20.04.1997 über den Verbraucherschutz bei Vertragsabschlüssen im Fernabsatz, ABl. Nr. L 144/19 vom 04.06.1997.

354 Vgl. Streinz-EUV-EGV/*Leible*, EGV, Art. 95 Rn. 1 f.

möglichst hohes Schutzniveau in Hinblick auf den Verbraucherschutz anzustreben[355]. Zunächst blieb es aber dabei, dass der Verbraucherschutz der Rechtsangleichung zur Errichtung des Binnenmarkts angegliedert war. Auf Art. 95 EGV a. F. basierten etwa die Verbrauchsgüterkaufrichtlinie[356] sowie die Verbraucherkreditrichtlinie[357].

(c) Art. 129a EGV

Durch den Maastrichter Vertrag wurde der Verbraucherschutz in Art. 129a EGV erstmals als eigenständiger Politikbereich in die Verträge aufgenommen[358]. In ihm war festgelegt, dass die Gemeinschaft einen Beitrag zur Erreichung eines hohen Verbraucherschutzniveaus zu leisten habe[359]. Wenngleich Art. 129a EGV eine von der Entwicklung des Binnenmarkts unabhängige Entwicklung des Verbraucherschutzes ermöglichte[360], führte auch seine Einführung keine vollständige Emanzipation des Verbraucherschutzes von der Errichtung des Binnenmarkts herbei[361]. Nach wie vor blieb der für die Errichtung des Binnenmarkts maßgebliche Art. 95 EGV diejenige Norm, auf die die wesentlichen Verbraucherschutzregelungen zu stützen waren[362], während Art. 129a EGV nur geringfügige gesetzgeberische Aktivität hervorrief[363].

(3) Fazit

Dies zeigt, dass der Schutz der Verbraucher als wesentlich für das Funktionieren des Binnenmarkts angesehen wurde[364]. Durch die Stärkung der Verbraucherrechte soll deren rechtsgeschäftliche Tätigkeit auf dem Gemeinschaftsmarkt gefördert und so das Wachstum des Markts angeregt werden. Verbraucherschutz wird auf diese Weise zum Schutz des Markts[365].

---

355 Schwarze/*Herrnfeld*, EGV, Artikel 95 Rn. 31.

356 Richtlinie 1999/44/EG des Europäischen Parlaments und des Rates vom 25.05.1999 zu bestimmten Aspekten des Verbrauchsgüterkaufs und der Garantien für Verbrauchsgüter, ABl. Nr. L 171/12 vom 07.07.1999.

357 Richtlinie 2008/48/EG des Europäischen Parlaments und des Rates vom 23.04.2008 über Verbraucherkreditverträge und zur Aufhebung der Richtlinie 87/102/EWG des Rates, ABl. Nr. L 133/66 vom 22.05.2008.

358 Streinz-EUV-AEUV/*Lurger*, AEUV, Art. 169 Rn. 7.

359 Streinz-EUV-AEUV/*Lurger*, AEUV, Art. 169 Rn. 7.

360 Craig/de Búrca/*Weatherill*, 19 7. (a).

361 Vgl. Streinz-EUV-AEUV/*Lurger*, AEUV, Art. 169 Rn. 7.

362 Vgl. Streinz-EUV-AEUV/*Lurger*, AEUV, Art. 169 Rn. 30.

363 Craig/de Búrca/*Weatherill*, 19 7. (a), der den Grund dafür auch in einer generellen Verschiebung der politischen Aktivitäten der Kommission auf Kosten des Erlasses neuer Bestimmungen und zu Gunsten stärkerer Durchsetzung bestehender Bestimmungen sieht.

364 So auch *Hesselink*, ERPL 2007, 323, 328.

365 *Hesselink*, ERPL 2007, 323, 328 f.

bb) Aktuelle primärrechtliche Verknüpfungen von Verbraucherschutzrecht und Binnenmarkterrichtung im Unionsrecht

Die enge Verknüpfung von Verbraucherschutzrecht und Errichtung des Binnenmarkts setzt sich auch im aktuell geltenden Unionsrecht fort.

(1) Art. 4 AEUV

Dies beginnt bereits im Rahmen der Kompetenznormen des Unionsrechts. In Art. 4 Abs. 2 AEUV sind die typischen Hauptfelder der geteilten Zuständigkeiten der Union und der Mitgliedsstaaten konkretisiert[366]. Dies sind im Wesentlichen Aktionsbereiche der Union, die primär die Errichtung des Binnenmarkts und seiner Aufrechterhaltung dienen[367]. Hierzu gehört auch der Verbraucherschutz, Art. 4 Abs. 2 Buchst. f) AEUV.

(2) Art. 169 Abs. 1 AEUV

In Art. 169 AEUV ist der Verbraucherschutz ausdrücklich als Rechtsprinzip normiert. Die hierin zum Ausdruck gebrachte Kompetenz stützt sich vordergründig allerdings nicht auf die Errichtung des Binnenmarkts als Zweck. Vielmehr leistet die Union nach Art. 169 Abs. 1 AEUV zur Förderung der Interessen der Verbraucher und zur Gewährleistung eines hohen Verbraucherschutzniveaus einen Beitrag zum Schutz von Gesundheit, Sicherheit und wirtschaftlichen Interessen der Verbraucher und zur Förderung ihres Rechts auf Information, Erziehung in Bildung von Vereinigungen zur Wahrung ihrer Interessen[368]. Hierin kommt die zweite, dem Verbraucherschutz auf europäischer Ebene beigemessene Funktion zum Ausdruck: über die Errichtung des Binnenmarktes hinaus ist es anerkanntes Ziel verbraucherschützender Maßnahmen, die Lebenshaltung und Lebensqualität in der ganzen Gemeinschaft zu heben, um die Aufgaben der Gemeinschaft zu erfüllen[369].

---

366 Geiger/Khan/Kotzur/*Kotzur*, AEUV, Art. 4 Rn. 3.

367 Geiger/Khan/Kotzur/*Kotzur*, AEUV, Art. 4 Rn. 5, der allerdings den aus den Verträgen mittlerweile gestrichenen Begriff des Gemeinsamen Marktes verwendet.

368 Insoweit wird noch immer auf das 1975 verabschiedete erste Verbraucherschutzprogramm des Rates, die sog. „Kennedy-Rechte", zurückgegriffen, in dem die grundlegenden Verbraucherrechte bereits niedergelegt waren, vgl. Oppermann/Classen/Nettesheim/*Classen*, § 36 Rn. 6, 8. – Kritisch zu der getroffenen Auswahl an Interessen *Hesselink*, ERPL 2007, 323, 330.

369 So zu Art. 3 Abs. 1 Buchst. t) EGV EuGH, Urteil vom 26.10.2006 – C-168/05 (MOSTAZA CLARO) – Slg. 2006 I-10421, I-10449.

(3) Art. 114 AEUV

(a) Art. 114 AEUV als Kompetenznorm zur Rechtssetzung im Verbraucherschutzrecht

Den Zusammenhang zur Errichtung des Binnenmarkts stellt Art. 169 Abs. 2 Buchst. a) AEUV durch den Verweis auf die Kompetenz zur Rechtsharmonisierung im Binnenmarkt nach Art. 114 AEUV her[370]. Insoweit ist Verbraucherschutz Teil der Binnenmarktkompetenz[371]. Hierbei handelt es sich gegenüber Art. 169 Abs. 1 AEUV um die praktisch bedeutsamere Kompetenz[372]. So basiert aus neuerer Zeit vor allem die Verbraucherrechterichtlinie[373] auf Art. 114 AEUV[374]. Rat und Europäisches Parlament gingen davon aus, dass die unterschiedlich ausgeprägten Verbraucherschutzvorschriften der Mitgliedsstaaten das Wachstum des grenzüberschreitenden Versandhandels behinderten[375]. Dabei sahen sie im grenzüberschreitenden Potenzial des Versandhandels eines der wichtigsten greifbaren Ergebnisse des Binnenmarkts[376]. Durch eine Harmonisierung der betreffenden Rechtsvorschriften wurde eine Beseitigung der sich aus der Rechtszersplitterung ergebenden Hindernisse und eine Vollendung des Binnenmarkts in diesem Gebiet angestrebt[377].

(b) Kritik

Allerdings blieb die Rechtsangleichung im Bereich des Verbrauchervertragsrechts zur Errichtung des Binnenmarkts nicht kritiklos. *Grigoleit* weist darauf hin, dass Angleichungsmaßnahmen nach Art. 114 AEUV angesichts des Prinzips der begrenzten Einzelermächtigung und der grundsätzlichen Respektierung der mitgliedsstaatlichen Rechtsordnungen auf die Behebung einer Marktstörung gerichtet sein müssten, die über die typischen Belastungen der Rechtsvielfalt hinausgeht[378]. Die Berücksichtigung der Rechtsvielfalt zwinge grundsätzlich zur Inkaufnahme der

---

370 S. hierzu auch oben § 5 III. 2. a) cc). – Vgl. Classen/Oppermann/Nettesheim/*Classen*, § 36 Rn. 8.

371 Streinz-EUV-AEUV/*Lurger*, AEUV, Art. 169 Rn. 29.

372 Vgl. Geiger/Khan/Kotzur/*Kotzur*, AEUV, Art. 169 Rn. 8; Streinz-EUV-AEUV/*Lurger*, AEUV, Art. 169 Rn. 29 ff.

373 Richtlinie 2011/83/EU des Europäischen Parlaments und des Rates vom 25.10.2011 über die Rechte der Verbraucher, zur Abänderung der Richtlinie 93/13/EWG des Rates und der Richtlinie 1999/44/EG des Europäischen Parlaments und des Rates sowie zur Aufhebung der Richtlinie 85/577/EWG des Rates und der Richtlinie 97/7/EWG des Europäischen Parlaments und des Rates, ABl. Nr. L 304/64 vom 22.11.2011.

374 Auf Art. 169 Abs. 1, Abs. 2 Buchst. a) AEUV wird in den Erwägungsgründen verwiesen, vgl. Erwägungsgrund Nr. 3, ABl. Nr. L 304 vom 22.11.2011, 64.

375 Erwägungsgrund Nr. 5, ABl. Nr. L 304 vom 22.11.2011, 64.

376 S. Erwägungsgrund Nr. 5, ABl. Nr. L 304 vom 22.11.2011, 64.

377 Erwägungsgrund Nr. 7, ABl. Nr. L 304 vom 22.11.2011, 65.

378 *Grigoleit*, AcP 210 (2010), 354, 365.

rechtsunsicherheitsbedingten Zurückhaltung von Verbrauchern gegenüber ausländischen Anbietern und besonderer Transaktionskosten der im Binnenmarkt tätigen Unternehmer[379]. Die Normangleichung im Bereich des Verbraucherschutzrechts bedürfe einer Qualifizierung des Binnenmarktbezugs, die über die allgemeinen Vorzüge der Rechtseinheit hinausgehe[380]. Dies hat *Roth* bereits zu Art. 95 EGV formuliert. Die nach der Norm vorgesehene Förder- und Erleichterungsfunktion der Rechtsangleichung dürfe nicht mit einem bloßen Ausbau der Handlungsfreiheiten gleichgesetzt werden[381]. Allein die sich aus der Vielfalt der Regelungen ergebenden Probleme für ein grenzüberschreitendes und binnenmarktweites Handeln könnten als Rechtfertigung für Rechtssetzung auf Grundlage von Art. 95 EGV (bzw. heute Art. 114 AEUV) dienen[382].

(4) Berücksichtigungen im Kontext des Wettbewerbsrechts

Darüber hinaus findet der Verbraucherbegriff im Zusammenhang mit dem des Binnenmarkts zwar auch im Rahmen der Wettbewerbsregeln der Union Anwendung. So ist die Einschränkung der Erzeugung, des Absatzes oder der technischen Entwicklung zum Schaden der Verbraucher als Beispiel für missbräuchliches, dem Binnenmarkt widersprechendes Marktverhalten aufgezählt (vgl. Art. 102 Abs. 2 Buchst. c) AEUV). Außerdem können nach Art. 101 Abs. 3 AEUV Kartelle zulässig sein, wenn sie u. a. eine angemessene Verbraucherförderung bewirken[383]. Allerdings meint der Verbraucherbegriff in diesem Zusammenhang mehr, als dies im zuvor dargestellten Rahmen der Fall ist. Der Verbraucherbegriff ist hier weit zu verstehen und erfasst neben der durch eine Vereinbarung betroffenen Allgemeinheit auch alle übrigen Abnehmer der betroffenen Leistungen[384].

c) Zwischenfazit

Das Verbraucherschutzrecht ist im Unionsrecht nach alledem nicht nur durch eine eigene Kompetenznorm berücksichtigt. Entsprechend seiner Entwicklung bleibt es auch an die Fortentwicklung des Binnenmarkts und die zugehörigen Kompetenznormen gekoppelt.

Verglichen mit den oben zum Verbraucherschutz im Rahmen der Privatautonomie getroffenen Feststellungen zeigt sich hierin ein wesentlicher Unterschied zwischen den Intentionen des Verbraucherschutzes auf deutscher und auf europäischer Ebene: während im Rahmen der Privatautonomie der Unterlegenenschutz im

---

379 *Grigoleit*, AcP 210 (2010), 354, 375. – So auch zu Art. 95 EGV Gsell/Herresthal/*Roth*, V. 5.
380 *Grigoleit*, AcP 210 (2010), 354, 375.
381 Gsell/Herresthal/*Roth*, V. 7. a).
382 Gsell/Herresthal/*Roth*, V. 7. a).
383 Vgl. Oppermann/Classen/Nettesheim/*Classen*, § 36 Rn. 10.
384 So zu Art. 101 Abs. 3 AEUV Streinz-EUV-AEUV/*Eilmansberger*, AEUV, Art. 101 Rn. 151. – Vgl. auch Geiger/Khan/Kotzur/*Khan*, AEUV, Art. 102 Rn. 14, der den Begriff des Verbrauchers durch den des Marktpartners ersetzt.

Vordergrund steht, wird auf europäischer Ebene eine Förderung der wirtschaftlichen Tätigkeit von Verbrauchern auf dem Binnenmarkt bezweckt.

3. Verbraucherschutz und Verbraucherbegriff in den Richtlinien

a) Einleitung

Auf europäischer Ebene existiert kein einheitlicher, normierter Verbraucherbegriff[385]. Er wird stattdessen jeweils im Rahmen sekundärrechtlicher Rechtsakte definiert. Neben verschiedenen Verordnungen sind dies insbesondere die verbraucherbezogenen EG- und EU-Richtlinien[386]. Die Definition des Verbrauchers wird dort im jeweiligen Kontext der Richtlinie vorgenommen[387].

Daher lässt sich auch nur bedingt von „dem" europäischen Verbraucherbegriff sprechen. Zwar existiert ein Leitbild des Verbrauchers. Dies ist das einheitliche Verhaltensmuster oder Rollenbild, das der Rechtssetzer jedem Verbraucher zuschreibt[388]. Es wird durch die in den Rechtsakten zum Ausdruck kommenden schützenswerten Interessen – im Rahmen der verbraucherschützenden Richtlinien sind dies zumeist finanzielle Interessen[389] – skizziert[390]. Das Leitbild dient aber nur als inhaltliche Grundlage bei der Rechtssetzung und als Maßstab bei Bestimmung der Stärke des durch Rechtssetzung zu schaffenden Schutzes[391]. Insoweit liegt den

---

385 Schwarze/*Berg*, AEUV, Art. 169 Rn. 7; Lenz/Borchardt/*Grub*, AEUV, Art. 169 Rn. 6; Streinz-EUV-AEUV/*Lurger*, AEUV, Art. 169 Rn. 12; Grabitz/Hilf/Nettesheim/*Pfeiffer*, EU-Arbeitsweisevertrag, Art. 169 Rn. 24; MüKo-BGB/*Micklitz/Purnhagen*, BGB, Vor §§ 13, 14 Rn. 79; Staudinger/*Kannowski*, BGB, Vorbem. zu §§ 13, 14 Rn. 17; Reich/Micklitz/*Reich*, § 1 Anm. 38, *Sedlmeier*, § 2 C; *Koch*, GPR 2014, 128, 129. – Beschränkt auf den AEUV Geiger/Khan/Kotzur/*Kotzur*, AEUV, Art. 169 Rn. 2; Oppermann/Classen/Nettesheim/*Classen*, § 36 Rn. 7. – Zur Rechtslage nach dem EGV vgl. *Kapnopoulou*, II. A. 1; *Roth*, JZ 2001, 475, 480.

386 Vgl. Staudinger/*Kannowski*, BGB, Vorbem. zu §§ 13, 14 Rn. 14; *Larenz/Wolf*, § 42 Rn. 25; *Roth*, JZ 2001, 475, 480.

387 Schwarze/*Berg*, EGV, Artikel 153 Rn. 7. – Zur Verbraucherrechterichtlinie 2011/83/EU *Loacker*, JZ 2013, 234, 237.

388 Streinz-EUV-AEUV/*Lurger*, AEUV, Art. 169 Rn. 13.

389 Vgl. Geiger/Khan/Kotzur/*Kotzur*, AEUV, Art. 169 Rn. 5; Craig/de Búrca/*Weatherill*, 19 6. (b); *Hesselink*, ERPL 2007, 323, 329.

390 *Kapnopoulou*, II. A. 1. – Häufig legt der EuGH bestehende Verbraucherleitbilder seiner Auslegung zu Grunde. So geht er im Rahmen seiner wettbewerbsrechtlichen Rechtsprechung vom Bild eines durchschnittlich informierten, aufmerksamen und verständigen Durchschnittsverbrauchers aus, s. EuGH, Urteil vom 13.01.2000 – C-220/98 (ESTÉE LAUDER) – Slg. 2000 I-117, I-146; EuGH, Urteil vom 16.07.1998 – C-210/96 (GUT SPRINGENHEIDE UND TUSKY) – Slg. 1998 I-4657, I-4691. – Vgl. EuGH, Urteil vom 06.07.1995 – C-470/93 (MARS) – Slg. 1995 I-1923, I-1944.

391 Vgl. Streinz-EUV-AEUV/*Lurger*, AEUV, Art. 169 Rn. 13; Grabitz/Hilf/Nettesheim/*Pfeiffer*, EU-Arbeitsweisevertrag, Art. 169 Rn. 21: Begründungs- und Rechtfertigungsfunktion.

einzelnen Rechtsakten ein einheitliches Verbrauchermodell zugrunde. Ihm kommt keine Rechtsverbindlichkeit zu.

Allerdings lassen sich bestimmte Merkmale ausmachen, die für die Definition des Verbrauchers in den sekundärrechtlichen Regelungen regelmäßig herangezogen werden[392]. Diese werden unten ausführlich dargestellt (unten c.). Zuvor wird die Eingrenzung auf die zu Grunde gelegten Rechtsakte erläutert (unten b.).

b) Maßgebliche Rechtsquellen

aa) Richtlinien

Die Auswertung kann nicht alle bislang ergangenen Richtlinien mit Verbraucherbezug berücksichtigen[393]. Entsprechend der im Ausgangspunkt dieser Untersuchung dargestellten Grundsätze zum Verbraucherschutzrecht im Rahmen der Privatautonomie ist die vorliegende Auswahl auf vertragsrechtliche Regelungen beschränkt. Zudem werden nur solche Regelungen berücksichtigt, die auf noch heute bestehende materielle Regelungen des deutschen Rechts bedeutenden Einfluss genommen haben. Daher sind solche gemeinschaftsrechtlichen Regelungen, die ihren Schwerpunkt im Wettbewerbsrecht[394] oder im Deliktsrecht[395] entfalten, nicht unmittelbarer Gegenstand der Betrachtung[396]. Ebenfalls nicht in die Auswahl einbezogen wird die Pauschalreiserichtlinie[397], die zwar ebenfalls eine weiterhin relevante, (reise-)

---

392 Ausführlich hierzu *Faber*, ZEuP 1998, 854, 855 ff. – Vgl. Schwarze/*Berg*, EGV, Artikel 153 Rn. 7; Lenz/Borchardt/*Grub*, EGV, Art. 153 Rn. 6; Streinz-EUV-AEUV/*Lurger*, AEUV, Art. 169 Rn. 12; Basedow/Hopt/Zimmermann/*Rösler*, Verbraucher und Verbraucherschutz, 2. b); Staudinger/*Kannowski*, BGB, Vorbem. zu §§ 13, 14 Rn. 18; *Schulte-Nölke/Twigg-Flesner/Ebers*, Part 3 A. 1; *Roth*, JZ 2001, 475, 480.

393 Vgl. nur die Auswahlen bei Soergel/*Pfeiffer*, BGB, § 13 Rn. 4 sowie Staudinger/*Kannowski*, BGB, Vorbem. zu §§ 13, 14 Rn. 16. – Zu einer zusammenfassenden Aufstellung der wesentlichen Verbraucherdefinitionen vgl. Grabitz/Hilf/Nettesheim/*Pfeiffer*, EU-Arbeitsweisevertrag, Art. 169 Rn. 25 sowie *Schulte-Nölke/Twigg-Flesner/Ebers*, Part 3 A. I. 1.

394 Vgl. etwa die Richtlinie 2005/29/EG des Europäischen Parlaments und des Rates vom 11.05.2005 über unlautere Geschäftspraktiken im binnenmarktinternen Geschäftsverkehr zwischen Unternehmern und Verbrauchern und zur Änderung der Richtlinie 84/450/EWG des Rates, der Richtlinien 97/7/EG, 98/27/EG und 2002/65/EG des Europäischen Parlaments und des Rates sowie der Verordnung (EG) Nr. 2006/2004 des Europäischen Parlaments und des Rates (Richtlinie über unlautere Geschäftspraktiken), ABl. Nr. L 149/22 vom 11.06.2005.

395 Vgl. etwa die Richtlinie 92/59/EWG des Rates vom 29.06.1992 über die allgemeine Produktsicherheit, ABl. Nr. L 228/24 vom 11.08.1992.

396 Um eine umfassendere Darstellung der Merkmale zu ermöglichen wird aber auch die Rechtsprechung des EuGH einbezogen, die zu diesen Rechtsakten ergangen ist.

397 Richtlinie 90/314/EWG des Rates vom 13.06.1990 über Pauschalreisen, ABl. Nr. L 158 vom 23.06.1990, 59.

vertragsrechtliche Regelung darstellt, aber auf einen den Bedürfnissen der Richtlinie spezifischer angepassten Verbraucherbegriff zurückgreift[398].

bb) Weitere Rechtsakte

Für den Verbraucherbegriff haben auch verschiedene Verordnungen Bedeutung erlangt. Hier sind besonders die Brüssel-Ia-Verordnung[399] sowie ihre Vorgängerregelungen[400], die Brüssel-I-Verordnung[401] und das EuGVÜ[402], zu erwähnen, deren Verbraucherbegriffe mehrfach Gegenstand von EuGH-Entscheidungen waren. In dem EuGVÜ und seinen Folgeregelungen sind einheitliche Grundsätze für die Anerkennung und Vollstreckbarerklärung von Titeln der unterzeichnenden Staaten festgelegt[403]. Da hiermit andere Ziele als mit den vertragsrechtlichen Richtlinien verfolgt werden, können die zum europäischen Prozessrecht gefundenen Auslegungsergebnisse nicht ohne entsprechende Prüfung auf das materielle Verbraucherrecht übertragen werden[404]. Sie sollen in dieser Betrachtung daher nur mittelbar zu Auslegung herangezogen werden.

Darüber hinaus ist der Verbraucherbegriff auch Gegenstand der Rom-I-Verordnung, die der Vereinheitlichung des europäischen Kollisionsrechts für vertragliche Schuldverhältnisse dient[405].

---

398 Aus diesem Grund wird die Richtlinie in unterschiedlichen Untersuchungen nicht als Vergleich herangezogen. Vgl. etwa Lenz/Borchardt/*Grub*, AEUV, Art. 169 Rn. 6; Soergel/*Pfeiffer*, BGB, § 13 Rn. 8; BeckOK-BGB/*Bamberger*, BGB, § 13 Rn. 3; *Schulte-Nölke/Twigg-Flesner/Ebers*, Part 3 A. I. 1; *Faber*, ZEuP 1998, 854, 865, 822.

399 Verordnung (EU) Nr. 1215/2012 des Europäischen Parlaments und des Rates vom 12. Dezember 2012 über die gerichtliche Zuständigkeit und die Anerkennung und Vollstreckung von Entscheidungen in Zivil- und Handelssachen (Neufassung), ABl. Nr. L vom 20.12.2012, 1.

400 Zu dem genauen Verhältnis der Regelungen zueinander s. Rauscher/*Staudinger*, Brüssel Ia-VO, Einl. Rn. 2.

401 Verordnung (EG) Nr. 44/2001 des Rates vom 22.12.2000 über die gerichtliche Zuständigkeit und die Anerkennung und Vollstreckung von Entscheidungen in Zivil- und Handelssachen, ABl. Nr. L 12 vom 16.01.2001, 1.

402 Das EuGVÜ ist mehrfach überarbeitet und anschließend in konsolidierter Fassung vollständig neu veröffentlicht worden. Zuletzt Übereinkommen von Brüssel über die gerichtliche Zuständigkeit und die Vollstreckung gerichtlicher Entscheidungen in Zivil- und Handelssachen von 1996 (konsolidierte Fassung), ABl. Nr. C 27 vom 26.01.1998, 1.

403 Rauscher/*Staudinger*, Brüssel Ia-VO, Einl. Rn. 2.

404 Vgl. Lenz/Borchardt/*Grub*, AEUV, Art. 169 Rn. 6; *Reich*, EuZW 2005, 241, 244 f. – Diese Frage hat besonders im Zusammenhang mit der Einfügung des Begriffs „überwiegend“ in § 13 BGB wieder Bedeutung erlangt, vgl.: *Bülow*, WM 2014, 1, 3; *Koch*, GPR 2014, 128, 130; *Loacker*, JZ 2013, 234, 238.

405 Rauscher/*von Hein*, Rom I-VO, Einl. Rn. 1.

c) Merkmale

Beispielhaft für die einheitlichen Merkmale der verschiedenen Verbraucherdefinitionen steht die Definition der Haustürgeschäfterichtlinie[406]. Der Verbraucher war[407] in Art. 2 Spiegelstrich 1 der Richtlinie als eine natürliche Person definiert, die bei den von der Richtlinie erfassten Geschäften zu einem Zweck handelt, der nicht ihrer beruflichen oder gewerblichen Tätigkeit zugerechnet werden kann. Diese Definition ist als „modellhaft" bezeichnet[408] worden und wurde auch vom europäischen Gesetzgeber als „klassische Definition" des Verbrauchers bei späteren Richtlinienvorhaben aufgegriffen[409]. *Schulte-Nölke*, *Twigg-Flesner* und *Ebers* ziehen sie in ihrer vergleichenden Studie als Grundmodell der Verbraucherdefinitionen heran[410]. Diese Definition ist unter geringen Abweichungen auch in die späteren Richtlinien übernommen worden[411].

Die in den Definitionen regelmäßig wiederkehrenden Begriffsmerkmale werden in der Literatur überwiegend in zwei Gruppen[412] aufgeteilt: erstens in die Beschränkung auf natürliche Personen und zweitens in das Handeln beim Vertragsschluss zu einem bestimmten Zweck. Letzteres Merkmal wird erneut unterteilt, indem der Zweck dadurch definiert wird, dass er nicht einer beruflichen oder gewerblichen Tätigkeit zugerechnet werden kann.

Dieser überwiegenden Einteilung entsprechend werden die Merkmale anschließend untersucht. Zuerst wird auf das Merkmal der natürlichen Person eingegangen (unten aa.). Darauf folgt die Untersuchung des Zweckmerkmals (unten bb.).

---

406 Vgl. oben § 5 III. 2. b) aa) (1).

407 Die Haustürgeschäfterichtlinie selbst ist mittlerweile durch die Verbraucherrechterichtlinie aufgehoben worden.

408 So Basedow/Hopt/Zimmermann/*Rösler*, Verbraucher und Verbraucherschutz, 2. b).

409 Vgl. den Vorschlag der Kommission vom 18.06.2003 für die Lauterkeitsrichtlinie, KOM 2003/0356 endg. Rn. 34, in dem die Haustürgeschäfterichtlinie 85/577/EWG als Ausgangspunkt weiterer Richtlinien mit derselben Definition aufgeführt wird.

410 *Schulte-Nölke/Twigg-Flesner/Ebers*, Part 3 A. I. 1.

411 Lenz/Borchardt/*Grub*, AEUV, Art. 169 Rn. 6. – Vgl. die Übersicht und zusammenfassenden Erläuterungen bei *Schulte-Nölke/Twigg-Flesner/Ebers*, Part 3 A. I. 1.

412 So etwa Grabitz/Hilf/Nettesheim/*Pfeiffer*, EU-Arbeitsweisevertrag, Art. 169 Rn. 24; Soergel/*Pfeiffer*, BGB, § 13 Rn. 4; Reich/Micklitz/*Reich*, § 1 V 2.; *Schulte-Nölke/Twigg-Flesner/Ebers*, Part 3 A. 1.; *Faber*, ZEuP 1998, 854, 860 ff. – Alternativ stellt *Weick* neben der Beschränkung auf natürliche Personen das Abstellen auf den Zweck des Rechtsgeschäfts, die negative Kennzeichnung dieses Zwecks und die „Zurechnung" als wertendes Element heraus, Staudinger/*Kannowski*, BGB, Vorbem. zu §§ 13, 14 Rn. 18.

aa) Merkmal der natürlichen Person

In den Richtlinien ist der Verbraucherbegriff durchgehend auf natürliche Personen beschränkt[413]. Für die Klauselrichtlinie 93/13/EWG[414] hat der EuGH unter Verweis auf den dortigen und insoweit eindeutigen Wortlaut ausdrücklich festgestellt, dass nur natürliche Personen Verbraucher (im Sinne der Richtlinie) sein können[415].

Faber hat darauf hingewiesen, dass die Kommission selbst einen Aktionsplan zur Verbraucherpolitik vorgelegt hat, dessen Verbraucherdefinition ausdrücklich auch juristische Personen umfasst[416]. *Pfeiffer* gibt zu bedenken, dass auch juristische Personen, insbesondere kleine Idealvereine, die von den Richtlinien erwähnten Zwecke verfolgen könnten und vergleichbar schutzbedürftig seien[417]. Dennoch sind juristische Personen bislang nicht Gegenstand der Verbraucherbegriffe geworden[418]. Dieser Befund wird zuletzt durch die Verbraucherrechterichtlinie[419] bestätigt, deren Verbraucherdefinition ebenfalls lediglich natürliche Personen erfasst, vgl. Art. 2 Nr. 1 der Richtlinie. Dass dies bewusst gewollt ist, zeigen die Erwägungsgründe der Richtlinie. Demnach soll es den Mitgliedsstaaten überlassen bleiben, die Anwendung der Richtlinie etwa auch auf juristische Personen auszudehnen, „die keine „Verbraucher" im Sinne der Richtlinie sind, beispielsweise Nichtregierungsorganisationen, neu gegründete oder kleine und mittlere Unternehmen"[420]. Zur Begründung

413 Dieses Merkmal stellen auch *Schulte-Nölke/Twigg-Flesner/Ebers*, Part 3 A. 1. heraus.

414 Richtlinie 93/13/EWG des Rates vom 05.04.1993 über missbräuchliche Klauseln in Verbraucherverträgen, ABl. Nr. L 95/29 vom 21.04.1993.

415 EuGH, Urteil vom 22.11.2001 – C-541/99, C-542–99 (CAPE UND IDEALSERVICE MN RE) – Slg. 2001 I-9049, I-9063 f.

416 *Faber*, ZEuP 1998, 854, 860. – Vgl. auch Lenz/Borchardt/*Grub*, AEUV, Art. 169 Rn. 6, der auf das Grünbuch der Kommission zur Überprüfung des gemeinschaftlichen Verbraucherbesitzstandes verweist.

417 Grabitz/Hilf/Nettesheim/*Pfeiffer*, EU-Arbeitsweisevertrag, Art. 169 Rn. 28. Er verweist in diesem Zusammenhang darauf, dass die Produkthaftungsrichtlinie 85/374/EWG lediglich darauf abstelle, ob eine Person eine Sache hauptsächlich zum privaten oder persönlichen Gebrauch verwandt hat. Dies sei auch bei Gegenständen der Fall, die ein Idealverein zur privaten gemeinschaftlichen Nutzung seiner Mitglieder angeschafft habe. Dem ist zu entgegnen, dass es nur darauf ankommt, zu welchem Zweck der Verein als juristische Person den Gegenstand verwandt hat. Schafft er ihn für *seine Mitglieder* zur privaten Nutzung an, sagt dies nichts darüber aus, ob hierin ein privater Zweck *des Vereins* liegt.

418 Vgl. Lenz/Borchardt/*Grub*, EGV, Art. 153 Rn. 6; Grabitz/Hilf/Nettesheim/*Pfeiffer*, EU-Arbeitsweisevertrag, Art. 169 Rn. 28; Reich/Micklitz/*Reich*, § 1 Anm. 38 (1).

419 Richtlinie 2011/83/EU des Europäischen Parlaments und des Rates vom 25.10.2011 über die Rechte der Verbraucher, zur Abänderung der Richtlinie 93/13/EWG des Rates und der Richtlinie 1999/44/EG des Europäischen Parlaments und des Rates sowie zur Aufhebung der Richtlinie 85/577/EWG des Rates und der Richtlinie 97/7/EWG des Europäischen Parlaments und des Rates, ABl. Nr. L 304/64 vom 22.11.2011.

420 Erwägungsgrund Nr. 13, ABl. Nr. L 304 vom 25.10.2011, 64, 65.

für den Ausschluss juristischer Personen wird auf die rechtliche Selbständigkeit etwa einer Gesellschaft gegenüber ihren Gesellschaftern und der damit einhergehenden ausschließlichen Haftung der juristischen Person verwiesen[421].

Ein vordergründig anderes Bild ergibt sich bei Betrachtung der Brüssel-Ia-Verordnung, in deren Art. 17 Abs. 1 lediglich von „eine[r] Person, de[m] Verbraucher" die Rede ist. Obwohl der Wortlaut insoweit also keine Einschränkung vorsieht, sollen auch hier nur natürliche Personen gemeint und juristische Personen vom Anwendungsbereich ausgeschlossen sein[422]. Der EuGH hat zu Art. 13 EuGVÜ ausgeführt, die Vorschrift beziehe sich nach ihrem Wortlaut und ihrem Zweck nur auf den nicht berufs- oder gewerbebezogen handelnden privaten Endverbraucher[423]. Diese nicht näher begründeten Ausführungen des EuGH lassen sich bis zu der Rechtssache Bertrand / Ott zurückverfolgen. In ihr wurde zum Begriff des „Kaufs auf Teilzahlung" im Sinne des EuGVÜ ausgeführt, der privilegierte Gerichtsstand müsse schutzbedürftigen Käufern vorbehalten bleiben, deren wirtschaftliche Stellung durch ihre Schwäche gegenüber dem Verkäufer gekennzeichnet sei, da sie private Endverbraucher seien und den Kauf einer Sache auf Teilzahlung nicht im Zusammenhang mit einer geschäftlichen oder beruflichen Tätigkeit abschließen[424]. Betrachtet man alleine Gleichsetzung von Käufer- und Verbraucherbegriff durch die später ergangenen Entscheidungen Benincasa und Shearson Lehman Hutton, erscheint diese Rechtsprechung wenig aussagekräftig. Sie macht aber deutlich, dass sich ein Ausschluss juristischer Personen nur aus dem Zusammenhang der konkreten Regelung ergeben kann. Letztlich bietet der EuGH aber keine zwingenden Argumente an, aus denen juristische Personen vom Verbraucherbegriff der Brüssel-I-Verordnung ausgeschlossen sein sollen. Grundsätzlich können daher auch juristische Personen vom Verbraucherbegriff der Brüssel-I-Verordnung erfasst sein[425].

bb) Merkmal des Rechtsgeschäftszwecks

(1) Zweckbindung

Verbraucher kann nach den Richtlinien nur sein, wer bei Abschluss des von der jeweiligen Richtlinie erfassten Rechtsgeschäfts nicht zu bestimmten Zwecken handelt.

Damit knüpfen die Verbraucherbegriffe wesentlich an den Zweck eines Rechtsgeschäfts an, anstatt an Eigenschaften oder den Status einer Person, wie es etwa bei den Begriffen der natürlichen oder juristischen Person oder des Kaufmanns

421 Vgl. MüKo-BGB/*Ulmer* (3. A.), VerbrKrG, § 1 Rn. 19; *Faber*, ZEuP 1998, 854, 863.

422 Rauscher/*Staudinger*, Brüssel Ia-VO, Art. 15 Rn. 2, der sich zur Begründung auf die Rechtsprechung des EuGH zur Klauselrichtlinie beruft.

423 EuGH, Urteil vom 03.07.1997 – C-269/95 (BENINCASA) – Slg. 1997 I-3767, I-3795; EuGH, Urteil vom 19.01.1993 – C-89/91 (SHEARSON LEHMAN HUTTON) – Slg. 1993 I-139, I-188.

424 EuGH, Urteil vom 21.06.1978 – 150/77 (BERTRABD / OTT) – Slg. 1897, 1431, 1446.

425 So auch *Faber*, ZEuP 1998, 854, 862.

im deutschen Recht der Fall ist[426]. Dieses Anknüpfen an den Zweck des Rechtsgeschäfts ermöglicht es, dass grundsätzlich jeder Verbraucher sein kann, wenn er die Voraussetzungen erfüllt[427].

Indem generell auf den Zweck eines Rechtsgeschäfts abgestellt wird, zeigt sich auch die vorgenommene Typisierung: es kommt nicht auf die Schutzbedürftigkeit einer Person im Einzelfall an. Stattdessen wird eine Person, die bestimmte Voraussetzungen – die des Verbrauchers – erfüllt, in der Situation bestimmter Rechtsgeschäfte generell geschützt.[428]

(2) Tätigkeit

(a) Zweck muss außerhalb der gewerblichen, geschäftlichen, handwerklichen oder beruflichen Tätigkeit liegen

Die in Bezug genommenen Tätigkeiten sind im Rahmen der Richtlinien regelmäßig negativ in die Verbraucherdefinition eingeflochten, sodass der Zweck des Rechtsgeschäfts bestimmten Tätigkeiten *nicht* dienen darf[429]. Bereits nach der Verbraucherdefinition der Haustürgeschäfterichtlinie[430] durfte der Zweck des Rechtsgeschäfts nicht der beruflichen oder gewerblichen Tätigkeit zuzurechnen sein. Dieses Begriffspaar findet sich in den Richtlinien beinahe durchgehend. In den englischen Textfassungen der Richtlinien wird daneben häufig eine geschäftliche Tätigkeit erwähnt[431]. In den deutschen Textfassungen findet sich diese erst in der Verbraucherrechterichtlinie[432],

426 *Schmidt*, JuS 2006, 1, 1. – Ebenso BeckOK-BGB/*Bamberger*, BGB, § 13 Rn. 2b.

427 *Faber*, ZEuP 1998, 854, 865.

428 Vgl. Grabitz/Hilf/Nettesheim/*Pfeiffer*, EU-Arbeitsweisevertrag, Art. 169 Rn. 27.

429 Vgl. Grabitz/Hilf/Nettesheim/*Pfeiffer*, EU-Arbeitsweisevertrag, Art. 169 Rn. 29; Staudinger/*Kannowski*, BGB, Vorbem. zu §§ 13, 14 Rn. 18. – Positiv gefasste Definitionen sind dabei weitaus seltener und etwa im früheren schweizerischen oder französischen Verbraucherrecht zu finden. Sie stellen beispielsweise auf einen persönlichen, privaten oder familiären Gebrauch sowie auf einen Gebrauch im Haushalt ab, vgl. umfassend Staudinger/*Kannowski*, BGB, § 13 Rn. 19; *Faber*, ZEuP 1998, 854, 878 ff.

430 Richtlinie 85/577/EWG des Rates vom 20.12.1985 betreffend den Verbraucherschutz im Falle von außerhalb von Geschäftsräumen geschlossenen Verträgen, ABl. Nr. L 372/31 vom 31.12.1985.

431 Vgl. die englischen Textfassungen der Klauselrichtlinie 93/13/EWG, der Fernabsatzrichtlinie 97/7/EWG, der Verbrauchsgüterkaufrichtlinie 1999/44/EG sowie der Verbraucherkreditrichtlinie 2008/48/EG.

432 Richtlinie 2011/83/EU des Europäischen Parlaments und des Rates vom 25.10.2011 über die Rechte der Verbraucher, zur Abänderung der Richtlinie 93/13/EWG des Rates und der Richtlinie 1999/44/EG des Europäischen Parlaments und des Rates sowie zur Aufhebung der Richtlinie 85/577/EWG des Rates und der Richtlinie 97/7/EWG des Europäischen Parlaments und des Rates, ABl. Nr. L 304/64 vom 22.11.2011.

in der die Definition zudem (unabhängig von der Sprachfassung) um eine handwerkliche Tätigkeit ergänzt worden ist[433], vgl. Art. 2 Nr. 1 der Richtlinie.

Weick sieht zudem in der Bezeichnung, der Zweck dürfe der Tätigkeit nicht *zuzurechnen* sein, ein wertendes Element in den Verbraucherbegriffen der Richtlinien[434]. Diese Formulierung findet sich durchgängig in den deutschen Fassungen der einschlägigen Richtlinien[435]. Betrachtet man dagegen die englischen Sprachfassungen, weist zwar auch die Haustürgeschäfterichtlinie ein der Zurechnung entsprechendes Merkmal auf. Dort heißt es: „'consumer' means a natural person who [...] is acting for purposes which *can be regarded* as outside his trade or profession"[436]. Die jüngeren Definitionen verzichten aber darauf. Dort heißt es dann nur noch: „'consumer' means any natural person who [...] is acting for purposes which are outside his trade, business or profession"[437]. Dem entspricht auch die jüngste Definition in der deutschen Sprachfassung der Verbraucherrechterichtlinie, der zufolge ein Verbraucher „jede natürliche Person [ist], die [...] zu Zwecken handelt, die außerhalb ihrer gewerblichen, geschäftlichen, handwerklichen oder beruflichen Tätigkeit liegen" (Art. 2 Nr. 1 der Richtlinie). Den deutschen Sprachfassungen wohnt demnach die Tendenz inne, den Verbraucherbegriff frei von Elementen der „Zurechenbarkeit" bzw. (subjektiver) Wertungen zu gestalten, wie es in den englischen Sprachfassungen bereits seit längerem der Fall ist. Dies verdeutlicht, dass die Eigenschaft als Verbraucher von der konkreten Schutzbedürftigkeit unabhängig sein soll.

(b) Inhalt der Begriffe

Die Tätigkeiten sollen in ihrer Gesamtheit den Gegensatz zu einer bloß der Privatsphäre angehörenden Tätigkeit darstellen, was eine trennscharfe Unterscheidung zwischen den verschiedenen Tätigkeiten grundsätzlich verzichtbar macht[438]. Wie

---

433 Im Rahmen der wettbewerbsrechtlichen Bestimmungen ist die handwerkliche Tätigkeit bereits Gegenstand des Art. 2 Buchst. a) der Lauterkeitsrichtlinie 2005/29/EG.

434 Staudinger/*Kannowski*, BGB, Vorbem. zu §§ 13, 14 Rn. 18.

435 Vgl. Art. 2 Erster Spiegelstrich Haustürgeschäfterichtlinie; Art. 2 b) Klauselrichtlinie 93/13/EWG; Art. 2 Nr. 2 Fernabsatzrichtlinie 97/7/EG; Art. 1 Abs. 2 Buchst a) Verbrauchsgüterkaufrichtlinie 1999/44/EG; Art. 3 Buchst. a) Verbraucherkreditrichtlinie 2008/48/EG.

436 So auch noch die englische Fassung der Richtlinie 87/102/EWG des Rates vom 22.12.1986 zur Angleichung der Rechts- und Verwaltungsvorschriften der Mitgliedstaaten über den Verbraucherkredit, ABl. Nr. L 42 vom 12.02.1987, 48.

437 So die Definition der Klauselrichtlinie 93/13/EWG. Ohne Element der Zurechnung auch die Definitionen der Fernabsatzrichtlinie 97/7/EG, der Verbrauchsgüterkaufrichtlinie 1999/44/EG (die zwar in Abweichung von der Klauselrichtlinie eine Beziehung (purposes, which are not related to) erfordert, damit aber kein wertendes Element in die Definition aufnimmt) und der Verbraucherkreditrichtlinie 2008/48/EG.

438 Vgl. Staudinger/*Hopt/Mülbert* (12. A.), BGB, § 609a Rn. 23 zum insoweit wortgleichen § 609a Abs. 1 Nr. 2 Hs. 2 BGB a. F.; *Faber*, ZEuP 1998, 854, 868.

noch gezeigt wird, ist dies aber nur ein vorläufiges Ergebnis[439]. Eine exakte inhaltliche Ausfüllung der Merkmale bleibt zudem dennoch erstrebenswert, erlaubt sie doch eine genauere, im Vergleich zur „Privatheit“ des Zwecks rechtssicherere Subsumption[440].

Gleichwohl ist eine trennscharfe Darstellung der Begriffe im Sinne einer autonomen Auslegung[441] kaum möglich. Es fehlt weitgehend an insoweit ergiebigen Aussagen in den Materialien und an Rechtsprechung, um die Begriffe verlässlich auszufüllen.

Der EuGH hat zwar bezogen auf das EuGVÜ und die Brüssel-I-Verordnung mehrfach festgestellt, der Verbraucherbegriff sei eng auszulegen[442]. Inhaltlich stellt er aber nur auf eine Marktteilnahme zu privaten Zwecken ab[443]. So stellte er zum Verbraucherbegriff des europäischen Zivilprozessrechts fest, die Vorschriften seien von dem Bestreben getragen, den Verbraucher als wirtschaftlich schwächeren und rechtlich weniger erfahrenen Vertragspartner zu schützen[444]. Sie bezögen sich nach ihrem Wortlaut und ihrem Zweck nur auf den nicht berufs- oder gewerbebezogen handelnden privaten Endverbraucher[445]. Der Schutz des Verbrauchers als des als schwächer angesehenen Vertragspartners sei bei Verträgen, deren Zweck in einer beruflichen oder gewerblichen Tätigkeit besteht, nicht gerechtfertigt[446].

Faber stellt unter Hinweis auf die autonome Auslegung fest, dass sich der Begriff des Gewerbes nicht ohne weiteres mit dem des Gewerbebetriebes in § 1 HGB gleichsetzen lässt[447]. Unter Erwägungen zu Sprachgebrauch und Sinn und Zweck des Verbraucherschutzes stellt er dar, dass die gewerbliche Tätigkeit ein auf eine gewisse Dauer gerichtetes, selbständiges, planmäßiges und entgeltliches Handeln

---

439 Hierzu noch unten § 6 IV. 2.

440 Vgl. *Faber*, ZEuP 1998, 854, 868. – Wenigstens irreführend ist daher die verkürzte Darstellung, das zweite Element neben der Eigenschaft als natürliche Person stelle ein Handeln zu einem privaten Zweck dar. So aber etwa Geiger/Khan/Kotzur/*Kotzur*, AEUV, Art. 169 Rn. 2; Grabitz/Hilf/Nettesheim/*Pfeiffer*, EU-Arbeitsweisevertrag, Art. 169 Rn. 24; Oppermann/Classen/Nettesheim/*Classen*, § 36 Rn. 7.

441 S. hierzu oben § 5 III. 1.

442 EuGH, Urteil vom 20.01.2005 – C464/01 (GRUBER) – Slg. 2005 I-439, I-473; EuGH, Urteil vom 03.07.1997 – C-269/95 (BENINCASA) – Slg. 1997 I-3767, I-3795. – Dieser Hinweis wird mitunter auch ohne Berücksichtigung der Verschiedenartigkeit der Regelungszusammenhänge auf den Verbraucherbegriff des § 13 BGB übertragen, vgl. *Hoffmann*, WM 2006, 560, 561.

443 Schwarze/*Berg*, EGV, Artikel 153 Rn. 7; Lenz/Borchardt/*Grub*, EGV, Art. 153 Rn. 6.

444 EuGH, Urteil vom 19.01.1993 – C89/91 (SHEARSON LEHMAN HUTTON) – Slg. 1993 I-139, I-138.

445 EuGH, Urteil vom 19.01.1993 – C89/91 (SHEARSON LEHMAN HUTTON) – Slg. 1993 I-139, I-138.

446 EuGH, Urteil vom 20.01.2005 – C464/01 (GRUBER) – Slg. 2005 I-439, I-473. – Vgl. auch EuGH, Urteil vom 03.07.1997 – C-269/95 (BENINCASA) – Slg. 1997 I-3767, I-3795.

447 *Faber*, ZEuP 1998, 854, 868.

am Markt im Wettbewerb erfordert[448]. Ebenso ermittelt er für die berufliche Tätigkeit, dass sie ein auf eine gewisse Dauer ausgerichtetes, entgeltliches, nach außen hervortretendes sowie selbständiges Handeln erfordert[449].

Deutlicher im Sinne autonomer Auslegung verweist er auf die Definition des Gewerbetreibenden im Rahmen der Haustürgeschäfterichtlinie 85/577/EWG. Nach Art. 2 Spiegelstrich 2 der Richtlinie war ein *Gewerbe*treibender eine Person, die im Rahmen ihrer gewerblichen oder *beruflichen* Tätigkeit gehandelt hat[450]. Nach Ansicht *Fabers* zeigt sich hierin, dass die Begriffe im Unionsrecht nicht stringent und ohne Überschneidungen gebraucht werden und die gewerbliche Tätigkeit vor dem Hintergrund der weitgehend übereinstimmenden Merkmale als Unterfall der beruflichen Tätigkeit verstanden werden kann[451].

(c) Nicht: Fehlendes Überwiegen des unternehmerischen Zwecks

Nicht in die Verbraucherbegriffe eingeflossen ist das mittlerweile im deutschen Verbraucherbegriff verwendete Merkmal des Überwiegens. Auch der Verbraucherbegriff der Verbraucherrechterichtlinie enthält diese Einschränkung zugunsten der Verbrauchereigenschaft nicht[452]. Einen Hinweis[453] in dieser Richtung enthält lediglich Erwägungsgrund Nr. 17 der Richtlinie. Danach sollte eine Person, die einen Vertrag teilweise für gewerbliche und teilweise für nichtgewerbliche Zwecke abschließt, als Verbraucher angesehen werden, wenn der gewerbliche Zweck im Gesamtzusammenhang des Vertrags nicht überwiegend ist[454].

d) Fazit

Im Unterschied zu der deutschen Gesetzgebungstechnik eines einheitlichen Verbraucherbegriffs zur Bestimmung des Anwendungsbereichs der verbraucherschutzrechtlichen Normen wählt der europäische Normgeber einen stärker einzelfallbezogenen Ansatz, indem er den Verbraucherbegriff in den einzelnen Rechtsakten jeweils separat definiert. Darüber hinaus ergeben sich in den Richtlinien aus ihren Erwägungsgründen heraus konkrete Einschränkungen für ihre Anwendungsbereiche. Dem jeweils definierten Verbraucherbegriff kommt damit

---

448 *Faber*, ZEuP 1998, 854, 868 f.

449 *Faber*, ZEuP 1998, 854, 871. – Bezüglich der Selbständigkeit zustimmend MüKo-BGB/*Micklitz/Purnhagen*, BGB, § 14 Rn. 32.

450 Diese Uneinheitlichkeit in der Begriffsbildung ist aber bei Aufhebung der Haustürgeschäfterichtlinie durch die Verbraucherrechterichtlinie, die dem Verbraucher als typischerweise überlegenen Rechtsverkehrsteilnehmer den Unternehmer gegenüberstellt, entfallen, vgl. Art. 2 Nr. 2 Verbraucherrechterichtlinie.

451 *Faber*, ZEuP 1998, 854, 871.

452 Vgl. ABl. Nr. L 304 vom 22.11.2011, 64, 72. – Ausführlich hierzu *Bülow*, WM 2014, 1, 1.

453 *Bülow*, WM 2014, 1, 1: „Auslegungshilfe".

454 Erwägungsgrund Nr. 17 der Richtlinie 2011/83/EU, ABl. Nr. L 304 vom 22.11.2011, 64, 66.

eine weniger weitreichende Bedeutung zu, als es im deutschen Privatrecht der Fall ist: einerseits ist der durch den Verbraucherbegriff eröffnete Anwendungsbereich immer nur auf den Regelungsgegenstand des Rechtsakts beschränkt. Andererseits beanspruchen die Rechtsakte nicht in jedem Fall umfassende Geltung für alle davon möglicherweise erfassten Schuldverhältnisse unter Beteiligung eines Verbrauchers.

Diese Beobachtung lässt sich auch durch eine Betrachtung der enumerativen Kompetenznormen der Europäischen Union zur Setzung rechtsvereinheitlichender Normen bestätigen: während der AEUV für einzelne Bereiche wie das Arbeitsrecht oder das Gesellschaftsrecht sehr konkrete Rechtssetzungskompetenznormen der EU vorsieht, fehlt es an einer Ermächtigungsnorm, die sich ausdrücklich auf das bürgerliche bzw. das Vertragsrecht beziehen würde[455]. Also sind bereits die Kompetenzen der Europäischen Union deutlich auf die Regelung einzelner (Zivil-)Rechtsgebiete beschränkt.

IV. Fazit und Kritik

1. *Fazit*

Die Entwicklungen auf deutscher und europäischer Ebene sind von grundsätzlichen Unterschieden geprägt. Während auf deutscher Ebene eine stringente Entwicklung des Verbraucherschutzrechts und damit auch des Verbraucherbegriffs fehlte, entwickelte sich auf europäischer Ebene schnell eine Konstante, nämlich die Verwirklichung des Binnenmarkts, die mit Hilfe des Verbraucherschutzes voran getrieben werden sollte. Anhand dieser Konstanten vollzog sich eine zügige Entwicklung verbraucherschützender Regelungen, was auch auf das deutsche Verbrauchervertragsrecht durchschlug. Während die europäischen Regelungen den Verbraucherbegriff aber jeweils nur für den konkreten Rechtsakt definierten, also immer im Zusammenhang mit der jeweils daran anknüpfenden Regelung verstanden werden müssen, ging der deutsche Gesetzgeber weiter, indem er seiner Zivilrechtsordnung eine einheitliche Definition voranstellte. Damit löste er den Zusammenhang zwischen Verbraucherbegriff und den einzelnen verbraucherschützenden Regelungen.

2. *Kritik*

Daher ist es auch kritikwürdig, wenn der deutsche Gesetzgeber, wie zuletzt anhand der Umsetzung der Verbraucherrechterichtlinie geschehen[456], Änderungen am Verbraucherbegriff unter einem kurzen Verweis auf einzelne Erwägungsgründe der umzusetzenden Richtlinie vornimmt[457].

---

455 *Grigoleit*, AcP 210 (2010) 354, 364.
456 Vgl. oben § 5 II. 2. c).
457 Vgl. auch *Koch*, GPR 2014, 128, 128.

§ 6 – Verbraucherbegriff im Gesetz

Die Darstellung des Verbraucherbegriffs wird mit der Betrachtung seiner Normierung fortgesetzt. Dies geschieht unter Rückgriff auf die und Ergänzung der soeben dargestellten historischen Grundlagen.

Nach § 13 BGB ist Verbraucher jede natürliche Person, die ein Rechtsgeschäft zu Zwecken abschließt, die überwiegend weder ihrer gewerblichen noch ihrer selbständigen beruflichen Tätigkeit zugerechnet werden können. Die einzelnen Merkmale des Verbraucherbegriffs werden anschließend näher dargestellt (unten ab I.). Außerdem wird auf das Verhältnis des Verbraucherbegriffs zum Unternehmerbegriff des § 14 BGB eingegangen (unten VI.).

I. Natürliche Person

Nach § 13 BGB kann nur eine natürliche Person Verbraucher sein. Unbestritten sind damit im Umkehrschluss juristische Personen vom Verbraucherbegriff ausgenommen[458].

Dies sagt noch nichts darüber aus, wie Gruppen natürlicher Personen zu behandeln sind, denen nicht die Rechtspersönlichkeit als juristische Person zukommt[459]. Nach einer zur früheren Gesetzeslage geäußerten Auffassung der Rechtsprechung war der Schutzzweck der jeweiligen verbraucherschützenden Norm entscheidend[460]. Im Fall der Aufnahme eines (Verbraucher-)Kredits ändere sich an der Schutzbedürftigkeit nichts, wenn mehrere natürliche Personen den Kredit gemeinsam aufnähmen oder auf gesellschaftsvertraglicher Grundlage einen gemeinsamen Zweck verfolgten[461]. Die Literatur stimmt diesem Ergebnis überwiegend zu und überträgt es auch auf nicht rechtsfähige Vereine[462], Wohnungseigentümergemeinschaften[463],

---

458 Vgl. BGH, Urteil vom 23.02.2010 – XI ZR 186/09 – WM 2010, 647, 648; Palandt/*Ellenberger*, BGB, § 13 Rn. 2; Jauernig/*Mansel*, BGB, § 13 Rn. 2; MüKo-BGB/*Micklitz/Purnhagen*, BGB, § 13 Rn. 13; Soergel/*Pfeiffer*, BGB, § 13 Rn. 46; Erman/*I. Saenger*, BGB, § 13 Rn. 5; Staudinger/*Kannowski*, BGB, § 13 Rn. 31. – Zur Rechtslage vor Einführung des Verbraucherbegriffs in § 13 BGB s. BGH, Urteil vom 23.10.2001 – XI ZR 63/10 – BGHZ 149, 80, 83 f.; *Faber*, ZEuP 1998, 854, 863.

459 Vgl. hierzu allgemein Staudinger/*Kannowski*, BGB, § 13 Rn. 34 ff.; Erman/*I. Saenger*, BGB, § 13 Rn. 6 ff. – Gesondert zur BGB-Gesellschaft *Fehrenbacher/Herr*, BB 2002, 1006, 1008 ff.; *Krebs*, DB 2002, 517, 517 ff. – A. A. Soergel/*Pfeiffer*, BGB, § 13 Rn. 46, der im Anknüpfen an das Merkmal der natürlichen Person einen insoweit eindeutig entgegenstehenden Wortlaut sieht.

460 So zum VerbrKrG BGH, Urteil vom 23.03.2001 – XI ZR 63/10 – BGHZ 149, 80, 84.

461 So zum VerbrKrG BGH, Urteil vom 23.03.2001 – XI ZR 63/10 – BGHZ 149, 80, 84.

462 Vgl. Erman/*I. Saenger*, BGB, § 13 Rn. 6 ff.; Staudinger/*Kannowski*, BGB, § 13 Rn. 35 ff.

463 Vgl. Palandt/*Ellenberger*, BGB, § 13 Rn. 2; Erman/*I. Saenger*, BGB, § 13 Rn. 7.

teilweise auch auf Personenhandelsgesellschaften[464]. Eine Gegenmeinung, wonach jedenfalls rechtsfähige Personenmehrheiten keine Verbraucher sein könnten, weil dann diese und nicht die sie bildenden natürlichen Personen Träger von Rechten und Pflichten seien, wurde nur vereinzelt vertreten[465].

II. Abschluss eines Rechtsgeschäfts

Der Verbraucherbegriff setzt in seinem Kern den Abschluss eines Rechtsgeschäfts voraus.

1. Bedeutung des Begriffs „Rechtsgeschäft"

Sowohl in den Richtlinien zum Verbraucherschutz als auch in vielen der (ehemaligen) Sondergesetze zum Verbraucherschutz bezog sich der Anwendungsbereich lediglich auf die vom Normzweck erfassten Geschäfte[466]. Indem § 13 BGB auf den Abschluss eines jeden Rechtsgeschäfts abstellt, wurde sein Anwendungsbereich über den der auf europäischer Ebene bzw. zuvor bestehenden Regelungen hinaus erweitert[467].

Mit dem Abschluss eines Rechtsgeschäfts sind grundsätzlich nur Geschäfte im eigenen Namen des Handelnden gemeint[468]. Schließt ein Vertreter ein Rechtsgeschäft ab, kommt es für die Beurteilung der Merkmale des § 13 BGB allein auf die Person des Vertretenen an[469]. Abweichend davon kann es für die Beurteilung der Anwendung einer konkret verbraucherschützenden Norm auf die Person des Vertreters ankommen[470].

Umstritten ist der Umgang mit diesem Merkmal, wenn die konkrete verbraucherschützende Norm ihre Regelungen entweder unabhängig vom Abschluss eines

---

464 So etwa Erman/*I. Saenger*, BGB, § 13 Rn. 6. – A. A. Staudinger/*Kannowski*, BGB, § 13 Rn. 32: Personenhandelsgesellschaften seien den juristischen Personen nach § 14 Abs. 2 BGB gleichgestellt.

465 So etwa *Fehrenbacher/Herr*, BB 2002, 1006, 1008 ff.; *Krebs*, DB 2002, 517, 517 f.; *Schmidt*, JuS 2006, 1, 4 f. – Dagegen BGH, Urteil vom 23.03.2001 – XI ZR 63/10 – BGHZ 149, 80, 84 f.: Angesichts der Maßgeblichkeit des Schutzzwecks und dessen Fortbestehens bei Zusammenschlüssen von natürlichen Personen sei für eine Differenzierung nach der Rechtsfähigkeit kein Anhaltspunkt gegeben.

466 Vgl. oben § 5.

467 MüKo-BGB/*Micklitz/Purnhagen*, BGB, § 13 Rn. 77.

468 *Mülbert* in FS Goette, 333, 338.

469 Vgl. für juristische Personen Staudinger/*Kannowski*, BGB, § 13 Rn. 38.

470 Hierzu Soergel/*Pfeiffer*, BGB, § 13 Rn. 51. – Vgl. zur situativen Schutzbedürftigkeit im Sinne des HaustürWG a. F. BGH, Urteil vom 02.05.2000 – XI ZR 150/99 – BGHZ 144, 223, 227 f.; BGH, Urteil vom 13.03.1991 – XII ZR 71/90 – NJW-RR 1991, 1074, 1075.

Rechtsgeschäfts trifft – wie etwa in Fällen der §§ 241a[471], 661a[472] BGB – oder das Verhalten im Vorfeld eines Rechtsgeschäftsabschlusses betrifft – etwa in den Fällen der §§ 312c, 482 BGB[473].

In der Literatur erfolgt die Lösung entweder mittels direkter Anwendung der Norm auf alle Arten verbraucherschützender Normen nach Art einer teleologischen Erweiterung[474] oder in Anerkennung eines Redaktionsversehens[475]. Auch eine analoge Anwendung der Norm über ihren Wortlaut hinaus wird vertreten[476]. Da es sich bei den Normen, die selbst die Begriffe des Verbrauchers und Unternehmers beinhalten, fraglos um solche des Verbraucherschutzes handelt und die Einführung des Verbraucherbegriffs in § 13 BGB vorrangig vom Gedanken der Rechtsvereinheitlichung geprägt war, ist eine Anwendung des Verbraucherbegriffs des § 13 BGB auch auf die Fälle vorvertraglichen Verhaltens und fehlender Rechtsgeschäfte im Ergebnis geboten[477]. Dabei ist zu differenzieren: In den Fällen der §§ 312c, 482 BGB ist hierfür eine extensive Auslegung, die auch das in Anbahnung begriffene Rechtsgeschäft einbezieht[478], und in den Fällen der §§ 241a, 661a BGB mangels eines Rechtsgeschäfts

---

471 A. A. *Berger*, JuS 2001, 649, 651: § 241a BGB betreffe die „Phase der Vertragsanbahnung".

472 Der Rechtscharakter der Norm ist umstritten. Nachdem ihr Regelungsgegenstand ursprünglich häufig als deliktsrechtlich oder deliktsähnlich qualifiziert wurde, wird er mittlerweile überwiegend als gesetzliches Schuldverhältnis erachtet und ein rechtsgeschäftlicher Charakter damit abgelehnt, vgl. *Schäfer*, JZ 2005, 981, 981 ff. – Im Ergebnis so auch BGH, Urteil vom 01.12.2005 – III ZR 191/03 – BGHZ 165, 172, 179; Erman/*K. P. Berger*, BGB, § 661a Rn. 2; Staudinger/*Kannowski*, BGB, § 13 Rn. 24; Palandt/*Sprau*, BGB, § 661a Rn. 1. – Mit dieser Tendenz, im Ergebnis aber offen gelassen bei BGH, Urteil vom 23.10.2008 – IX ZR 111/07 – ZIP 2009, 37, 38. – A. A. Prütting/Wegen/Weinreich/*Mörsdorf-Schulte*, BGB, § 661a Rn. 3 (Rechtsgeschäft); MüKo-BGB/*Seiler* (6. A.), BGB, § 661a Rn. 4 (deliktisch oder deliktsähnlich).

473 Vgl. Soergel/*Pfeiffer*, BGB, § 13 Rn. 26; Staudinger/*Kannowski*, BGB, § 13 Rn. 24; MüKo-BGB/*Micklitz/Purnhagen*, BGB, § 13 Rn. 83 ff.

474 Vgl. Palandt/*Ellenberger*, BGB, § 13 Rn. 6: Die Beschränkung des § 13 BGB auf *abgeschlossene* Rechtsgeschäfte sei zu eng, der Verbraucherschutz folge vielmehr aus den Ausnahmefällen der §§ 241a, 661a, 312c, 482 BGB.

475 Vgl. *Riehm*, Jura 2000, 505, 505: Dass die Verbrauchereigenschaft vom Vorliegen eines Rechtsgeschäfts unabhängig sein müsse, folge aus den Regelungen der §§ 241a, 661a BGB. – Kritisch hierzu Staudinger/*Kannowski*, BGB, § 13 Rn. 25.

476 Vgl. Soergel/*Pfeiffer*, BGB, § 13 Rn. 26: Im Fall der vorvertraglichen Informationsphase sei nach Sinn und Zweck auf den in Anbahnung empfindlichen Vertrag abzustellen, in den Fällen des fehlenden Rechtsgeschäfts finde § 13 BGB nach Sinn und Zweck der Vorschriften entsprechende Anwendung; Prütting/Wegen/Weinreich/*Prütting*, BGB, § 13 Rn. 12: Die Ratio des Verbraucherschutzes gebiete in den Fällen der §§ 241a, 661a, 312c, 482, 502 BGB die analoge Anwendung der Norm.

477 Staudinger/*Kannowksi*, BGB, § 13 Rn. 25.

478 Vgl. Soergel/*Pfeiffer*, BGB, § 13 Rn. 26.

eine analoge Anwendung des § 13 BGB vorzunehmen[479]. Im weiteren Verlauf der Bearbeitung wird trotz alledem – *pars pro toto* – vom Rechtsgeschäftsabschluss als gesetzlich normiertem Hauptanwendungsfall gesprochen.

2. Folge der Rechtsgeschäftsbezogenheit

Durch das Abstellen auf einen Rechtsgeschäftsabschluss wird außerdem erreicht, dass es sich bei der Verbrauchereigenschaft nicht um eine zwingend einer Person anhaftende Eigenschaft handelt. Anders als etwa die Begriffe der natürlichen und der juristischen Person oder des Kaufmanns handelt es sich bei dem Verbraucherbegriff nicht um einen Statusbegriff der Person, sondern um eine Abgrenzung des durch die Person vorgenommenen Geschäfts als Verbrauchergeschäft[480]. Wenn *Ellenberger* hiergegen darauf verweist, dass es sich bei den Verbrauchern um typischerweise unterlegene Marktteilnehmer handelt[481], so muss zwischen der Rolle des Verbrauchers und der damit einhergehenden Rechtfertigung verbraucherschützender Gesetzgebungsmaßnahmen und der Funktion der Verbraucherdefinition innerhalb des Zivilrechts unterschieden werden.

3. Verhältnis mehrerer Rechtsgeschäfte zueinander

Sind an dem Rechtsgeschäft mehrere Personen beteiligt oder handelt es sich um verschiedene Rechtsgeschäfte, die in Bezug aufeinander abgeschlossen wurden, ergeben sich zusätzliche Fragen nach den maßgeblichen Beurteilungskriterien der Verbrauchereigenschaft.

Nicht näher betrachtet werden sollen an dieser Stelle die Konstellationen, in denen ein Vertreter am Rechtsgeschäft beteiligt ist[482]. Im Zusammenhang mit der vorliegenden Betrachtung verdient aus diesem Problemkreis stattdessen die Frage Beachtung, auf welche Person bzw. auf welches Rechtsgeschäft in den Fällen eines Schuldbeitritts oder einer Bürgschaftsübernahme einer natürlichen Person gegenüber der Verpflichtung eines Dritten abzustellen ist.

---

479 Staudinger/*Kannowski*, BGB, § 13 Rn. 25. – Ähnlich MüKo-BGB/*Micklitz/Purnhagen*, BGB, § 13 Rn. 70 ff., die aber für § 661a BGB keine endgültige Aussage treffen. – S. auch BGH, Urteil vom 15.07.2004 – III ZR 315/03 – WM 2004, 2259, 2260: „zumindest entsprechend anwendbar".

480 Ausführlich hierzu *K. Schmidt*, JuS 2006, 1, 1 ff. – Unzutreffend insoweit die Formulierung bei Jauernig/*Mansel*, BGB, § 13 Rn. 3, auch ein Unternehmer könne als natürliche Person ein Verbraucher sein, wenn er rein private Geschäfte tätige. Auch die von der Rechtsprechung verwandte Formulierung, der Geschäftsführer einer werbenden GmbH sei „weder Kaufmann im Sinne der §§ 1 ff. HGB noch Unternehmer gemäß § 14 BGB" führt daher in die Irre, so aber BGH, Urteil vom 24.01.2006 – XI ZR 384/03 – BGHZ 166, 86, 91.

481 Palandt/*Ellenberger*, BGB, § 13 Rn. 1.

482 S. hierzu etwa MüKo-BGB/*Micklitz/Purnhagen*, BGB, § 13 Rn. 26 ff.; Soergel/*Pfeiffer*, BGB, § 13 Rn. 51 sowie oben unter § 6 II. 1.

a) *Ursprüngliche Auffassung des BGH*

Nach älterer Auffassung der Rechtsprechung[483] sind die Voraussetzungen der Verbrauchereigenschaft für jedes Rechtsgeschäft gesondert zu prüfen (sog. Einzelbetrachtung). Im Fall eines Schuldbeitritts zu einem Kreditvertrag handele es sich um ein selbständiges Schuldverhältnis zwischen dem Beitretenden und dem Kreditgeber, dessen Zweck alleine maßgeblich für die Beurteilung der Verbrauchereigenschaft sei[484]. Würde auf die Person des Kreditnehmers abgestellt, werde der Verbraucher dem Schutzbereich der verbraucherschützenden Norm – hier demjenigen des VerbrKrG – entgegen deren Schutzzweck entzogen[485].

b) *Rechtsprechung des EuGH*

Diese Beurteilung war auf Grund einer abweichenden Rechtsprechung des EuGH zwischenzeitlich Zweifeln ausgesetzt.

aa) EuGH, Urteil vom 17.03.1998 – C-45/96 (Dietzinger)

(1) Urteil des EuGH

Auf ein Vorabentscheidungsersuchen des BGH hin[486] hat der EuGH bezogen auf die Haustürgeschäfterichtlinie entschieden, ein Bürgschaftsvertrag, der von einer die Voraussetzungen des Verbraucherbegriffs der Richtlinie erfüllenden Person geschlossen wird, falle nicht in den Anwendungsbereich der Richtlinie, wenn die durch ihn abgesicherte Schuld vom Hauptschuldner im Rahmen seiner Erwerbstätigkeit eingegangen wurde[487]. Einerseits folge aus dem Wortlaut der Richtlinie und dem akzessorischen Charakter der Bürgschaft, dass unter die Richtlinie nur solche Bürgschaften für Verbindlichkeiten fallen, die ein Verbraucher im Rahmen eines Haustürgeschäfts nach der Richtlinie eingegangen sei. Auch solle die Richtlinie nur Verbraucher und damit nur diejenigen Bürgen schützen, die sich zu einem

---

483 BGH, Urteil vom 05.06.1996 – VIII ZR 151/95 – BGHZ 133, 71, 76 f. – Vgl. auch BGH, Urteil vom 08.11.2005 – XI ZR 34/05 – BGHZ 165, 43, 46 ff., worin ebenfalls auf den Schuldbeitritt zum Kreditvertrag als maßgebliches Rechtsgeschäft abgestellt wird. Zweifel könnten anhand dieses Urteils allerdings deswegen aufkommen, weil zwar nicht der zu sichernde Kreditvertrag als maßgebliches Rechtsverhältnis geprüft wurde, in der weiteren Begründung aber die Person des Kreditgebers problematisiert und insoweit auf die verständige Sicht des Verbrauchers im Zeitpunkt des Vertragsschlusses sowie den letzten Akt der Kreditvergabe abgestellt wurde, was jedoch unmittelbar keine Frage des Schuldbeitritts, sondern des zu sichernden Kreditvertrags ist, vgl. BGH, Urteil vom 08.11.2005 – XI ZR 34/05 – BGHZ 165, 43, 51 f.

484 BGH, Urteil vom 05.06.1996 – VIII ZR 151/95 – BGHZ 133, 71, 76.

485 BGH, Urteil vom 05.06.1996 – VIII ZR 151/95 – BGHZ 133, 71, 77.

486 Ausführlich zum Hergang *Bydlinksi/Klauninger*, ZEuP 1998, 994, 996 f.

487 EuGH, Urteil vom 17.03.1998 – C-45/96 (DIETZINGER) – Slg. 1998, I-1199, I-1222.

Zweck verpflichtet hätten, der nicht ihrer beruflichen oder gewerblichen Tätigkeit zugerechnet werden könne[488].

(2) Reaktionen der Literatur

Diese schon die Vorlagefrage nicht treffend behandelnde[489] Entscheidung als Grundlage der sog. Gesamtbetrachtung ist auf deutliche Kritik gestoßen[490]. In dogmatischer Hinsicht wurde kritisiert, der EuGH habe sich weder mit dem Zweck der Richtlinie, noch mit der Schutzbedürftigkeit des Bürgen auseinandergesetzt[491]. Stattdessen habe er der Akzessorietät der Bürgschaft eine falsche Bedeutung beigemessen[492], was eine Vermengung der auf die Bürgschaft beruhenden Forderung mit der Hauptforderung zur Folge gehabt habe, sodass anhand der Urteilsbegründung nicht mehr eindeutig festgestellt worden sein könne, auf welchen Vertrag – Bürgschaft oder Kreditvertrag – die Richtlinie angewandt wurde[493]. Der EuGH habe den Gegenstand des Verbraucherrechts und den Verbraucherbegriff vermischt[494]. Entscheidend sei dagegen gewesen, ob der Bürge, der seine Verpflichtung in der von der Richtlinie definierten typisierten Überrumpelungssituation eingegangen ist, durch die Anwendung der Richtlinie geschützt werden soll[495]. Die für den Bürgen geltende Voraussetzung der

---

488 Vgl. EuGH, Urteil vom 17.03.1998 – C-45/96 (DIETZINGER) – Slg. 1998, I-1199, I-1222.

489 Dem BGH war nicht an einer Unterscheidung nach der Einordnung des Hauptschuldner als Verbraucher oder Gewerbetreibender, sondern an einer Klärung der im deutschen Recht bis dahin umstrittenen Frage nach der Anwendbarkeit des HaustürWG auf Bürgschaftsverträge in vermeintlicher Ermangelung von Entgeltlichkeit gelegen, s. *Bydlinski/Klauninger*, ZEuP 1998, 994, 997 ff. sowie *Micklitz*, EuZW 1998, 252, 253.

490 Ausführlich *Bydlinski/Klauninger*, ZEuP 1998, 994, 1002 ff.; *Lorenz*, NJW 1998, 2937, 2938 f.; *Reinicke/Tiedtke*, ZIP 1998, 893, 894 ff. – Im Ergebnis ebenfalls entschieden ablehnend MüKo-BGB/*Micklitz/Purnhagen*, BGB, § 13 Rn. 24; Soergel/*Pfeiffer*, BGB, § 13 Rn. 50; Staudinger/*Kannowski*, BGB, § 13 Rn. 39; *Canaris*, AcP 200 (2000), 273, 352. – Im Hinblick auf diese Fragestellung differenzierend *Micklitz*, EuZW 1998, 252, 254: Das Urteil führe zwar zu einer dem deutschen Recht unbekannten Schutzdifferenzierung ja nach dem Charakter der Hauptschuld, der EuGH führe aber die Ausbildung des Verbraucherrechts als Sonderprivatrecht konsequent fort, indem er nur die reinen Verbrauchergeschäfte als von der Richtlinie erfasst sieht, nicht aber die Mischformen.

491 *Bydlinski/Klauninger*, ZEuP 1998, 994, 1002. – Vgl. auch *Canaris*, AcP 200 (2000), 273, 353.

492 Vgl. *Reinicke/Tiedtke*, ZIP 1998, 893, 895: Der akzessorische Charakter der Bürgschaft gebe für die vom EuGH vertretene Ansicht nichts her; *Canaris*, AcP 200 (2000), 273, 353: elementare Verkennung des Akzessorietätsprinzips.

493 *Bydlinski/Klauninger*, ZEuP 1998, 994, 1006 f.

494 MüKo-BGB/*Micklitz/Purnhagen*, BGB, § 13 Rn. 24.

495 *Bydlinski/Klauninger*, ZEuP 1998, 994, 1011; *Reinicke/Tiedtke*, ZIP 1998, 893, 895 f.

Verbrauchereigenschaft auf den Schuldner der Hauptverbindlichkeit auszuweiten habe in der Richtlinie keinerlei Stütze gefunden[496].

bb) EuGH, Urteil vom 23.03.2000 – C-208/98 (Berliner Kindl)

Etwas anderes folgt – entgegen der missverständlichen Feststellung von *Micklitz* und *Purnhagen,* der EuGH habe seine Rechtsprechung des Dietzinger-Urteils korrigiert[497] – auch nicht aus der Vorabentscheidung des EuGH vom 23.03.2000[498]. Demnach falle der Bürgschaftsvertrag weder nach Wortlaut, noch nach Systematik, Zweck oder Entstehungsgeschichte in den Anwendungsbereich der Richtlinie, und zwar auch dann nicht, wenn weder der Bürge noch der Kreditnehmer im Rahmen ihrer Erwerbstätigkeit gehandelt hätten[499]. Damit schließt der EuGH aber nicht aus, dass es auf die Person des Hauptschuldners ankommen kann. Er äußert sich lediglich zur Anwendbarkeit der Verbraucherkreditrichtlinie (und als deren Umsetzung des VerbrKrG) auf Bürgschaftsverträge. Insoweit stellt er klar, dass die Dietzinger-Entscheidung zur Haustürgeschäfterichtlinie ein allgemeines Widerrufsrecht betraf, das für alle Vertragsarten gelten könne und nur von der Situation des Vertragsschlusses abhängig sei und ein Bürgschaftsvertrag nicht ohne weiteres von ihrem Geltungsbereich ausgeschlossen werden könne, während die Verbraucherkreditrichtlinie für die spezielle Vertragsart des Bürgschaftsvertrages keine Anwendung finde[500]. Daher darf die von *Micklitz* festgestellte Korrektur der Rechtsprechung nicht in der Weise verstanden werden, dass die Aussage des Dietzinger-Urteils, auch der Hauptschuldner müsse für die Anwendbarkeit der Haustürgeschäfterichtlinie auf die Erklärung zum Bürgschaftsvertrag Verbraucher sein, ihre Gültigkeit verloren hätte.

c) Anschließende Rechtsprechung des BGH

Der BGH hat diese Auffassung allerdings nur kurzfristig geteilt.

aa) Zustimmende Rechtsprechung

In seiner im Anschluss an die Entscheidung des EuGH ergangenen Rechtsprechung entschied zunächst auch der BGH – unter deutlicher Betonung seiner Bindung an die Entscheidung des EuGH –, von der Haustürgeschäfterichtlinie und damit auch vom HaustürWG sei ein Bürgschaftsvertrag nur dann erfasst worden, wenn nicht

---

496 *Bydlinski/Klauninger*, ZEuP 1998, 994, 1011. – Ganz ähnlich *Reinicke/Tiedtke*, ZIP 1998, 893, 895: Der Wortlaut der Richtlinie verlange nicht, dass der Dritte seinerseits Verbraucher sein muss.

497 MüKo-BGB/*Micklitz/Purnhagen*, BGB, § 13 Rn. 23.

498 EuGH, Urteil vom 23.03.2000 – C-208/98 (BERLINER KINDL) – Slg. 2000, I-1741, I-1741 ff.

499 EuGH, Urteil vom 23.03.2000 – C-208/98 (BERLINER KINDL) – Slg. 2000, I-1741, I-1772 ff.

500 EuGH, Urteil vom 23.03.2000 – C-208/98 (BERLINER KINDL) – Slg. 2000, I-1741, I-1774.

nur er selbst ein Verbraucher- und Haustürgeschäft sei, sondern auch die durch ihn gesicherte Verbindlichkeit auf einem Verbraucher- und Haustürgeschäft beruhe[501]. Da der Schutzbereich des HaustürWG auch nicht über denjenigen der Richtlinie hinausgegangen sei, sondern unter anderem das Abstellen auf eine entgeltliche Leistung sogar ein engeres gesetzliches Schutzbereichsverständnis gezeigt habe und auch aus der Entstehungsgeschichte kein weitergehendes Schutzverständnis zu ersehen gewesen sei, habe man das HaustürWG auch nicht über den Schutzbereich der Richtlinie hinaus anwenden können[502].

Diese Auffassung blieb allerdings den Anwendungsfällen des HaustürWG vorbehalten. Für die Anwendbarkeit des VerbrKrG stellte der BGH auch in der Folgezeit des EuGH-Urteils nicht auf die Verbrauchereigenschaft des Hauptschuldners ab[503].

bb) Änderung der Rechtsprechung

Diese Auffassung hat der BGH jedoch für den mittlerweile eingeführten § 312 BGB als Nachfolgenorm der Regelungen des HaustürWG ausdrücklich wieder aufgegeben[504]. Die Überrumpelungsgefahr und damit der Schutzzweck des § 312 BGB bestehe unabhängig davon, ob die Hauptschuld im Rahmen eines Verbrauchergeschäfts zustande gekommen sei[505]. Daran ändere auch der akzessorische Charakter der als eigenständigen Schuldverhältnisses bestehenden Bürgschaft nichts[506]. Die Abweichung von der Ansicht des EuGH stützt der Senat darauf, dass die Haustürgeschäfterichtlinie es den Mitgliedsstaaten überlassen habe, günstigere Verbraucherschutzbestimmungen zu erlassen oder beizubehalten[507]. Davon sei unter Berücksichtigung der Entstehungsgeschichte des HaustürWG sowie zur Vermeidung unerträglicher Wertungswidersprüche auszugehen: Der Bürge, der in einer Haustürsituation einen gewerblichen Zwecken dienenden Kredit verbürgt, dürfe nicht schlechter stehen als derjenige, der in einer solchen Situation den Kreditvertrag als Mithaftender unterzeichnet[508], also nach Sicht der Rechtsprechung dem Schutzbereich des Verbraucherkreditrechts unterfällt.

---

501 BGH, Urteil vom 14.05.1998 – IX ZR 56/95 – BGHZ 139, 21, 24 f.

502 BGH, Urteil vom 14.05.1998 – IX ZR 56/95 – BGHZ 139, 21, 25 f.

503 Vgl. BGH, Urteil vom 28.06.2000 – VIII ZR 240/99 – BGHZ 144, 370, 370 ff.

504 Grundlegend BGH, Urteil vom 10.01.2006 – XI ZR 169/05 – BGHZ 165, 363, 363 ff. – Im Anschluss hieran BGH, Urteil vom 27.02.2007 – XI ZR 195/05 – BGHZ 171, 180, 190 f.

505 BGH, Urteil vom 10.01.2006 – XI ZR 169/05 – BGHZ 165, 363, 367.

506 BGH, Urteil vom 10.01.2006 – XI ZR 169/05 – BGHZ 165, 363, 368.

507 BGH, Urteil vom 10.01.2006 – XI ZR 169/05 – BGHZ 165, 363, 368.

508 BGH, Urteil vom 10.01.2006 – XI ZR 169/05 – BGHZ 165, 363, 368 f. – So auch BGH, Urteil vom 27.02.2007 – XI ZR 195/05 – BGHZ 171, 180, 190 f.

cc) Zwischenfazit

Die beiden Argumente, mit denen der BGH auf seine alte Rechtsprechung und gegen diejenige des EuGH zurückschwenkt, sind bemerkenswert. Was den weitergehenden Schutzbereich angeht hatte sich der neunte Senat eigens einige Mühe gegeben, einen entsprechenden gesetzgeberischen Willen nachzuweisen bzw. aufzuzeigen, dass der Wille des Gesetzgebers darin bestanden habe, den Anwendungsbereich des HaustürWG gerade nicht weiter als durch die Haustürgeschäfterichtlinie vorgegeben zu fassen[509]. Dass der elfte Senat nun ohne inhaltliche Auseinandersetzung einen genau entgegengesetzten gesetzgeberischen Willen anführt lässt an dem Argument an sich Zweifel aufkommen. Es ist daher nur konsequent, dass der elfte Senat die Entstehungsgeschichte in seinem späteren Urteil nicht mehr zur Begründung anführt, sondern nur noch auf den Wertungswiderspruch zur Schutzsituation als Mithaftender verweist[510].

Auch dieses Argument weckt zunächst Zweifel[511]. Indem er feststellt, der Bürge dürfe nicht schlechter stehen als der Mithaftende eines Kreditvertrags, zieht der Senat eine Parallele zu den Entscheidungen bezüglich der analogen Anwendbarkeit des VerbrKrG auf den Bürgschaftsvertrag. Hierzu hat der BGH ausgeführt, dass der strukturelle Unterschied zwischen einem Schuldbeitritt und einem Bürgschaftsvertrag, die rein wirtschaftlich betrachtet einem vergleichbaren Zweck dienen könnten, es rechtfertige, die Regelungen des VerbrKrG zwar analog auf den schutzbedürftigen weil gleichrangig und selbständig haftenden Schulbeitretenden anzuwenden, den Bürgen aber nicht dem Anwendungsbereich des VerbrKrG zu unterstellen[512]. Durch die Bürgschaft werde nur eine an die Hauptschuld angelehnte, akzessorische Haftung begründet und der Bürge durch die §§ 765 ff. BGB hinreichend geschützt[513]. Um zu dieser Rechtsprechung nicht in Widerspruch zu geraten, darf das Argument des Wertungswiderspruchs nicht auf die Rechtsgeschäftsarten bezogen werden. Der elfte Senat nimmt ausdrücklich auf die Situation des Haustürgeschäfts Bezug. Das Argument des Wertungswiderspruchs lässt sich nur in der Weise verstehen, dass beide Rechtsgeschäftsschließenden – Bürge und Mithaftender – in Bezug auf die Situation gleichwertig schutzbedürftig sind und es für die Anwendbarkeit § 312 BGB alleine auf die Haustürsituation bei einem (entgeltlichen) Rechtsgeschäftsabschluss ankommt[514].

Dass der Entscheidung hinsichtlich der Aufgabe der Gesamtbetrachtung im Ergebnis zuzustimmen ist[515], liegt vorrangig weder in der Gesetzgebungshistorie, noch

---

509 Vgl. BGH, Urteil vom 14.05.1998 – IX ZR 56/95 – BGHZ 139, 21, 25 f.

510 Vgl. BGH, Urteil vom 27.02.2007 – XI ZR 195/05 – BGHZ 171, 180, 190 f.

511 Kritisch hierzu *Zahn*, ZIP 2006, 1069, 1073.

512 BGH, Urteil vom 21.04.1998 – IX ZR 258/97 – BGHZ 138, 321, 326 f.

513 BGH, Urteil vom 21.04.1998 – IX ZR 258/97 – BGHZ 138, 321, 326 f.

514 So im Ergebnis auch *Zahn*, ZIP 2006, 1069, 1074.

515 So auch *Derleder*, EWiR 2006, 195, 196; *Enders*, JZ 2006, 573, 574; *Kulke*, NJW 2006, 2223, 2223; *Zahn*, ZIP 2006, 1069, 1071. – Im Ergebnis auch MüKo-BGB/*Micklitz/Purnhagen*, BGB, § 13 Rn. 24; Erman/*I. Saenger*, BGB, § 13 Rn. 9.

in einem Wertungswiderspruch begründet. Spätestens seit Einführung des § 13 BGB und seiner Definition der Verbrauchereigenschaft führt eine strenge Wortlautauslegung zu einem eindeutigen Ergebnis im Hinblick auf die Frage nach dem Verhältnis unterschiedlicher Rechtsgeschäfte zueinander: Indem § 13 BGB jede natürliche Person, die ein Rechtsgeschäft zu einem bestimmten Zweck abschließt, zum Verbraucher erklärt, lässt die Norm keinen Zweifel daran, dass zwar die Merkmale des Zwecks und – wie gesehen[516] – auch des Rechtsgeschäftsabschlusses wertungsbedürftig sein können. Jedenfalls stellt der Verbraucherbegriff des § 13 BGB aber auf den Rechtsgeschäftsabschluss der dieses abschließenden natürlichen Person ab. Die Zustimmung ist insoweit berechtigt, als es an eindeutigen Gründen fehlt, für die Bürgschaft eine Ausnahme vom grundsätzlich eröffneten Anwendungsbereich des Verbraucherschutzes zu machen.

d) Literatur

Nach Sicht der überwiegenden Literaturmeinungen muss für jedes Rechtsgeschäft gesondert geprüft werden, ob die Voraussetzungen des § 13 BGB vorliegen[517]. Im Einzelfall komme es dann darauf an, ob das jeweilige Rechtsgeschäft vom sachlichen Anwendungsbereich der konkreten, verbraucherschützenden Norm erfasst ist[518].

Inwieweit die Dietzinger-Entscheidung des EuGH noch Einfluss auf die deutsche Rechtslage hat, wird unterschiedlich bewertet. Zum Teil wird ihre Wirkung als mit der geänderten Rechtsprechung des BGH aufgehoben angesehen[519]. Nach anderer Ansicht ist je nach verbraucherschützender Norm durchaus noch zu prüfen, ob auch der Vertragspartner eines gesicherten Rechtsgeschäfts Verbraucher sein muss[520].

e) Fazit

Die Einzelbetrachtung des jeweiligen Rechtsgeschäfts verdient aus den genannten Gründen Zustimmung. Die dagegen gerichtete, dezidiert zur Haustürgeschäfterichtlinie geäußerte Rechtsauffassung des EuGH, hat spätestens mit deren Ablösung durch die Verbraucherrechterichtlinie[521] ihre Bedeutung verloren.

---

516 S. oben § 6 II. 1.

517 Soergel/*Pfeiffer*, BGB, § 13 Rn. 30; Staudinger/*Kannowski*, BGB, § 13 Rn. 39. – Vgl. MüKo-BGB/*Micklitz/Purnhagen*, BGB, § 13 Rn. 24.

518 Staudinger/*Kannowski*, BGB, § 13 Rn. 39. – A. A. MüKo-BGB/*Micklitz/Purnhagen*, BGB, § 13 Rn. 24: Im zweiten Schritt komme es auf die situative Schutzbedürftigkeit an.

519 MüKo-BGB/*Micklitz/Purnhagen*, BGB, § 13 Rn. 25.

520 Erman/*I. Saenger*, BGB, § 13 Rn. 9, der in Anschluss an die geänderte Rechtsprechung des BGH aber gerade für die Widerrufsrechte eines Bürgen gem. § 312 Abs. 1 Satz 1 BGB anführt, sie würden weder von der Verbrauchereigenschaft des persönlichen Schuldners noch von einer auf diesen bezogenen Haustürsituation abhängen. – Vgl. auch OLG Frankfurt, Urteil vom 23.05.2006 – 9 U 45/05 – ZGS 2006, 398, 398.

521 Vgl. Art. 31 der Verbraucherrechterichtlinie 2011/83/EU, ABl. Nr. L 304 vom 22.11.2011, 82.

III. Zweck des Rechtsgeschäfts

Der Abschluss des Verbrauchergeschäfts darf gem. § 13 BGB nicht überwiegend bestimmten Zwecken zuzurechnen sein. Für die Verbrauchereigenschaft ist damit maßgeblich, welchem Zweck das von der natürlichen Person getätigte Rechtsgeschäft zuzurechnen ist[522].

1. Negative Abgrenzung

Der Zweck – genauer: die Zweckrichtung – ist in § 13 BGB nicht positiv, sondern negativ formuliert[523]. Bei dieser negativen Bestimmung soll es sich um eine bewusste gesetzgeberische Entscheidung handeln[524]. Auf diese Weise sollten Schwierigkeiten vermieden werden, die mit den positiven Bestimmungen anderer Rechtsordnungen einhergingen[525].

Nach Ansicht des BGH folgt aus der Wahl der negativen Formulierung des zweiten Halbsatzes, dass rechtsgeschäftliches Handeln einer natürlichen Person grundsätzlich als Verbraucherhandeln anzusehen sei[526]. Bestünden bei der Zuordnung des konkreten Handelns zu einer der Sphären Zweifel, sei zugunsten der Verbrauchereigenschaft zu entscheiden[527]. Diese Aussage wird im Schrifttum als Vermutung für ein Handeln als Verbraucher verstanden mit der Folge, dass es dem Geschäftspartner obliegt, das Verfolgen eines gewerblichen oder selbständigen beruflichen Zwecks darzulegen und zu beweisen, wenn er sich hierauf beruft[528]. Nach anderer Lesart soll es sich dabei um „eine Zurechnung entgegen dem mit dem rechtsgeschäftlichen Handeln objektiv verfolgten Zweck“ handeln: Deute der objektiv verfolgte Zweck auf ein Handeln als Verbraucher, könnten nur solche Umstände, die zweifelsfrei gegen ein Verbraucherhandeln sprechen, vom Geschäftspartner des vermeintlichen Verbrauchers herangezogen werden, wenn dieser ein Handeln als Nichtverbraucher darlegen und beweisen will[529]. Hierauf wird noch im Rahmen der Zweckbestimmung eingegangen[530].

---

522 *Larenz/Wolf*, § 42 Rn. 41.

523 MüKo-BGB/*Micklitz/Purnhagen*, BGB, § 13 Rn. 35. – Vgl. BAG, Urteil vom 25.05.2005 – 5 AZR 572/04 – AP Nr. 1 zu § 310 BGB unter V. 1. b) aa) der Gründe.

524 Vgl. BGH, Urteil vom 30.09.2009 – VIII ZR 7/09 – NJW 2009, 3780, 3781. – So auch zur verkürzten Kündigungsfrist für Verbraucherdarlehen nach § 609a Abs. 1 Nr. 2 BGB a. F. *Häuser/Welter*, NJW 1987, 17, 20.

525 Ausführlich hierzu Staudinger/*Kannowski*, BGB, § 13 Rn. 51 sowie *Faber*, ZEuP 1998, 854, 878 ff.

526 BGH, Urteil vom 30.09.2009 – VIII ZR 7/09 – NJW 2009, 3780, 3781.

527 BGH, Urteil vom 30.09.2009 – VIII ZR 7/09 – NJW 2009, 3780, 3781.

528 So etwa MüKo-BGB/*Micklitz/Purnhagen*, BGB, § 13 Rn. 55; BeckOK-BGB/*Bamberger*, BGB, § 13 Rn. 14 ff.; *Artz*, ZJS 2009, 719, 721. – Vgl. in diesem Sinne auch zu § 609a BGB a. F. *Häuser/Welter*, NJW 1987, 17, 20.

529 So *Faust*, JuS 2010, 254, 255 f. – Im Ergebnis so auch Palandt/*Ellenberger*, BGB, § 13 Rn. 4.

530 Dazu s. noch unten § 6 III. 2.

Sofern im Zusammenhang mit der Ausgestaltung des § 13 BGB von der „privaten Sphäre“[531] oder etwa einem „privaten Zweck“[532] die Rede ist, ist diese Bezeichnung ungenau. Gemeint ist damit das Gegenstück zu der gewerblichen oder selbständigen beruflichen Tätigkeit. Hierzu sollen insbesondere die Befriedigung des persönlichen und familiären Bedarfs[533], also etwa Urlaub, Sport, Gesundheitsvorsorge etc. zählen[534]. Zwar mag zutreffen, dass die negativ verwendeten Begriffe in ihrer Gesamtheit den Gegensatz zu einer bloß der Privatsphäre zugehörigen Tätigkeit beschreiben sollen[535]. Die Bestimmung einer privaten Sphäre bietet denn auch den Reiz einer positiven Formulierung (anstatt der negativen „nicht der Tätigkeit im Sinne des § 13 BGB zurechenbar“). Außerdem spiegelt dies die Einflüsse der europarechtlichen Verbraucherbegriffe wieder, bei denen auch der EuGH regelmäßig betont, sie dienten der Abgrenzung zwischen wirtschaftlicher und privater Tätigkeit[536]. Da der Gesetzestext aber bewusst nicht auf die (positive) private Nutzung abstellt, darf die „private Sphäre“ nicht als rechtstechnischer Begriff verstanden werden. Dies stellt nur einen Sammelbegriff für diejenigen Tätigkeiten dar, die nicht unter die gewerbliche oder selbständige berufliche Tätigkeit fallen[537].

2. Bestimmung der Zweckrichtung

Nach § 13 BGB kommt es für die Verbrauchereigenschaft auf den Zweck des Rechtsgeschäfts an[538]. Nach einer gelegentlich von der Rechtsprechung verwandten Terminologie muss das Verhalten des Handelnden „der Sache nach“ dem privaten oder gewerblich-beruflichen Bereich zuzuordnen sein[539]. Offen bleibt, wie unter dieses Kriterium zu subsumieren ist. Vorzugswürdig erscheint es, den Zweck des Rechtsgeschäfts nach allgemeinen Regeln zu bestimmen. Allerdings muss – wie oben

---

531 Vgl. Palandt/*Ellenberger*, BGB, § 13 Rn. 3; Jauernig/*Mansel*, BGB, § 13 Rn. 3; Soergel/*Pfeiffer*, BGB, § 13 Rn. 29; AnwK-BGB/*Ring*, § 14 Rn. 27.

532 MüKo-BGB/*Basedow*, BGB, § 310 Rn. 50; Prütting/Wegen/Weinreich/*Prütting*, BGB, § 13 Rn. 9; AnwK-BGB/*Ring*, BGB, § 14 Rn. 10; BeckOK-BGB/*Bamberger*, BGB, § 13 Rn. 9.

533 Soergel/*Pfeiffer*, BGB, § 13 Rn. 29.

534 Vgl. Palandt/*Ellenberger*, BGB, § 13 Rn. 3; AnwK-BGB/*Ring*, BGB, § 14 Rn. 27.

535 Vgl. *Faber*, ZEuP 1998, 854, 868. – So auch bereits zu § 609a BGB a. F. Staudinger/*Hopt/Mülbert* (12. B.), BGB, § 609a Rn. 23.

536 Vgl. oben § 5 III. 3. c) bb) (2) (b).

537 Wenig überzeugend in diesem Zusammenhang ist der Ansatz von MüKo-BGB/*Micklitz/Purnhagen*, BGB, § 13 Rn. 37, die eine positive Bestimmung über den Kontext der Nutzung „Gebrauch im Haushalt“ vorschlagen, insoweit aber vor allem eine Abgrenzung zu Nutzungen durch juristische Personen vornehmen, die ohnehin keine Verbraucher sein können.

538 Soergel/*Pfeiffer*, BGB, § 13 Rn. 27.

539 So etwa BGH, Urteil vom 15.11.2007 – III ZR 295/06 – WM 2007, 2392, 2392; BGH, Beschluss vom 24.02.2005 – III ZB 36/04 – BGHZ 162, 253, 257. – S. hierzu grundlegend BeckOK-BGB/*Bamberger*, BGB, § 13 Rn. 14.

bereits ausgeführt wurde[540] – nicht in jedem Anwendungsfall des § 13 BGB auch ein Rechtsgeschäft vorliegen. Daher wird auch für die Bestimmung des Verbraucherbegriffs zwischen dem Fall des Vorliegens eines Rechtsgeschäfts (unten a.) und dem des Fehlens eines Rechtsgeschäfts (unten b.) unterschieden.

a) Bei Vorliegen eines Rechtsgeschäfts

Da § 13 BGB auf den Zweck des Rechtsgeschäfts abstellt, ist dessen Inhalt zu ermitteln[541]. Dies erfolgt durch Auslegung des Rechtsgeschäfts. Ausgangspunkt der Auslegung ist § 133 BGB, der im Bereich empfangsbedürftiger Willenserklärungen durch § 157 BGB ergänzt wird[542]. In den Normen sind die Prinzipien der Selbstbestimmung und der Selbstverantwortung einerseits sowie des Verkehrs- und Vertrauensschutzes andererseits ausgedrückt[543]. Bei der Auslegung ist der wirkliche Wille des Erklärenden zu erforschen[544], vgl. § 133 BGB.

aa) Vorrang eines übereinstimmenden Willens

Grundsätzlich kommt dem übereinstimmenden Willen der Vertragsparteien Vorrang bei der Auslegung zu (unten (1)). Im Fall der Verbrauchergeschäfte ist hiervon eine Abweichung geboten (unten (2)).

(1) Grundsatz

Der in § 133 BGB verankerten empirischen, auf den privatautonomen Willen des Erklärenden abzielenden Auslegung kommt Vorrang zu, wenn und soweit sie der Selbstbestimmung der Parteien entspricht und kein Grund besteht, das Vertrauen des anderen Vertragsteils oder des Verkehrs zu schützen[545]. Vertrauensschutz scheidet dort aus, wo der Wille der Vertragsparteien übereinstimmt[546]. Deshalb ist ein übereinstimmender Parteiwille bei der Auslegung grundsätzlich allein maßgeblich[547].

---

540 S. oben unter § 6 II.

541 Erman/*I. Saenger*, BGB, § 13 Rn. 19. – Ähnlich Staudinger/*Kannowski*, BGB, § 13 Rn. 42, der aber daneben auf die Begleitumstände des Vertragsschlusses und den für den Geschäftspartner erkennbaren Willen des Handelnden abstellt.

542 *Boemke/Ulrici*, § 8 Rn. 11. – A. A. Palandt/*Ellenberger*, BGB, § 157 Rn. 1; BeckOK-BGB/*Wendtland*, BGB, § 157 Rn. 2: §§ 133, 157 BGB seien stets nebeneinander anzuwenden.

543 Hierzu ausführlich Staudinger/*Singer*, BGB, § 133 Rn. 6.

544 BGH, Urteil vom 19.01.2000 – VIII ZR 275/98 – NJW-RR 2000, 1002, 1003. – Vgl. BAG, Urteil vom 27.08.1970 – 2 AZR 519/69 – BAGE 22, 424, 426.

545 Staudinger/*Singer*, BGB, § 133 Rn. 6.

546 Vgl. *Boemke/Ulrici*, § 8 Rn. 15.

547 BAG, Urteil vom 22.10.1969 – 3 AZR 53/69 – BAGE 22, 169, 174; BGH, Urteil vom 07.12.2001 – V ZR 65/01 – NJW 2002, 1038, 1093; BGH, Urteil vom 26.04.1978 – VIII ZR 236/76 – BGHZ 71, 243, 247; BGH, Urteil vom 23.02.1956 – II ZR 207/54 – BGHZ 20, 109, 110.

(2) Abweichung bei Anwendung des Verbraucherbegriffs

Der Vorrang eines übereinstimmenden Parteiwillens würde im Rahmen der Bestimmung der Verbrauchereigenschaft letztlich dazu führen, dass die Anwendung des Verbraucherschutzrechts zur Disposition der Parteien gestellt wird. Denn sie könnten sich je nach Bedarf über einen privaten oder einen geschäftlichen Zweck des Rechtsgeschäfts einigen und damit das Verbraucherschutzrecht unabhängig von der Schutzbedürftigkeit zur Anwendung kommen lassen oder ausschließen[548].

Dieses Ergebnis widerspricht dem Sinn und Zweck des Verbraucherschutzrechts. Der Schutz vor Fremdbestimmung Im Rahmen der Privatautonomie[549] lässt sich auf individualrechtlicher Ebene effektiv nur mit zwingenden Vorschriften erreichen[550]. In diesen Vorschriften kommt eine Stärkung des sonst in den Situationen des Verbraucherschutzes typischerweise entkräfteten Vertrauensschutzes zum Ausdruck. Besteht demnach in Situationen des Verbraucherschutzes ein Grund, das Vertrauen des anderen Vertragsteils zu schützen, kommt dem Parteiwillen auch kein Vorrang mehr zu. Der zwingende Charakter der Vorschriften stellt den Vertrauensschutz sogar über den Parteiwillen. Daher ist es ganz überwiegende Meinung, dass die Bewertung der Zweckrichtung des Verhaltens rein objektiv zu erfolgen hat[551] und es nicht auf den (inneren) Willen des Handelnden ankommt[552].

Ist der Wille des Handelnden aber bereits nicht entscheidend, scheiden Umgehungsfälle zum Erschleichen des Verbraucherschutzes[553] von vornherein aus. Entgegen der Auffassung von *Larenz* und *Wolf* bedarf es daher auch keines zumindest zeitweisen tatsächlichen Gebrauchs einer „als Verbraucher" erworbenen Sache im anfangs zugeordneten Bereich zur Verhinderung der Umgehungsfälle[554].

bb) Abstellen auf den objektiven Erklärungswert

Da ein übereinstimmender Parteiwille als Anknüpfungsmerkmal ausscheidet und es sich um empfangsbedürftige Willenserklärungen handelt, ist stattdessen auf den objektiven Erklärungswert abzustellen[555].

---

548 Vgl. Erman/*I. Saenger*, BGB, § 13 Rn. 19.

549 S. hierzu oben § 4 II. 2.

550 S. hierzu oben § 4 II. 3. a).

551 BGH, Urteil vom 15.11.2007 – III ZR 295/06 – WM 2007, 2392, 2392; BGH, Beschluss vom 24.02.2005 – III ZB 36/04 – BGHZ 162, 253, 257; Soergel/*Pfeiffer*, BGB, § 13 Rn. 27; Staudinger/*Kannowski*, BGB, § 13 Rn. 42. – Vgl. BGH, Urteil vom 30.09.2009 – VIII ZR 7/09 – NJW 2009, 3780, 3780.

552 Palandt/*Ellenberger*, BGB, § 13 Rn. 4; Jauernig/*Mansel*, BGB, § 13 Rn. 3; Soergel/*Pfeiffer*, BGB, § 13 Rn. 29; BeckOK-BGB/*Bamberger*, BGB, § 13 Rn. 14. – Differenzierend Staudinger/*Kannowski*, BGB, § 13 Rn. 42: Subjektive Vorstellungen des Handelnden könnten ein Indiz sein, seien aber letzten Endes nicht entscheidend.

553 Hierzu *Larenz/Wolf*, § 42 Rn. 42. – Wie hier Erman/*I. Saenger*, BGB, § 13 Rn. 19.

554 So aber *Larenz/Wolf*, § 42 Rn. 42.

555 BGH, Urteil vom 05.10.1961 – VII ZR 207/60 – BGHZ 36, 30, 33.

(1) Grundsätze

Willenserklärungen sind danach so auszulegen, wie sie der Erklärungsempfänger nach Treu und Glauben verstehen musste[556]. Dabei ist das Gesamtverhalten des Erklärenden einschließlich aller bei Vertragsschluss vorliegenden Begleitumstände zu berücksichtigen[557]. Begleitumstände können für die Auslegung aber nur insoweit herangezogen werden, als sie dem Erklärungsempfänger bekannt oder für ihn erkennbar waren[558]. Dies ist in § 157 BGB angedeutet und folgt aus den Grundsätzen zum Vertrauensschutz: Wer den Erklärungsinhalt zwar nicht erkennt, aber erkennen kann, ist in seinem Vertrauen auf sein Verständnis nicht schutzwürdig[559]. Erkennbar sind dabei Umstände, die bei gebotener Sorgfalt vom Empfänger hätten erkannt werden können[560]. Außerdem sind Interessenlage und Zweck einer Regelung von Bedeutung, wobei sich der Interpret um eine nach allen Seiten interessengerechte Beurteilung bemühen muss[561].

Die Auslegung hat vom Wortlaut der Erklärung auszugehen[562]. Zweitens sind die außerhalb des Erklärungsaktes liegenden Begleitumstände in die Auslegung einzubeziehen, soweit sie einen Schluss auf den Sinngehalt der Erklärung zulassen[563].

---

556 BGH, Urteil vom 12.03.1992 – IX ZR 141/91 – NJW 1992, 1446, 1446 f.; BGH, Urteil vom 24.02.1988 – VIII ZR 145/87 – BGHZ 103, 275, 280. – Vgl. BAG, Urteil vom 12.01.1994 – 5 AZR 41/93 – AP Nr. 43 zu § 242 BGB Betriebliche Übung unter I. 1. der Gründe; BGH, Urteil vom 05.10.2006 – III ZR 166/05 – NJW 2006, 3777, 3778.

557 BAG, Urteil vom 05.02.1971 – 3 AZR 28/70 – BAGE 23, 213, 220; BGH, Urteil vom 25.10.1952 – I ZR 48/52 – LM Nr. 3 zu § 133 (B) BGB; BGH, Urteil vom 11.10.1951 – IV ZR 17/50 – LM Nr. 1 zu § 133 (B) BGB unter II. der Gründe; Staudinger/*Singer*, BGB, § 133 Rn. 48. – Vgl. BAG, Urteil vom 13.12.2007 – 6 AZR 145/07 – BAGE 125, 208, 211.

558 BGH, Urteil vom 05.10.2006 – III ZR 166/05 – NJW 2006, 3777, 3778; Palandt/*Ellenberger*, BGB, § 133 Rn. 9; *Boemke/Ulrici*, § 8 Rn. 20.

559 Staudinger/*Singer*, BGB, § 133 Rn. 18. – Vgl. *Boemke/Ulrici*, § 8 Rn. 20.

560 *Boemke/Ulrici*, § 8 Rn. 21.

561 Staudinger/*Singer*, BGB, § 133 Rn. 52 ff. – Vgl. BGH, Urteil vom 12.04.2012 – VII ZR 13/11 – juris Rn. 8; BGH, Urteil vom 26.09.2002 – I ZR 44/00 – BGHZ 152, 153, 156; BGH, Urteil vom 31.10.1995 – XI ZR 6/95 – BGHZ 131, 136, 138; BGH, Urteil vom 11.05.1995 – VII ZR 116/97 – NJW-RR 1995, 1201, 1202.

562 BGH, Urteil vom 19.01.2000 – VIII ZR 275/98 – NJW-RR 2000, 1002, 1003; Palandt/*Ellenberger*, BGB, § 133 Rn. 14. – Vgl. BGH, Urteil vom 18.05.1998 – II ZR 19/97 – NJW 1998, 2966, 2966; BGH, Urteil vom 10.12.1992 – I ZR 168/90 – BGHZ 121, 13, 16. – Differenzierend *Boemke/Ulrici*, § 8 Rn. 13: Nur bei sprachlichen Erklärungen könne der Wortlaut primärer Sinnträger sein, während dies bei konkludenten Erklärungen die Begleitumstände seien.

563 BGH, Urteil vom 19.01.2000 – VIII ZR 275/98 – NJW-RR 2000, 1002, 1003; Palandt/*Ellenberger*, BGB, § 133 Rn. 15. – BAG, Urteil vom 27.08.1970 – 2 AZR 519/69 – BAGE 22, 424, 426.

(2) Abweichung bei Anwendung des Verbraucherbegriffs?

Zum Teil wird auch hier eine Abweichung von den Grundsätzen für möglich gehalten. Hier wird die Frage nach den Grenzen des Vertrauensschutzes gestellt. Konkret betrifft dies den Fall, dass sich ein Verbraucher gegenüber seinem Geschäftspartner fälschlicherweise selbst als Unternehmer (im Folgenden: Scheinunternehmer[564]) ausgibt[565]. Der BGH hat bislang ausdrücklich offen gelassen, ob allein objektiv auf den verfolgten Zweck abzustellen ist oder ob es auch auf die erkennbaren Umstände ankommt[566].

(a) Grundsätze zum Verbot widersprüchlichen Verhaltens

Hier lassen sich anhand der Grundsätze zum Verbot widersprüchlichen Verhaltens interessengerechte Lösungen finden[567]. Aus dem Umkehrschluss zu § 157 BGB folgt, dass das Vertrauen des Erklärungsempfängers schutzwürdig ist, wenn er das Gesamtverhalten des Erklärenden und die ihm bekannten oder für ihn erkennbaren Begleitumstände bei der Auslegung der Erklärung berücksichtigt. Widersprüchliches Verhalten des Erklärenden ist grundsätzlich von der Rechtsordnung akzeptiert[568]. Es ist aber dann im Sinne des § 242 BGB rechtsmissbräuchlich, wenn für den anderen Teil ein Vertrauenstatbestand in die Beibehaltung des eigenen Rechtsstandpunktes begründet worden ist[569] oder wenn andere besondere Umstände die Rechtsausübung als treuwidrig erscheinen lassen[570]. Maßgeblich ist, ob bei objektiver Betrachtung ein Verstoß gegen Treu und Glauben vorliegt, sodass es nicht auf ein Verschulden ankommt[571].

---

564 Vgl. Erman/*I. Saenger*, BGB, § 13 Rn. 19.

565 Vgl. Soergel/*Pfeiffer*, BGB, § 13 Rn. 28.

566 BGH, Urteil vom 30.09.2009 – VIII ZR 7/09 – NJW 2009, 3780, 3780 f.; BGH, Urteil vom 22.12.2004 – VIII ZR 91/04 – NJW 2005, 1045, 1045. – Für eine rein objektive Auslegung s. Jauernig/*Mansel*, BGB, § 13 Rn. 3; MüKo-BGB/*Micklitz/Purnhagen*, BGB, § 13 Rn. 45; BeckOK-BGB/*Bamberger*, BGB, § 13 Rn. 14. – Für die Berücksichtigung der bekannten bzw. erkennbaren Begleitumstände s. Palandt/*Ellenberger*, BGB, § 13 Rn. 4; Erman/*I. Saenger*, BGB, § 13 Rn. 19; Staudinger/*Kannowski*, BGB, § 13 Rn. 42.

567 Im Hinblick auf den europäischen Verbraucherbegriff so auch *Reich*, EuZW 2005, 241, 244.

568 BAG, Urteil vom 23.08.2011 – 3 AZR 575/09 – NZA 2012, 211, 217; BAG, Urteil vom 24.05.2006 – 7 AZR 365/05 – zit. nach juris Rn. 27; BGH, Urteil vom 26.10.2006 – IX ZR 148/04 – zit. nach juris Rn. 6; BGH, Urteil vom 05.06.1997 – X ZR 73/95 – NJW 1997, 3377, 3380; Palandt/*Grüneberg*, BGB, § 242 Rn. 55.

569 BGH, Beschluss vom 24.04.2009 – BLw 13/08 – zit. nach juris Rn. 26; BGH, Urteil vom 20.03.1986 – III ZR 236/84 – NJW 1986, 2104, 2107.

570 BAG, Urteil vom 23.08.2011 – 3 AZR 575/09 – NZA 2012, 211, 217; BGH, Urteil vom 26.10.2006 – IX ZR 148/04 – zit. nach juris Rn. 6; BGH, Urteil vom 05.06.1997 – X ZR 73/95 – NJW 1997, 3377, 3381; Palandt/*Grüneberg*, BGB, § 242 Rn. 55.

571 BGH, Urteil vom 12.11.2008 – XII ZR 134/04 – NJW 2009, 1343, 1346. – BAG, Urteil vom 23.08.2011 – 3 AZR 575/09 – NZA 2012, 211, 217.

(b) Vorliegen eines Vertrauenstatbestands

Ein entsprechender Vertrauenstatbestand ist jedenfalls dann begründet, wenn der Geschäftspartner gegenüber dem Scheinunternehmer deutlich macht, dass er kein Verbrauchergeschäft abschließen will und sich der tatsächliche Verbraucher dennoch als (Schein-)Unternehmer ausgibt[572]. Kommt es dann zu einem Vertragsabschluss, kann der Geschäftspartner dabei das Verhalten des Scheinunternehmers, auf das Rechtsgeschäft unter den geäußerten Bedingungen einzugehen, in seine Auslegung einbeziehen. In aller Regel kommen dann auch keine Begleitumstände mehr in Betracht, die der Geschäftspartner angesichts seines klar geäußerten Willens unter Beachtung der gebotenen Sorgfalt erkennen könnte und die gegen die Schutzwürdigkeit seines Vertrauens sprächen[573]. Das Vertrauen des Geschäftspartners in das Fehlen der Verbrauchereigenschaften ist in diesem Moment schutzwürdig. Daher ist es gerechtfertigt, diese Auslegung des Geschäftspartners als Grundlage für das Rechtsgeschäft anzusehen. Die die Verbrauchereigenschaft begründenden Umstände finden keine Berücksichtigung.

(c) Fehlen eines Vertrauenstatbestands

Folgerichtig muss die umgekehrte Lösung lauten: fehlt es am Setzen eines Vertrauenstatbestandes, bzw. an anderen, besonderen Umständen, die die Rechtsausübung als treuwidrig erscheinen lassen, stellt ein widersprüchliches Verhalten des Scheinunternehmers auch keinen Rechtsmissbrauch, sondern ein von der Rechtsordnung gebilligtes Verhalten dar. Überwiegt bei dem Geschäftspartner das Interesse, überhaupt ein Rechtsgeschäft abzuschließen, gegenüber demjenigen, lediglich kein Verbrauchergeschäft abschließen zu wollen[574], oder wird letzteres gar nicht für den Verbraucher erkennbar zum Ausdruck gebracht, kann mangels schutzwürdigen Interesses kein Vertrauenstatbestand begründet werden.

(d) Zweifelsfälle

Hier lässt sich auch die bereits angesprochene Aussage des BGH[575] einordnen, im Zweifel sei zugunsten der Verbrauchereigenschaft zu entscheiden: Bestehen Zweifel

572 So auch BGH, Urteil vom 22.12.2004 – VIII ZR 91/04 – NJW 2005, 1045, 1045 f., der aber stark auf subjektive Elemente auf der Seite des tatsächlichen Verbrauchers abstellt.

573 Vgl. Erman/*I. Saenger*, BGB, § 13 Rn. 19, der eine Ausnahme dann machen will, wenn der Vertragspartner die vorgespiegelte Unternehmereigenschaft durchschaut.

574 Der Geschäftspartner des tatsächlichen Verbrauchers verhielte sich seinerseits widersprüchlich, wenn er trotz seiner anderslautenden Ankündigung mit einem erkannten Verbraucher ein Geschäft abschließt, wobei er bei dem tatsächlichen Verbraucher durch den dennoch erfolgenden Geschäftsabschluss ein Vertrauen darin begründet, seine Aussage nicht in jedem Fall gelten lassen zu wollen, sodass er auch nach § 242 BGB rechtsmissbräuchlich handeln würde.

575 S. oben § 6 III. 1.

hinsichtlich des gewerblichen oder privaten Handelns und damit hinsichtlich des Setzens eines Vertrauenstatbestands, gehen diese Zweifel aufgrund der negativen Formulierung des § 13 BGB zu Lasten des Geschäftspartners, der bei einer natürlichen Person grundsätzlich von Verbraucherhandeln ausgehen muss[576]. Durch die negative Formulierung wird daher auch keine Vermutung für Verbraucherhandeln aufgestellt[577], sondern eine Zweifelsfallregelung für die Auslegung des Rechtsgeschäftszwecks geschaffen.

cc) Zwischenfazit

Im Ergebnis besteht daher zu Recht Einigkeit darüber, dass auf Grund des Abstellens auf den objektiven Erklärungswert die Begleitumstände bei Ermittlung des Vertragszwecks einzubeziehen sind[578]. Für die Auslegung von AGB im Zusammenhang mit Verbrauchergeschäften findet dies Ausdruck in § 310 Abs. 3 Nr. 3 BGB. Danach sind bei der Beurteilung einer unangemessenen Benachteiligung in Verbraucherverträgen im Gegensatz zum sonst geltenden Grundsatz bei der Auslegung von AGB auch die den Vertragsschluss begleitenden Umstände zu berücksichtigen[579].

In den Fällen des widersprüchlichen Verhaltens treten die Begleitumstände aber regelmäßig hinter die Berücksichtigung eines gesetzten Vertrauenstatbestands zurück.

b) Bei Fehlen eines Rechtsgeschäfts

Fehlt es am Abschluss eines Rechtsgeschäfts, wie insbesondere in den Fällen der §§ 241a, 661a BGB[580], soll es für die Bestimmung der Verbrauchereigenschaft auf eine Hypothese ankommen: es sei darauf abzustellen, von welcher Zwecksetzung auszugehen wäre, wenn das Geschäft getätigt würde[581]. Im Zweifel sei der Empfänger entweder Verbraucher[582] oder sogar Unternehmer[583].

---

576 So auch *Faust*, JuS 2010, 254, 256.

577 Vgl. oben § 6 III. 1.

578 So etwa Palandt/*Ellenberger*, BGB, § 13 Rn. 4; Prütting/Wegen/Weinreich/*Prütting*, BGB, § 13 Rn. 9; Erman/*I. Saenger*, BGB, § 13 Rn. 19; Staudinger/*Kannowski*, BGB, § 13 Rn. 42.

579 Vgl. Palandt/*Grüneberg*, BGB, § 310 Rn. 19; *Boemke/Ulrici*, § 8 Rn. 2.

580 S. hierzu oben § 6 II. 1.

581 So zum Fall des § 241a BGB MüKo-BGB/*Finkenauer*, BGB, § 241a Rn. 8; Palandt/*Grüneberg*, BGB, § 241a Rn. 2; Jauernig/*Mansel*, BGB, § 241a Rn. 2; Staudinger/*Olzen*, BGB, § 241a Rn. 21; Erman/*I. Saenger*, BGB, § 241a Rn. 4; *Berger*, JuS 2001, 649, 651.

582 MüKo-BGB/*Finkenauer*, BGB, § 241a Rn. 8; *Berger*, JuS 2001, 649, 651.

583 BeckOK-BGB/*Sutschet*, BGB, § 241a Rn. 3: Die Leistung erfolge nicht gegenüber einem Verbraucher, wenn sie abstrakt geeignet ist, den beruflichen Zwecken des Empfängers zu dienen. Eine Begründung für diese Ansicht fehlt. Hiergegen wendet Staudinger/*Olzen*, BGB, § 241a Rn. 22 ein, dass dem sowohl konsequenter

Diese Lösung mag im Fall des § 241a BGB zu befriedigenden Ergebnissen führen. Im Fall des § 661a BGB stellt sich aber die Frage, worauf das hypothetische Rechtsgeschäft gerichtet sein soll. Denn die Norm geht ja schon nach ihrem Schutzzweck davon aus, dass der Unternehmer den „Gewinn" eigentlich nicht hergeben und den Empfänger von anderen Geschäften überzeugen will, die dem Empfänger aber im Moment der Gewinnzusage noch völlig unbekannt sind[584]. Selbst wenn man also in dem Rechtsverhältnis nach § 661a BGB ein Rechtsgeschäft sieht[585], stellt sich die Frage, ob sein Inhalt auf die eigentlich nicht beabsichtigte Gewinnauszahlung oder die eigentlich beabsichtigten weiteren Geschäfte gerichtet ist. *Schneider* vertritt die Auffassung, im Fall provozierter Bestellungen sei auf den Inhalt des avisierten Vertrags abzustellen. In allen anderen Fällen müsse die Verbrauchereigenschaft schon deshalb bejaht werden, weil die vermeintliche Teilnahme am Gewinnspiel kaum jemals der beruflichen Tätigkeit einer Person zugerechnet werden könne.[586] Dem ist entgegenzuhalten, dass es mangels der Kenntnis des Empfängers vom Inhalt der vom Versender avisierten Geschäfte nicht darauf ankommen kann, ob der Empfänger eben diese im Rahmen seiner privaten oder beruflichen Tätigkeit schließen will. *Seiler*, der im Zusenden der Gewinnmitteilung eine rechtsgeschäftsähnliche Handlung sieht[587], stellt darauf ab, ob der Empfang der Mitteilung der gewerblichen oder selbständigen beruflichen Tätigkeit der Person zugerechnet werden kann[588]. Diese Auffassung entfernt sich durch ihr Anknüpfen an den Mitteilungsempfang aber zu weit vom Wortlaut des § 13 BGB. Will man hier § 13 BGB nicht teleologisch reduzieren, sodass es letztlich nur noch auf das einzig unproblematische Tatbestandsmerkmal der natürlichen Person ankommt, wird man der gesetzlichen Wertung des § 661a BGB folgen müssen, die den Versender an seiner Gewinnzusage festhält. Dies ist der für die Verbrauchereigenschaft maßgebliche Rechtsgeschäftsinhalt.

3. *Maßgebliche Person*

Der Zweck des Rechtsgeschäfts muss sich auf die Tätigkeit der abschließenden[589] Person beziehen. Bereits nach dem Gesetzeswortlaut[590] ist daher allein die Zweckbestimmung durch die jeweils das Rechtsgeschäft abschließende Person entscheidend.

Verbraucherschutz als auch die Konzeption des BGB als allgemeinem Zivilgesetzbuch widersprechen.

584 Vgl. Palandt/*Sprau*, BGB, § 661a Rn. 1.

585 Hierzu bereits oben § 6 II. 1.

586 *Schneider*, BB 2002, 1653, 1655.

587 MüKo-BGB/*Seiler* (6. A.), BGB, § 661a Rn. 11.

588 MüKo-BGB/*Seiler* (6. A.), BGB, § 661a Rn. 13.

589 Diese ist nicht notwendig mit der handelnden Person identisch, vgl. oben § 6 II. 1.

590 Vgl. zum insoweit gleich strukturierten § 1 Abs. 1 VerbrKrG *Bydlinski/Thoß*, EWiR 2001, 139, 140: Ein „Durchschlagen" der gewerblichen Zweckbestimmung auf alle Mitverpflichteten sei von dessen Wortlaut nicht gedeckt.

Selbst dann, wenn mehrere Personen an einem einheitlichen Vertrag auf „derselben Seite" beteiligt sind, ist der Zweck für jede Person gesondert zu prüfen[591].

4. *Maßgeblicher Zeitpunkt*

a) Grundsatz

Zwar geht aus § 13 BGB selbst nicht unmittelbar hervor, zu welchem Zeitpunkt die Zweckbestimmung zu beurteilen ist[592]. Nach ganz herrschender Ansicht ist dafür aber grundsätzlich auf den Zeitpunkt der Vornahme des Rechtsgeschäfts abzustellen[593]. Dies wird damit begründet, dass die Formulierung des Abschließens in § 13 BGB auf den Moment verweise, in dem der Vertrag geschlossen[594] bzw. das Rechtsgeschäft vorgenommen wird.

Ist die Vornahme eines Rechtsgeschäfts nicht Tatbestandsmerkmal der konkret verbraucherschützenden Norm (etwa im Rahmen vorvertraglicher Schutzvorschriften[595]), ist der maßgebliche Zeitpunkt je nach dem Regelungsgehalt der konkreten Schutznorm zu bestimmen[596].

b) Zweckänderungen

Für die Frage, ob und inwiefern sich der Zweck noch ändern kann, ist zwischen den Situationen nach Vertragsabschluss einerseits (unten aa.) und nach Abgabe aber vor Wirksamwerden der Willenserklärung andererseits (unten bb.) zu unterscheiden.

aa) Nach Vertragsabschluss

Da der Zeitpunkt des Rechtsgeschäftsabschlusses für die Zweckbestimmung maßgeblich ist, hat eine Änderung des Zwecks nach Vertragsabschluss nicht nur keine

---

591 Vgl. zu § 1 Abs. 1 VerbrKrG BGH, Urteil vom 28.06.2000 – VIII ZR 240/99 – BGHZ 144, 370, 380 f. zur Beteiligung einer natürlichen Person als eine von mehreren Kreditnehmern an einem einheitlichen Kreditvertrag. – Dieser Entscheidung insoweit zustimmend *Bydlinski/Thoß*, EWiR 2001, 139, 140.

592 MüKo-BGB/*Micklitz/Purnhagen*, BGB, § 13 Rn. 37.

593 MüKo-BGB/*Micklitz/Purnhagen*, BGB, § 13 Rn. 37; Erman/*I. Saenger*, BGB, § 13 Rn. 19; Staudinger/*Kannowski*, BGB, § 13 Rn. 43; *Larenz/Wolf*, § 42 Rn. 42. – So auch zu § 1 Abs. 1 VerbrKrG BGH, Urteil vom 14.12.1994 – VIII ZR 46/94 – BGHZ 128, 156, 162: Die Anknüpfung an den Vertragsschluss sei zwingend daraus gefolgt, dass der vom VerbrKrG verwendete (Zeit-)Begriff „bereits" an den Vertragsschluss angeknüpft habe. – Zu § 1 VerbrKrG auch OLG München, Urteil vom 09.09.2003 – 23 U 1945/03 – ZIP 2004, 991, 991 f. für den Fall des separaten Abschlusses eines Kreditvertrags und weiterer Nebenverträge.

594 MüKo-BGB/*Micklitz/Purnhagen*, BGB, § 13 Rn. 37.

595 Vgl. hierzu die Ausführungen zum Rechtsgeschäftsabschluss als Tatbestandsmerkmal oben § 6 II. 2.

596 Vgl. *Larenz/Wolf*, § 42 Rn. 42.

Auswirkungen auf die Verbrauchereigenschaft[597]. Sie ist auch nicht möglich[598]. Selbst dann, wenn etwa eine für den geschäftlichen Bereich erworbene Sache später im privaten Bereich genutzt wird oder umgekehrt, hat diese Änderung in der Nutzung keine Auswirkungen auf den Charakter des Rechtsgeschäfts[599].

bb) Nach Abgabe und vor Wirksamwerden der Willenserklärung

Problematisch sind diejenigen Fälle, in denen eine Zweckänderung in den Zeitraum zwischen Abgabe der Willenserklärung des Handelnden und deren Wirksamwerden fällt[600]. Auch hier kann eine Zweckänderung nicht beachtlich sein[601]. Zwar ist zuzugeben, dass der Inhalt des Vertrags angesichts der Unbeachtlichkeit des inneren Willens des Erklärenden erst bei Wirksamwerden der Willenserklärungen bestimmt werden kann[602]. Für den Vertragsinhalt ist aber die Abgabe der Willenserklärung entscheidend. Der Erklärende kann ab Abgabe der Willenserklärung zwar deren Wirksamwerden verhindern[603], vgl. § 130 Abs. 1 Satz 2 BGB[604]. Auf ihren Inhalt kann er aber keinen Einfluss mehr nehmen, sondern höchstens eine neue Erklärung anderen Inhalts abgeben[605]. Denn der rechtliche Gestaltungswille verlässt mit Abgabe der Erklärung den inneren Bereich des Erklärenden und manifestiert sich äußerlich erkennbar als endgültig gewollt[606]. In der Abgabe der Willenserklärung liegt der Akt rechtsgeschäftlichen Handelns[607]. Da die für den Geschäftszweck maßgebende Auslegung nach dem objektiven Empfängerhorizont[608] hieran anknüpft, kann sich eine Zweckänderung auch in diesem Fall nicht mehr auf die Willenserklärung auswirken.

---

597 So *Larenz/Wolf*, § 42 Rn. 42.

598 MüKo-BGB/*Micklitz/Purnhagen*, BGB, § 13 Rn. 37; Erman/*I. Saenger*, BGB, § 13 Rn. 19.

599 MüKo-BGB/*Micklitz/Purnhagen*, BGB, § 13 Rn. 37.

600 Vgl. Staudinger/*Kannowski*, BGB, § 13 Rn. 43.

601 A. A. Staudinger/*Kannowski*, BGB, § 13 Rn. 43.

602 So Staudinger/*Kannowski*, BGB, § 13 Rn. 43.

603 *Boemke/Ulrici*, § 6 Rn. 8.

604 Insoweit wird dem Willen des Abgebenden hinsichtlich der Möglichkeit des Wirksamwerdens seiner Willenserklärung eine stärkere Geltung eingeräumt als solchen Umständen, die sich auf die Geschäfts- oder Rechtsfähigkeit des Erklärenden auswirken und die abgegebene Willenserklärung unbeeinträchtigt lassen, vgl. § 130 Abs. 2 BGB.

605 *Boemke/Ulrici*, § 6 Rn. 8.

606 *Larenz/Wolf*, § 26 Rn. 1 f.

607 *Flume*, Juristische Person, § 14 2. – Diese Begrifflichkeit aufgreifend Staudinger/*Singer/Benedict*, BGB, § 130 Rn. 28.

608 S. hierzu die Ausführungen oben § 6 III. 2. a).

cc) Zwischenfazit

Damit bleibt für die Beurteilung der Zeitpunkt des Rechtsgeschäftsabschlusses maßgeblich. Eine Zweckänderung im Zeitraum zwischen Abgabe der Willenserklärung und ihrem Wirksamwerden findet keine Berücksichtigung.

5. Vorliegen einer doppelten Zweckrichtung

Die Verbrauchereigenschaft setzt voraus, dass die natürliche Person einen Vertrag nicht zu überwiegend gewerblichen oder selbständigen beruflichen Zwecken schließt. Diese seit dem 13.06.2014 geltende Formulierung normiert eine schon zuvor zu den sog. Dual-use-Geschäften[609] bzw. Geschäften mit gemischtem Zweck[610] vertretene Ansicht zu § 13 BGB[611]. Sie betrifft den Fall, dass ein Rechtsgeschäft sowohl zu unternehmerischen als auch zu nichtunternehmerischen Zwecken geschlossen wird[612]. Das Eingreifen des Verbraucherschutzes hängt davon ab, welcher Zweck der überwiegende ist[613] bzw. dass der unternehmerische Zweck nicht überwiegt[614]. Mit anderen Worten hindert ein nur untergeordneter unternehmerischer Zweck die Subsumption unter den Verbraucherbegriff nicht[615].

Wann ein überwiegender unternehmerischer Zweck vorliegt, ist nicht geklärt. Definitorisch im Vergleich zur Norm nur marginal selbständiger ist der Ansatz *Martineks*, das Rechtsgeschäft diene dann überwiegend gewerblichen oder selbständigen beruflichen Zwecken, wenn dieser Zweck im Vergleich zu dem (zumindest teilweisen) nicht gewerblichen Zwecken nicht gänzlich unbedeutend sei[616]. *Micklitz* und *Purnhagen* lassen diese Frage offen, verweisen aber auf die alte Fassung des § 609a Abs. 1 Nr. 2 BGB, die ähnlich ausgestaltet war[617]. *Kannowski* sieht die Lösung in einer Modifizierung der Beweislastverteilung: anstatt auf den beweislastneutralen § 13 BGB komme es auf die konkret verbraucherschützenden Normen an[618]. Um zu

609 Vgl. Palandt/*Ellenberger*, BGB, § 13 Rn. 1.

610 Vgl. Erman/*I. Saenger*, BGB, § 13 Rn. 17.

611 Vgl. oben § 5 II. 2. c).

612 *Bülow*, WM 2014, 1,1 f.; *Hofmann*, jurisPR-ITR 3/2014, Anm. 2.

613 Vgl. Palandt/*Ellenberger*, BGB, § 13 Rn. 1.

614 Vgl. *Bülow*, WM 2014, 1, 2: Wenn sich private und unternehmerische Zurechnung die Waage halten, ist die natürliche Person immer noch Verbraucher.

615 Dieser Rückschluss ist auf europarechtlicher Ebene umstritten. Infrage steht, ob das durch den EuGH zum internationalen Zivilprozessrecht gefundene Ergebnis (eine nur ganz untergeordnete unternehmerische Tätigkeit hindert die Annahme der Verbrauchereigenschaft nicht) auf die Formulierung des Erwägungsgrunds Nr. 17 der Verbraucherrechterichtlinie 2011/83/EU übertragbar ist. Ablehnend: MüKo-BGB/*Micklitz/Purnhagen*, BGB, § 13 Rn. 46; Erman/*I. Saenger*, BGB, § 13 Rn. 17; *Bülow*, WM 2014, 1, 3 f.; *Wendehorst*, NJW 2014, 577. Zustimmend: *Loacker*, JZ 2013, 234, 240 ff.

616 Staudinger/*Martinek*, Eckpfeiler des Zivilrechts, BGB Aktuell 2014/2015 Rn. 15.

617 MüKo-BGB/*Micklitz/Purnhagen*, BGB, § 13 Rn. 54.

618 Staudinger/*Kannowski*, BGB, § 13 Rn. 47.

vermeiden, dass die Beweislast für das Überwiegen eines der Zwecke regelmäßig dem potentiellen Verbraucher aufgebürdet wird, sei eine Beweiserleichterung geboten[619]. Diese bestehe darin, dass der potentielle Verbraucher und die andere Partei jeweils nur für Umstände aus ihrer Sphäre beweisbelastet sind[620].

Die Einbeziehung von Rechtsgeschäften zu Zwecken, bei denen der gewerbliche oder selbständige berufliche Zweck nicht überwiegt, weicht von der Verbraucherdefinition des Verbraucherrechterichtlinie ab[621]. Denn nach der Richtlinie ist jede natürliche Person Verbraucher, die bei von dieser Richtlinie erfassten Verträgen zu Zwecken handelt, die außerhalb ihrer gewerblichen, geschäftlichen, handwerklichen oder beruflichen Tätigkeit liegen[622]. Damit ist in § 13 BGB ein weiterer Anwendungsbereich des Verbraucherschutzes normiert, als dies in der Verbraucherrechterichtlinie der Fall ist[623]. Dies ist zumindest dann unschädlich, wenn die Anwendung des § 13 BGB keinen Verbrauchervertrag im Sinne der Verbraucherrechterichtlinie betrifft[624].

IV. Gewerbliche oder selbständige berufliche Tätigkeit

Für das Vorliegen der Verbrauchereigenschaft muss die Auslegung des Rechtsgeschäfts ergeben, dass sein Zweck überwiegend weder der gewerblichen, noch der selbständigen beruflichen Tätigkeit der Handelnden Person zugerechnet werden kann. Bevor der Inhalt dieses Merkmals betrachtet wird (unten 2.), wird ein Vergleich mit der europäischen Rechtslage vorgenommen (unten 1.).

1. Abweichung von europäischem Verbraucherbegriff?

a) Überblick

Von der Verbrauchereigenschaft ist nach § 13 BGB ausgeschlossen, wer bei Rechtsgeschäftsabschluss zu einem Zweck handelt, welcher der selbständigen beruflichen Tätigkeit des Handelnden zugerechnet werden kann.

Eine sehr verbreitet vertretene Ansicht sieht in dieser Formulierung eine Abweichung von der regelmäßig für die europäischen Verbraucherbegriffe verwendeten Definition[625]. Auf europäischer Ebene genüge eine Zurechenbarkeit zu einer

---

619 Staudinger/*Kannowski*, BGB, § 13 Rn. 68.

620 Staudinger/*Kannowski*, BGB, § 13 Rn. 68.

621 Staudinger/*Martinek*, Eckpfeiler des Zivilrechts, BGB Aktuell 2014/2015 Rn. 15; *Bülow*, WM 2014, 1, 1.

622 Art. 2 Nr. 1 der Verbraucherrechterichtlinie, ABl. Nr. L 304 vom 22.11.2011, 64.

623 *Koch*, GPR 2014, 128, 129.

624 Vgl. Staudinger/*Martinek*, Eckpfeiler des Zivilrechts, BGB Aktuell 2014/2015 Rn. 15.

625 So etwa Palandt/*Ellenberger*, BGB, § 13 Rn. 3; Staudinger/*Habermann*, BGB, § 14 Rn. 43; Prütting/Wegen/Weinreich/*Prütting*, BGB, § 13 Rn. 6; AnwK-BGB/*Ring*, § 14 Rn. 22: Erman/*I. Saenger*, BGB, § 13 Rn. 1; BeckOK-BGB/*Bamberger*, BGB,

beruflichen Tätigkeit, also zu *jeder* beruflichen Tätigkeit, für einen Ausschluss aus dem Verbraucherschutzrecht[626]. Der deutsche Verbraucherbegriff differenziere hier stärker, indem er die Zurechenbarkeit zu einer *selbständigen* beruflichen Tätigkeit als Ausschlusskriterium beinhaltet[627]. Auf diese Weise erweitere der deutsche Verbraucherbegriff den Schutzbereich des Verbraucherschutzrechts sozusagen um das Handeln zum Zweck von *unselbständigen* beruflichen Tätigkeiten[628]. Diese Abweichung von den europäischen Vorgaben sei aber möglich, weil die Verbraucherschutzrichtlinien – ganz im Sinne der Mindestharmonisierung – eine Erweiterung der Verbraucherschutzrechte durch nationale Vorschriften zuließen[629]. In diese Richtung deutet auch eine Aussage des Gesetzgebers in der Begründung des Schuldrechtsmodernisierungsgesetzes im Zusammenhang mit der Umsetzung der Verbrauchsgüterkaufrichtlinie[630]. Danach werde der Verbraucherbegriff des § 13 BGB durch dessen Formulierung gegenüber der Verbrauchsgüterkaufrichtlinie ausgedehnt und so ein höheres Schutzniveau im Sinne der Harmonisierungsvorschriften der Richtlinie erreicht[631].

Mit dieser Ansicht ist auch ein Ausgangspunkt des eingangs erwähnten Widerspruchs[632] in zweierlei Hinsicht eng verbunden. Zunächst wird durch die Eingrenzung des Ausschlussmerkmals der beruflichen Tätigkeit auf die selbständigen Tätigkeiten im Umkehrschluss der Anwendungsbereich des Verbraucherschutzrechts für unselbständige Tätigkeiten eröffnet. Dies ermöglicht den Schluss auf die Verbrauchereigenschaft der Arbeitnehmer bei Abschluss ihres Arbeitsvertrags[633]. Dies würde an sich aber zu Widersprüchen mit den europäischen Vorgaben führen. Das Arbeitsvertragsrecht ist nämlich neben Verträgen auf den Gebieten des Erb-, Familien- und Gesellschaftsrechts von vornherein kein Gegenstand, auf den die Richtlinien zum Verbrauchervertragsrecht Einfluss nehmen sollen[634]. Auf europäischer Ebene ist eine strikte Trennung von Verbraucherschutz und Arbeitsrecht

§ 13 Rn. 4; Staudinger/*Kannowski*, BGB, § 13 Rn. 1, 30; *Bülow/Artz*, § 4 II. 1. c) aa); *Schmidt* in FS Ehmann, 153, 160; *Bülow/Artz*, NJW 2000, 2049, 2050; *Ring*, BuW 2002, 776, 777.

626 Prütting/Wegen/Weinreich/*Prütting*, BGB, § 13 Rn. 6; *Bülow/Artz*, NJW 2000, 2049, 2050.

627 Vgl. Palandt/*Ellenberger*, BGB, § 13 Rn. 3.

628 Erman/*I. Saenger*, BGB, § 13 Rn. 1; Staudinger/*Kannowski*, BGB, § 13 Rn. 1.

629 Vgl. Palandt/*Ellenberger*, BGB, § 13 Rn. 3; Prütting/Wegen/Weinreich/*Prütting*, BGB, § 13 Rn. 6; Erman/*I. Saenger*, BGB, § 13 Rn. 1; BeckOK-BGB/*Bamberger*, BGB, § 13 Rn. 4; *Bülow/Artz*, NJW 2000, 2049, 2050; *Ring*, BuW 2002, 776, 777.

630 Vgl. BT-Drs. 14/6040, 242 f.

631 Vgl. BT-Drs. 14/6040, 243.

632 S. oben § 2 II. 4.

633 S. oben § 2 II. 4.

634 S. den achten Erwägungsgrund der Verbraucherrechterichtlinie 2011/83/EU, ABl. Nr. L vom 22.11.2011, 64, 65.

vorgesehen[635]. Da die Richtlinien aber die Errichtung eines höheren Schutzniveaus zulassen, kann der deutsche Gesetzgeber über diese Vorgabe hinausgehen. Entscheidend für die Einbeziehung von Arbeitnehmern bei Abschluss des Arbeitsvertrags in das Verbraucherschutzrecht ist daher, ob die deutsche Verbraucherdefinition tatsächlich die Errichtung eines höheren Verbraucherschutzniveaus zur Folge hat, sodass Arbeitnehmer in dieser Situation Verbraucher sein können, oder ob das in der deutschen Gesetzgebung geschaffene Verbraucherschutzniveau dem europäischen entspricht mit der Folge, dass Arbeitnehmer entsprechend der Absicht hinter den Richtlinien vom Anwendungsbereich des Verbraucherschutzes ausgenommen wären.

Im weiteren Verlauf soll daher überprüft werden, inwieweit die Abweichung des Schutzniveaus auf deutscher und auf europäischer Ebene besteht.

b) Entwicklung des Merkmals im bürgerlichen Recht

Zu diesem Zweck soll zuerst die Entwicklung des Merkmals im deutschen Verbraucherschutzrecht nachvollzogen und seine inhaltliche Bedeutung herausgearbeitet werden. Anhaltspunkte für diese Untersuchung liefern die in § 13 BGB übernommene Definition (unten aa.) sowie weitere, vor Einführung des § 13 BGB geltende Verbraucherdefinitionen (unten bb.).

aa) Keine eindeutige Herkunft bzgl. § 13 BGB

Die Verbraucherdefinition des § 13 BGB ist inhalts- und wortgleich aus § 24a Satz 1 AGBG übernommen worden[636]. In das AGBG hielt der Verbraucherbegriff Einzug mit dem AGB-Änderungsgesetz[637]. Dieses sah zwar (für den Verbraucher, nicht aber für die Definition des Unternehmers) ebenfalls bereits die Einschränkung auf eine selbständige berufliche Tätigkeit vor. In der Regierungsbegründung zum Gesetzesentwurf findet sich aber kein Hinweis, warum die Verbraucherdefinition um das Merkmal der Selbständigkeit erweitert wurde, während die zu Grunde liegende Richtlinie dieses Merkmal nicht vorsah[638]. Zwar enthält die Regierungsbegründung umfassende Ausführungen darüber, dass mit dem AGBG in seiner neuen Fassung ein über das von der umzusetzenden Klauselrichtlinie geforderte hinausgehendes Schutzniveau geschaffen wird. Diese Ausführungen bezogen sich aber darauf, dass die auf Kaufleute beschränkte Ausnahmeregelung des AGBG enger sei als die der

---

635 *Hümmerich/Holthausen*, NZA 2002, 173, 174. – Vgl. auch Grabitz/Hilf/Nettesheim/*Pfeiffer*, AEUV, Art. 169 Rn. 29.

636 BT-Drs. 14/2658, 1, 47 f. zur Einführung des Verbraucherbegriffs an der zwischenzeitlich beabsichtigten Stelle des § 361a Abs. 3 BGB, die erst kurz vor Verabschiedung des Gesetzes in § 13 BGB geändert wurde. S. oben § 5 II. 2. a).

637 Gesetz zur Änderung des AGB-Gesetzes und der Insolvenzordnung vom 19.07.1996, BGBl. I 1996, 1013, 1013.

638 Vgl. die Begründung der Bundesregierung zum Entwurf eines Gesetzes zur Änderung des AGB-Gesetzes, BT-Drs. 13/2713, 1, 3 ff.

Richtlinie, die auf den weiteren Unternehmerbegriff abstellte[639]. Zum Bestandteil der Selbständigkeit innerhalb des Merkmals der beruflichen Tätigkeit und einer etwa beabsichtigten Abweichung zum europäischen Verbraucherschutzniveau wird dort aber keine Aussage getroffen.

bb) Kein einheitliches Bild vor Einführung des § 13 BGB

Die verschiedenen, vor Einführung der zentralen Verbraucherdefinition verwandten Begriffe liefern kein einheitliches Bild der Beschränkung auf selbständige berufliche Tätigkeiten.

(1) § 6 HaustürWG a. F.

Das Merkmal der Selbständigkeit fand sich neben dem AGBG auch schon in § 6 HaustürWG a. F. Demnach waren Verträge vom Anwendungsbereich des Gesetzes ausgeschlossen, die der Kunde in Ausübung einer selbständigen Erwerbstätigkeit abschloss[640]. Diese Einschränkung des Anwendungsbereichs wurde damit begründet, dass nur solche Kunden vor überraschenden Angeboten geschützt werden sollten, die Verträge für ihre privaten Bedürfnisse abschlossen[641]. Wer dagegen Haustürgeschäfte zu selbständigen Erwerbszwecken abschließe, gehe solche Geschäfte häufiger ein, habe daher auch entsprechende Erfahrung erworben und sei deshalb nicht als schutzbedürftig anzusehen[642]. Der Begriff des Kunden ist anlässlich der Einführung der Verbraucherdefinition des § 13 BGB durch den des Verbrauchers ersetzt worden[643]. Inwieweit aber die Einschränkung auf die selbständige berufliche Tätigkeit im Rahmen des HaustürWG Einfluss auf die Verbraucherdefinition des § 13 BGB genommen hat, geht hieraus nicht hervor.

(2) § 1 VerbrKrG a. F.

Die Verbraucherdefinition des § 1 Abs. 1 VerbrKrG a. F. enthielt ebenfalls das einschränkende Merkmal der Selbständigkeit. Grundsätzlich sollten in Übereinstimmung mit der Verbraucherkreditrichtlinie Kaufleute, Handwerker, Landwirte und Angehörige der freien Berufe vom Anwendungsbereich des Gesetzes ausgenommen werden[644]. Mit der Einschränkung auf selbständige berufliche Tätigkeiten sollten

---

639 Vgl. hierzu auch den Referentenentwurf zu dem AGB-Änderungsgesetz, BB 1995, 110, 111.

640 Vgl. das Gesetz über den Widerruf von Haustürgeschäften und ähnlichen Geschäften vom 16.01.1986, BGBl. I, 122, 123.

641 Vgl. die Begründung zum RatE, BT-Drs. 10/2876, 14. – Ebenso BGH, Urteil vom 13.03.1991 – XII ZR 71/90 – NJW-RR 1991, 1074, 1075.

642 Vgl. die Begründung zum RatE, BT-Drs. 10/2876, 14, in der Beispielhaft Ärzte, Anwälte oder Kaufmänner bei einem unangemeldeten Vertreterbesuch in ihrer Praxis oder ihrem Geschäft aufgezählt werden. – Vgl. auch *Medicus* in FS Kitagawa, 471, 477.

643 Vgl. Palandt/*Putzo* (61. A.), HausTWG, Einf Rn. 3.

644 BT-Drs. 11/5462, 17.

Arbeitnehmer, die Kredite zu beruflichen Zwecken aufnehmen, im Schutzbereich des Gesetzes bleiben[645]. Parallel zur Verbraucherdefinition des AGBG[646] findet sich auch hier der Hinweis, dass mit Anknüpfung an die Verbraucherdefinition der persönliche Anwendungsbereich des Gesetzes enger ausgestaltet wird, als er es in § 8 AbzG war, der „eingetragene Kaufleute“ als Abgrenzungsmerkmal vorsah[647]. Inwieweit in der Einschränkung auf selbständige berufliche Tätigkeiten eine Abweichung zum europäischen Verbraucherbegriff gesehen wird geht nicht unmittelbar aus der Begründung hervor. Zwar lässt sich der Hinweis auf die Einbeziehung der Arbeitnehmer in den Schutzbereich in diesem Sinne verstehen. Die zusätzliche Einschränkung kann aber auch nur der Klarstellung dienen.

(3) § 609a BGB a. F. und § 1 Abs. 1 TzWrG a. F.

Auch in § 609a Abs. 1 Nr. 2 BGB a. F. sollte das Merkmal der Selbständigkeit in die Verbraucherdefinition aufgenommen werden. Anlässlich einer Änderung des § 609a BGB a. F. forderte die SPD-Fraktion, die kurze Kündigungsfrist nur bei solchen Darlehensaufnahmen auszuschließen, die ganz oder überwiegend für Zwecke einer selbständigen gewerblichen oder beruflichen Tätigkeit bestimmt waren[648]. Grund für den Antrag war, dass die in der Änderung eigentlich vorgesehene Fassung es zugelassen habe, dass ein Arbeitnehmer nicht in den Genuss der kurzen Kündigungsfrist kommt, wenn er den Neukauf eines Kraftfahrzeugs finanzieren will, welches er überwiegend für den Arbeitsweg nutzen wollte[649]. Der damalige Gesetzgeber wies diesen Antrag aber zurück, um die Kündigungsmöglichkeit „nur für Verbraucherdarlehen“ zu gewähren[650]. Dies wurde als Hinweis dahingehend verstanden, dass die Kreditaufnahme zu Zwecken einer unselbständigen beruflichen Tätigkeit keinen verbraucherrechtlichen Schutz genießen sollte[651]. Diese Fassung des § 609a BGB a. F. galt bis zu seiner Aufhebung im Zuge der Schuldrechtsmodernisierung. Ebenso sah die Erwerberdefinition des § 1 Abs. 1 TzWrG a. F.[652], an deren Stelle später ebenfalls der Begriff des Verbrauchers gesetzt wurde[653], keine Einschränkung auf selbständige berufliche Tätigkeiten vor.

---

645 BT-Drs. 11/5462, 17.

646 Vgl. oben § 6 IV. 1. b) bb).

647 BT-Drs. 11/5462, 17.

648 BT-Drs. 10/5774, 1.

649 BT-Drs. 10/5774, 1.

650 BT-Drs. 10/5771, 23.

651 So etwa Staudinger/*Hopt/Mülbert* (12. B.), BGB, § 609a Rn. 23; *Häuser/Welter*, NJW 1987, 17, 20; *Faber*, ZEuP 1998, 854, 872.

652 Gesetz über die Veräußerung von Teilnutzungsrechten an wohngebäuden vom 20.12.1996, BGBl. I, 2154, 2154.

653 Vgl. Art. 6 Abs. 3 Nr. 1 des Gesetzes über Fernabsatzverträge und andere Fragen des Verbraucherrechts sowie zur Umstellung von Vorschriften auf Euro vom 27.06.2000, BGBl. I, 897, 906.

(4) Fazit

Diese Bestandsaufnahme zeigt, wie wenig einheitlich das Merkmal der Selbständigkeit vor Einführung des § 13 BGB verwandt wurde. Offenbar bestand vor Einführung des § 13 BGB keine Einigkeit darüber, ob Rechtsgeschäftsabschlüsse zu unselbständig beruflichen Zwecken dem Verbraucherschutz unterfallen sollten, oder nicht. Dabei war man sich aber – wie das Beispiel des § 609a BGB zeigt – der Bedeutung für die Rechtsfolgen durchaus schon bewusst.

cc) Fazit

Somit fehlt es einerseits an verlässlichen Aussagen über eine bewusste Abweichung vom europäischen Verbraucherbegriff mit Einführung der Definition in § 13 BGB. So kann kaum die Rede davon sein, dass das enge Verständnis der beruflichen Tätigkeit bei der Umsetzung der Fernabsatzrichtlinie ausdrücklich zu Grunde gelegt wurde[654]. Andererseits fehlt es an einem einheitlichen Umgang mit dem offenbar bekannten Problem, aus dem man auf die bewusste Erweiterung des Verbraucherschutzes in § 13 BGB schließen könnte. Die punktuellen Regelungen in verschiedenen Verbraucherdefinitionen zeigen vielmehr, dass die Verbraucherbegriffe spezifisch auf den Regelungsgehalt des jeweiligen Verbraucherschutzgesetzes angepasst wurden. Was bleibt, ist der Umstand, dass der die Begrenzung auf selbständige berufliche Tätigkeiten die Gesetzeswirklichkeit des § 13 BGB geworden ist, ohne dass die Entwicklung der Definition für eine bestimmte inhaltliche Deutung sprechen würde.

c) Bedeutung des Merkmals der beruflichen Tätigkeit auf europäischer Ebene

Des Weiteren soll das Merkmal der beruflichen Tätigkeit innerhalb der Verbraucherdefinition auf europäischer Ebene untersucht werden. Hier gilt es zu überprüfen, inwieweit der auf europäischer Ebene verwandte Begriff von dem auf deutscher Ebene verwandten abweicht.

aa) Unterschiede in den Sprachfassungen

Die deutschen Richtlinienfassungen lassen eine Unterscheidung zwischen selbständiger und unselbständiger beruflicher Tätigkeit in der Tat vermissen. Ist die berufliche Tätigkeit Gegenstand des jeweiligen Verbraucherbegriffs, wird nicht weiter danach differenziert, ob die berufliche Tätigkeit selbständig oder unselbständig ausgeübt wird[655]. Dies spricht zunächst für ein engeres Verständnis des Verbraucherbegriffs auf europäischer Ebene.

Ein Vergleich mit anderen Sprachfassungen zeigt aber, dass andere Fassungen ein abweichendes Verständnis des Verbraucherbegriffs beinhalten und dass der Verbraucherbegriff auf europäischer Ebene weiter zu verstehen sein könnte, als

---

654 So aber Grundmann/Bianca/*Serrano*, Art. 1 Rn. 58.

655 Vgl. *Faber*, ZEuP 1998, 854, 871.

es die deutschen Fassungen nahelegen[656]. Beispielhaft sind hier die englische und die französische Fassung, denen als Arbeitssprachen neben der deutschen erhöhte praktische Relevanz bei der Arbeit auf europäischer Ebene zukommt[657], sowie die spanische als Beispiel außerhalb der dominierenden Arbeitssprachen aufgeführt.

(1) Englisch

So verweist *Faber* darauf, dass sich die in den englischen Rechtsakten verwandten Begriffe „trade“ und „business“ mit „Gewerbe“, „Handel“ und „Handwerk“ und der Begriff „profession“ insbesondere mit dem freien, akademischen Beruf übersetzen ließen[658]. Um unselbständig beruflich Tätige aus dem Verbraucherbegriff auszuschließen, habe der europäische Normgeber auf den für Dienstverhältnisse gebräuchlicheren und eindeutigeren Begriff „employment“ zurückgreifen können[659]. Bis auf diesen Rückschluss sind die englischen Fassungen aber auch nicht aufschlussreich. Hieran hat sich bis zu der aktuellen Verbraucherrechterichtlinie 2011/83/EG nichts geändert.

(2) Französisch

Etwas mehr Aussagekraft haben dagegen die französischen Wortlaute. Zunächst zieht *Basedow* die französische Fassung der Klauselrichtlinie 1993/13/EWG heran. Die Verwendung der Formulierung „activité professionnelle“ deute darauf hin, dass nur selbständige berufliche Tätigkeiten gemeint seien[660]. An der Aussagekraft dieses Begriffs wird man allerdings nicht nur im Hinblick auf die Bedeutung der Vokabel selbst zweifeln können, weil er nicht viel mehr als „Arbeit“ oder „Gewerbe“ ausdrückt[661]. Auch in Bezug auf das französische Verständnis des Verbraucherbegriffs sind Zweifel angebracht. So hat etwa *Calais-Auloy* in seinem (auf englisch abgefassten) Überblick über die französische Verbrauchergesetzgebung aus dem Jahr 1981 im Zusammenhang mit Definitionen, die sich zwar nicht unmittelbar auf den Verbraucher, aber auf den Ausschluss von gesetzlichen Regelungen für „agricultural, industrial or commercial use or for a professional activity“ beziehen, ausgeführt, dass speziell der Ausschluss für „professional activity“ neben dem „liberal

---

656 Umfassend hierzu *Doehner*, § 6 C. I. 2.; *Faber*, ZEuP, 1998, 854, 874; *Hoffmann*, WM 2006, 560, 561.

657 Vgl. Geiger/Khan/Kotzur/*Khan*, AEUV, Art. 342 Rn. 4.

658 *Faber*, ZEuP 1998, 854, 874. – Zustimmend *Pützhoven*, 1. Teil C. I. 1. b) bb).

659 *Faber*, ZEuP 1998, 854, 874. – Noch weiter geht MüKo-BGB/*Basedow*, BGB, § 310 Fn. 141, der sogar von einer Vermeidung des Begriffs „employment“ spricht.

660 MüKo-BGB/*Basedow*, BGB, § 310 Rn. 50. – Zustimmend *Pützhoven*, 1. Teil C. I. 1. b) bb).

661 Vgl. *Doucet/Fleck*, „Arbeit“; *Köbler*, „activité professionnelle“. – Zuzugeben ist, dass zumindest nach *Doucet/Fleck*, „Arbeit“, „Gewerbe“ die Bedeutung des Begriffs insgesamt weniger auf Arbeit als auf Gewerbe gerichtet ist.

professional" auch den „wage earner" im Unterschied zum „consumer" trifft[662]. Hierin wird deutlich, dass zumindest nach seiner Ansicht und zu dieser Zeit im Begriff der „activité professionnelle" kein Unterschied zwischen selbständiger („liberal professional") und unselbständiger („wage earner") Arbeit gemacht wurde. Allein der Begriff der „activité professionnelle" ist daher noch nicht aussagekräftig für die Frage, inwieweit dem europäischen Verbraucherbegriff ein weiteres Verständnis des Verbraucherbegriffs zugrunde liegt.

Deutlicher wird dies zuletzt in der französischen Fassung der Verbraucherrechterichtlinie 2011/83/EG. Dort findet sich in der Verbraucherdefinition des Art. 2 Nr. 1 der Richtlinie neben den Begriffen „activité commerciale, industrielle" und „artisanale" auch derjenige der „actitivité libérale" als Beschreibung für den ausschließenden Zweck. Während der Begriff der „activité commerciale" für eine „geschäftliche Tätigkeit" oder das „Handelsgewerbe", die „activité industrielle" für eine „industrielle" oder auch „gewerbliche Tätigkeit" und die „activité artisanale" für eine „handwerkliche Tätigkeit" und damit in der Nähe des traditionellen Begriffs der Gewerblichkeit bzw. des neueren Handwerksbegriffs stehen[663], bringt der Begriff „activité libérale" deutlich den Ausschluss einer Zweckbindung zu „freiberuflichen"[664] oder selbständig beruflichen Tätigkeiten[665] zum Ausdruck. Hierin kommt jedenfalls eine Entwicklung hin zu einem weiteren Verständnis des Verbraucherbeigriffs auf europäischer Ebene zum Ausdruck.

(3) Spanisch

Ein weniger deutliches Bild zeichnet die spanische Fassung der Verbraucherrechterichtlinie 2011/83/EG. Hier werden ein Handeln zur „actividad comercial", zur „empresa", zum „oficio" und zur „profesión" als Merkmale der die Verbrauchereigenschaft ausschließenden Zweckbestimmung aufgeführt. Während die ersten drei Begriffe die geschäftliche oder gewerbliche Tätigkeit, den Betrieb oder das Unternehmen und das Handwerk meinen[666], stellt sich bei dem Begriff der „profesión", also des Berufs[667], dieselbe Auslegungsfrage, die sich auch bei der deutschen Fassung der Verbraucherdefinition stellt.

---

662 *Calais-Auloy*, Chapter 1 II 1 (b).

663 Vgl. *Köbler*, „commercial", „industriel", „artisan".

664 Vgl. *Doucet/Fleck*, „Freiberufler"; *Köbler*, „profession libérale".

665 Vgl. *Doucet/Fleck*, „Selbständiger". – Vgl. auch *Doucet/Fleck*, „Freiberufler", nach deren Definition ein Freiberufler eine Person ist, die eine selbständige berufliche Tätigkeit ausübt. Sie beschreiben die Person weiter als eine, die eine „profession industrielle ou commerciale ou artisanale", also Tätigkeiten im Sinne der übrigen von der Richtlinie verwendeten, dem Ausschluss der Verbrauchereigenschaft dienenden Begriffe, ausübt.

666 Vgl. *Becher*, „actividad comercial", „empresa", „oficio"; *Garay*, „actividad comercial", „empresa", „oficio".

667 Vgl. *Becher*, „profesión"; *Garay*, „profesión".

(4) Fazit

Sowohl die englische als auch die spanische Fassung geben wenig für die Auslegung der Merkmale her. Hilfreicher ist an dieser Stelle die französische Verbraucherdefinition, zumindest die der Verbraucherrechterichtlinie. Bei ihrer Betrachtung bleibt zu berücksichtigen, dass diese Sprachen als authentische Vertragssprachen im Sinne des Art. 55 Abs. 1 EUV auch Amtssprachen sind[668], Art. 1 der Sprachenverordnung 1/1958/EWG[669]. Diese sind grundsätzlich gleichwertig[670]. Bei der Auslegung des Wortlauts sind sie gleichgewichtig zu berücksichtigen[671].

Damit ergibt sich zwar auch hier kein völlig einheitliches Bild. Es fehlen weitgehend eindeutige Anhaltspunkte in den Wortlauten. Der französischen Sprachfassung lässt sich aber eine genauere Deutung entnehmen. Sie spricht für ein weiter gefasstes Verständnis des Verbraucherbegriffs auf europäischer Ebene, verglichen mit dem Verständnis, das allein den deutschen Richtlinienfassungen zu entnehmen ist. Danach trifft der Ausschluss vom Verbraucherschutzrecht auf europäischer Ebene generell nur selbständige berufliche Tätigkeiten. Zuzugestehen ist hier zwar, dass das im französischen ebenfalls naheliegende Verständnis des Begriffs „activité libérale" als „freiberufliche Tätigkeit" im deutschen keineswegs deckungsgleich mit einer unselbständigen beruflichen Tätigkeit verstanden wird. Der Ausschluss in der französischen Sprachfassung könnte sich also lediglich gegen Freiberufler statt gegen selbständig Tätige richten. Damit wäre der Verbraucherbeigriff nur anderweitig erweitert, als es hier untersucht wird. Der Ausschluss freiberuflicher Tätigkeiten findet sich sonst aber nicht in den verglichenen Richtlinien, was gegen diese Vokabelauslegung spricht. Letztlich existieren damit Hinweise dafür, dass der Ausdruck, der in der deutschen Fassung der Richtlinien mit dem Begriff der beruflichen Tätigkeit übersetzt wird, in jedem Fall nur eine selbständige berufliche Tätigkeit meint[672], während sich der umgekehrte Fall, dass unselbständige berufliche Tätigkeit immer vom Verbraucherbegriff ausgeschlossen sein sollen, nicht aus den Normen lesen lässt.

---

668 Vgl. Geiger/Khan/Kotzur/*Khan*, AEUV, Art. 342 Rn. 2.

669 Verordnung Nr. 1 vom 15.04.1958 zur Regelung der Sprachenfrage für die Europäische Wirtschaftsgemeinschaft, ABl. Nr. L. 385, 58. in der Fassung der Verordnung 1791/2006/EG vom 20.11.2006 zur Anpassung einiger Verordnungen, Beschlüsse und Entscheidungen in den Bereichen freier Warenverkehr, Freizügigkeit, Gesellschaftsrecht, Wettbewerbspolitik, Landwirtschaft (einschließlich des Veterinär- und Pflanzenschutzrechts), Verkehrspolitik, Steuerwesen, Statistik, Energie, Umwelt, Zusammenarbeit in den Bereichen Justiz und Inneres, Zollunion, Außenbeziehungen, Gemeinsame Außen- und Sicherheitspolitik und Organe anlässlich des Beitritts Bulgariens und Rumäniens, ABl. Nr. L 363 vom 20.12.2006, 80.

670 Geiger/Khan/Kotzur/*Khan*, AEUV, Art. 342 Rn. 3.

671 Oppermann/Classen/Nettesheim/*Nettesheim*, § 9 Rn. 170.

672 Im Ergebnis so auch MüKo-BGB/*Micklitz/Purnhagen*, BGB, § 14 Rn. 32. – A. A. *Doehner*, § 6 C. I. 2.; *Hoffmann*, WM 2006, 560, 561.

bb) Systematischer Vergleich der Begriffe

Diese Beobachtung lässt sich auch mit einem systematischen Vergleich der Begriffe des gewerblichen und des beruflichen Handelns bestätigen.

Faber weist auf die Gemeinsamkeiten der beiden Begriffe hin[673]. Beide drückten planmäßiges, betriebswirtschaftlichen Grundsätzen folgendes Handeln aus, das typischerweise zu einer Entwicklung von Überlegenheit am Markt führe[674]. Neben den hierfür erforderlichen Kenntnissen sei das planmäßige Handeln bei einer gewerblichen Tätigkeit zudem vom Prinzip der Eigenverantwortung bestimmt. Der Handelnde trage das wirtschaftliche Risiko einer Fehlentscheidung und profitiere andererseits von einer günstigen Geschäftsentwicklung[675]. Das Tragen des Geschäftsrisikos mache ein planmäßiges Handeln im Sinne der gewerblichen Tätigkeit erst erforderlich[676]. Nichts anderes sei mit dem Merkmal der Selbständigkeit gemeint[677].

Auch *Leible* gewinnt ein Argument für die Einschränkung auf selbständige berufliche Tätigkeiten aus dem Vergleich der Begriffe[678]. Er weist darauf hin, dass der gleichberechtigt verwandte Begriff „gewerblich" das Merkmal der Selbständigkeit enthalte[679]. Es liege daher nahe, dass mit der Bezeichnung „beruflich" nur eine Erweiterung auf andere selbständige Tätigkeiten erfolgen solle, die nicht gewerblicher, sondern beispielsweise freiberuflicher Natur sind[680]. So ist wohl auch *Schmidt* zu verstehen, nach dessen Ausführungen „die Zurechnung des Rechtsgeschäfts zur gewerblichen oder (sonst) „selbständigen" beruflichen Tätigkeit" verbraucherschutzausschließend wirkt[681].

---

673 *Faber*, ZEuP 1998, 854, 873 f.

674 *Faber*, ZEuP 1998, 854, 873.

675 *Faber*, ZEuP 1998, 854, 873.

676 *Faber*, ZEuP 1998, 854, 873. – Ebenso MüKo-BGB/*Micklitz/Purnhagen*, § 14 Rn. 32.

677 *Faber*, ZEuP 1998, 854, 873.

678 Zwar betreffen seine Ausführungen unmittelbar den Unternehmerbegriff des § 14 BGB mit Blick auf die Verbrauchsgüterkaufrichtlinie 1999/44/EG. *Leible* stellt selbst aber auch den unmittelbaren Bezug zum Verbraucherbegriff her. Ausgehend davon, dass sich Verbraucher- und Unternehmereigenschaft kontradiktorisch gegenüberstehen verweist er darauf, dass eine Einbeziehung der unselbständigen beruflichen Tätigkeit im Rahmen des Unternehmerbegriffs im Umkehrschluss für den Verbraucherbegriff bedeuten würde, dort wäre ein Handeln zu unselbständigen beruflichen Tätigkeiten ausgeschlossen. Vgl. Gebauer/Wiedmann/*Leible*, Kapitel 10 Rn. 137.

679 Gebauer/Wiedmann/*Leible*, Kapitel 10 Rn. 137.

680 Gebauer/Wiedmann/*Leible*, Kapitel 10 Rn. 137. – *Struck* sieht die Bedeutung des Begriffs der „selbständigen beruflichen Tätigkeit" sogar ausschließlich darin, die nicht vom Gewerbebegriff umfassten freien Berufe einzubeziehen, *Struck*, MittBayNot 2003, 259, 262.

681 *Schmidt*, JuS 2006, 1, 3.

Auch der Vergleich beider Begriffe zeigt also, dass der Begriff der beruflichen Tätigkeit durchaus in dem Sinn verstanden werden kann, dass neben den gewerblichen nur selbständig berufliche Tätigkeiten als Ausschlussmerkmal für die Verbrauchereigenschaft dienen.

cc) Fazit

In einer Zusammenschau aus systematischer und rechtsvergleichender Auslegung lässt sich also auch für die europäische Ebene begründen, dass vom Verbraucherschutzrecht nur die Rechtsgeschäfte mit Zwecksetzung zu einer gewerblichen oder selbständig beruflichen Tätigkeit ausgeschlossen sind. Dies bedeutet, dass in dieser Hinsicht und entgegen dem Wortlaut der deutschen Richtlinienfassungen tatsächlich keine Abweichung des deutschen zum europäischen Verbraucherbegriff besteht[682].

d) Fazit

Da es an einer Abweichung vom europäischen Verbraucherschutzstandard fehlt, muss dieser auch auf deutscher Ebene zugrunde gelegt werden. Dies bedeutet, dass zwar Rechtsgeschäftsabschlüsse zu unselbständigen beruflichen Tätigkeiten nicht vom Schutzbereich ausgeschlossen, sondern von ihm erfasst sind. Insofern stellt nicht die deutsche Verbraucherdefinition eine Erweiterung des Anwendungsbereichs dar. Vielmehr sind es die deutschen Richtlinienfassungen, die eine unzutreffende Verkürzung des Anwendungsbereichs ausdrücken.

Ist aber das europäische Verbraucherschutzniveau tatsächlich ohne dessen Anhebung umgesetzt, müssen auch die Begrenzungen berücksichtigt werden, die der europäische Normgeber für das Verbrauchervertragsrecht vorsieht. Die im achten Erwägungsgrund der Verbraucherrechterichtlinie 2011/83/EU zum Ausdruck kommende Beschränkung gegenüber dem Arbeitsvertragsrecht[683] stellt eine solche Begrenzung dar. Hierin kommt deutlich zum Ausdruck, dass die verbraucherschützenden Regelungen auf den Abschluss von Rechtsgeschäften im Zusammenhang mit Arbeitsverhältnissen gerade keine (unmittelbare) Anwendung finden sollen.

Der eingangs erwähnte Widerspruch wird also nicht zwangsläufig durch die Anerkennung der Verbrauchereigenschaft auf der Seite des Geschäftsführers verursacht. Vor diesem Hintergrund ist es vielmehr die Anerkennung der Verbrauchereigenschaft bei Rechtsgeschäftsabschlüssen zum Zwecke der Arbeitnehmertätigkeit, die nicht mit dem europäischen Verbraucherschutzrechtssystem vereinbar ist.

---

682 So im Ergebnis auch zur Klauselrichtlinie in Zusammenhang mit § 310 Abs. 3 BGB MüKo-BGB/*Basedow*, BGB, § 310 Rn. 50. – Im Ergebnis so auch zur Verbrauchsgüterkaufrichtlinie 1999/44/EG ohne nähere Begründung Grundmann/Bianca/*Serrano*, Art. 1 Rn. 58. – Vgl. auch Gebauer/Wiedmann/*Leible*, Kapitel 10 Rn. 137 sowie MüKo-BGB/*Micklitz/Purnhagen*, BGB, § 14 Rn. 32, die dasselbe Ergebnis für den europäischen und den deutschen Unternehmerbegriff herleiten.

683 ABl. Nr. L vom 22.11.2011, 64, 65.

Für dieses Ergebnis spricht auch eine andere Beobachtung[684]: Eine abhängige Tätigkeit kann üblicherweise nur von natürlichen Personen ausgeübt werden. Die Abhängigkeit als Gegenbegriff zur Selbständigkeit zu verstehen hieße auch, die Selbständigkeit dementsprechend auf natürliche Personen zu beschränken. Dem widerspricht aber der Wortlaut des § 14 Abs. 1 BGB, demzufolge auch eine juristische Person, die in Ausübung ihrer selbständigen beruflichen Tätigkeit handelt, ein Unternehmer sein kann. Der Begriff der Selbständigkeit darf also auch nach der Unternehmerdefinition nicht als Gegenstück zur abhängigen Beschäftigung, sondern muss in einem weiteren Sinn verstanden werden[685]. Nichts spricht dagegen, diese Folgerung auch auf den Verbraucherbegriff zu übertragen.

2. Inhalt der Begriffe

a) Meinungsstand zur Inhaltsbestimmung

Wie die Begriffe der gewerblichen und der selbständigen beruflichen Tätigkeit inhaltlich auszugestalten sind, ist umstritten. Im Kern dreht sich der Streit um den Umfang der Begriffe.

Eine erste Ansicht betont die europäischen Hintergründe des Verbraucherschutzrechts auch im Hinblick auf die Auslegung der Merkmale. Nach Ansicht von *Pfeiffer* soll die europäisch-autonome Auslegung strenge Berücksichtigung finden[686]. Eine ungeprüfte Übernahme der aus dem nationalen Recht entlehnten Definitionen für die gewerbliche oder selbständige berufliche Tätigkeit verbiete sich daher[687]. Nach *Bamberger*[688] soll der Gewerbebegriff des Verbraucherrechts weiter gefasst sein als der handelsrechtliche Gewerbebegriff[689]. Diese Ansicht stützt sich auf die Rechtsprechung des BGH zum Verbrauchsgüterkauf[690]. Bereits zum Verbraucherkreditgesetz hat der BGH entschieden, dass es für das Abgrenzungskriterium „in Ausübung ihrer gewerblichen oder beruflichen Tätigkeit" nach dem Willen des Gesetzgebers nicht auf ein dauerhaftes Gewinnstreben des Kreditgebers angekommen sei[691]. Dies gelte auch für den Verbrauchsgüterkauf, da der Gesetzgeber bei Umsetzung der Verbrauchsgüterkaufrichtlinie 1999/44/EG das Interesse an einem wirksamen Verbraucherschutz anstatt der Anknüpfung an den traditionellen Gewerbebegriff durch die Bezugnahme auf die Verbrauchsgüterkaufrichtlinie in der Begründung des Schuldrechtsmodernisierungsgesetzes verdeutlicht habe[692].

---

684 Vgl. hierzu Soergel/*Pfeiffer*, BGB, § 14 Rn. 12.
685 Soergel/*Pfeiffer*, BGB, § 14 Rn. 12.
686 So zum Begriff der gewerblichen Tätigkeit Soergel/*Pfeiffer*, BGB, § 14 Rn. 11.
687 Vgl. Soergel/*Pfeiffer*, BGB, § 14 Rn. 11.
688 Und zuvor schon BeckOK-BGB/*Schmidt-Räntsch*, 33. Edition.
689 BeckOK-BGB/*Bamberger*, BGB, § 13 Rn 10. – Ebenso Erman/*I. Saenger*, BGB, § 14 Rn. 9; Staudinger/*Habermann*, BGB, § 14 Rn. 14.
690 Vgl. Erman/*I. Saenger*, BGB, § 14 Rn. 9; BeckOK-BGB/*Bamberger*, BGB, § 14 Rn 8.
691 BGH, Urteil vom 29.03.2006 – VIII ZR 173/05 – NJW 2006, 2250, 2251.
692 BGH, Urteil vom 29.03.2006 – VIII ZR 173/05 – NJW 2006, 2250, 2251.

Nach einer zweiten Ansicht fehle es auf europäischer Ebene an hinreichend konkretisierten Merkmalen, die eine verlässliche Subsumption erlaubten[693]. Daher wird zur Ausfüllung des Merkmals „gewerbliche Tätigkeit“ auf den handelsrechtlichen Gewerbebegriff[694] und für das Merkmal „selbständige berufliche Tätigkeit“ auf die durch die Rechtsprechung gefundene Definition des Berufs[695] bzw. auf die unter dem Oberbegriff der unselbständigen Berufstätigkeit gesammelten Tätigkeiten zurückgegriffen[696].

b) Auseinandersetzung

Der ersten Ansicht, die sich teilweise auf die Ausführungen des BGH zum Verbrauchsgüterkauf stützt, lässt sich nicht unbesehen folgen. Der BGH bezieht sich nämlich in seinen Ausführungen unmittelbar nur auf den Unternehmerbegriff[697]. Die in dieser Entscheidung getroffenen Aussagen nehmen die frühere Rechtsprechung zum Unternehmerbegriff des § 1 Abs. 1 VerbrKrG a. F. in Bezug. Die dortige Unternehmerdefinition enthielt – im Gegensatz zu der Verbraucherdefinition der Norm – das einschränkende Merkmal der Selbständigkeit nicht. Mit dem Abgrenzungskriterium „in Ausübung ihrer beruflichen oder gewerblichen Tätigkeit“ sollten solche Kredite aus dem Anwendungsbereich des Gesetzes ausgeklammert werden, die auf der Seite des Kreditgebers ausschließlich private Geschäfte darstellen[698]. Hierunter wurden nichtkommerzielle, etwa auf altruistischen Motiven beruhende Geschäfte verstanden[699]. Diese eigenständige Entwicklung der Unternehmerdefinition ist bei der Übertragung ihrer Merkmale und der hierzu gefundenen Ansichten auf die Verbraucherdefinition und deren Merkmale zu berücksichtigen.

In diesem Zusammenhang ist es wenig hilfreich, wenn in der Gesetzesbegründung zum Schuldrechtsmodernisierungsgesetz darauf hingewiesen wird, der Unternehmer sei „spiegelbildlich“ zu dem Verbraucher eine Person, die bei Vornahme eines Rechtsgeschäfts in Ausübung ihrer gewerblichen oder selbständigen beruflichen Tätigkeit handelt[700]. Diese Charakterisierung des Unternehmers, die ein identisches Verständnis der den Verbraucher und den Unternehmer definierenden Begriffe impliziert, wird für sich genommen den unterschiedlichen Entwicklungen, welche die verschiedenen Verbraucher- und Unternehmerbegriffe in den verschiedenen

---

693 So zum Begriff der gewerblichen Tätigkeit Staudinger/*Kannowski*, BGB, § 13 Rn. 51.

694 Vgl. MüKo-BGB/*Micklitz/Purnhagen*, BGB, § 14 Rn. 19; Jauernig/*Mansel*, BGB, 14 Rn. 2; Staudinger/*Kannowski*, BGB, § 13 Rn. 51.

695 Vgl. MüKo-BGB/*Micklitz/Purnhagen*, BGB, § 14 Rn. 31.

696 Vgl. Staudinger/*Kannowski*, BGB, § 13 Rn. 53.

697 BGH, Urteil vom 29.03.2006 – VIII ZR 173/05 – NJW 2006, 2250, 2250 f.

698 So die Begründung zum Regierungsentwurf für das VerbrKrG, BT-Drs. 11/5462, 17.

699 Vgl. BGH, Urteil vom 24.06.2003 – XI ZR 100/02 – BGHZ 155, 240, 246 sowie die Begründung zum Regierungsentwurf für das VerbrKrG, BT-Drs. 11/5462, 17.

700 BT-Drs. 14/6040, 243.

Verbraucherschutzgesetzen erfahren haben, nicht gerecht. Mit Blick auf die durch das Fernabsatzgesetz angestrebte Vereinheitlichung des Verbraucherschutzrechts lässt sie sich nur so verstehen, dass der Unternehmer- und der Verbraucherbegriff erst ab der Einführung der §§ 13 und 14 BGB spiegelbildlich zueinander stehen. Dem widerspricht auch nicht die Ansicht des BGH, der die zu § 1 Abs. 1 VerbrKrG gefundenen Ergebnisse auf die Unternehmerdefinition des § 14 Abs. 1 BGB anwendet[701]. Denn er bezieht sich hierbei naturgemäß auf den konkreten Zusammenhang des Unternehmerbegriffs im Verbraucherkreditrecht, anstatt abstrakte Aussagen über den Unternehmerbegriff zu treffen.

Der ersten Ansicht ist aber zugute zu halten, dass sie die europarechtlichen Hintergründe des Verbraucherbegriffs entsprechend zu würdigen versucht[702]. Zwar mag es „unmittelbar einleuchten“, dass gewerbliche Rechtsgeschäfte auf Seite des Gewerbetreibenden (Unternehmers) nicht unter den Begriff des Verbrauchergeschäfts fallen[703]. Es mag nahe liegen, ein Handelsgeschäft nach § 343 Abs. 1 HGB auf der Seite des Kaufmanns nicht zum Verbrauchergeschäft zu erklären und diesen Grundsatz auf die Geschäfte nicht-kaufmännischer Gewerbetreibender im Sinne des § 1 Abs. 2 HGB zu übertragen[704]. Eine Befreiung von der Pflicht zur Berücksichtigung europarechtlich vorgegebener Besonderheiten ist dies aber nicht. Gleichzeitig ist es nicht sachgemäß, angesichts der noch geringen inhaltlichen Durchdringung der Verbrauchermerkmale auf europäischer Ebene lediglich abzuwarten, bis sich hier ein rechtssicherer Standard entwickelt hat. Die der deutschen Rechtsordnung entwachsenen inhaltlichen Bestimmungen der für den Verbraucherbegriff verwandten Begriffe zu nutzen ist daher zweckmäßig. Bei ihrer Anwendung im Zusammenhang mit verbraucherschützenden Vorschriften ist aber die Binnenmarktspezifik des europäischen Verbraucherbegriffs zu berücksichtigen[705].

c) Inhalt im Einzelnen

Anhand der gefundenen Ergebnisse werden anschließend die Inhalte der Begriffe der gewerblichen (unten aa.) und der selbständigen beruflichen Tätigkeit (unten bb.) dargestellt.

---

701 Vgl. BGH, Urteil vom 29.03.2006 – VIII ZR 173/05 – NJW 2006, 2250, 2250 f.

702 Dies berücksichtigt auch Staudinger/*Kannowski*, BGB, § 13 Rn. 51, der die Berechtigung der methodischen Bedenken von Soergel/*Pfeiffer*, BGB, § 14 Rn. 11 betont. – Zum Verbraucherbegriff des § 2 Abs. 1 Nr. 6 UWG hat zuletzt auch der BGH ausdrücklich betont, dass die Vorschrift der Umsetzung einer Richtlinie dient und daher im Lichte des Wortlauts und der Ziele der umzusetzenden Richtlinie auszulegen ist, vgl. BGH, Urteil vom 18.01.2012 – 1 ZR 170/10 – GRUR 2012, 288, 289.

703 So *Schmidt*, JuS 2006, 1, 3.

704 Vgl. *Schmidt*, JuS 2006, 1, 3.

705 Vgl. auch MüKo-BGB/*Micklitz/Purnhagen*, BGB, § 14 Rn. 17, die den deutschen Gewerbebegriff insoweit für anwendbar erachten, als dieser unionsrechtskonform ist.

aa) Gewerbliche Tätigkeit

Für die gewerbliche Tätigkeit ist der handelsrechtliche Gewerbebegriff unter Berücksichtigung europarechtlicher Besonderheiten maßgeblich. Der Gewerbebegriff ist in den §§ 1 ff. HGB vorausgesetzt und von Wissenschaft und Rechtsprechung entwickelt worden[706]. Gewerbe ist danach eine rechtlich selbständige, planmäßige und auf Dauer angelegte, mit der Absicht auf Gewinnerzielung oder laufende Einnahmen ausgeübte und äußerlich erkennbar auf mindestens einem Markt hervortretende Tätigkeit[707].

Faber misst dem Merkmal der Dauerhaftigkeit aus Gründen des Verbraucherschutzes auf europäischer Ebene nur geringe Bedeutung bei. Nach seiner überzeugenden Auffassung kommt es im Wesentlichen auf das planmäßige und gezielte Handeln an, um eine wirtschaftliche Ungleichgewichtslage zu erreichen[708].

Ob im Rahmen des Handelsrechts auf das Merkmal der Gewinnerzielungsabsicht verzichtet werden kann, ist nach wie vor nicht höchstrichterlich geklärt[709]. Das bislang vom BGH aufrecht erhaltene Anknüpfen an eine Gewinnerzielungsabsicht[710] wird in der Rechtsprechung vereinzelt in Frage gestellt[711]. Nach herrschender Auffassung im Schrifttum kommt es für ein handelsrechtliches Gewerbe nicht auf die Absicht zur Gewinnerzielung an[712]. Das Handelsrecht wolle nur einen für das Agieren am Markt adäquaten Rechtsrahmen zur Verfügung stellen, was davon unabhängig sei, ob ein Unternehmer dabei auch die Absicht verfolge, Gewinne zu erzielen[713]. Die Ansicht im Schrifttum lässt stattdessen eine Entgeltlichkeit der

---

706 Staudinger/*Kannowski*, BGB, § 13 Rn. 51.

707 Staudinger/*Kannowski*, BGB, § 13 Rn. 51. – Ausführlich zum handelsrechtlichen Gewerbebegriff noch unten § 8 II. 3.

708 *Faber*, ZEuP 1998, 854, 868 f.

709 Vgl. BGH, Urteil vom 29.03.2006 – VIII ZR 173/05 – NJW 2006, 2250, 2251; BGH, Urteil vom 24.06.2003 – XI ZR 100/02 – BGHZ 155, 240, 245. – Vgl. auch Ebenroth/Boujong/Joost/Strohn/*Kindler*, HGB, § 1 Rn. 28, der in der neueren Rechtsprechung eine Tendenz zum Abrücken vom Erfordernis der Gewinnerzielungsabsicht ausmacht. – S. hierzu auch unten § 8 II. 3. a).

710 BGH, Urteil vom 02.07.1985 – X ZR 77/84 – BGHZ 95, 155, 157; BGH, Urteil vom 07.07.1960 – VIII 215/59 – BGHZ 33, 321, 324 f. – Zur grundsätzlichen Übertragbarkeit der Merkmale des verjährungsrechtlichen Gewerbebegriffs auf den handelsrechtlichen unter Berücksichtigung der unterschiedlichen Regelungszwecke s. GroßkommHGB/Oetker, § 1 Rn. 14 ff. sowie unten § 8 II. 2.

711 Gegen die Ansicht des BGH etwa OLG Dresden, Urteil vom 20.11.2001 – 2 U 1928/01 – DB 2003, 713, 713 f.

712 So etwa GroßkommHGB/*Oetker*, HGB, § 1 Rn. 39; Röhricht/von Westphalen/*Röhricht*, HGB, § 1 Rn. 50; MüKo-HGB/*Schmidt*, HGB, § 1 Rn. 31; *Canaris*, § 2 Rn. 14. – A. A. Baumbach/Hopt/*Hopt*, HGB, § 1 Rn. 15: Entscheidend ist (nur) die Absicht, nicht die tatsächliche Gewinnerzielung.

713 GroßkommHGB/*Oetker*, HGB, § 1 Rn. 39.

angebotenen Leistung genügen[714]. Dies überzeugt auch für den Gewerbebegriff im Zusammenhang mit dem Verbraucherschutzrecht. Denn das europäische Verbrauchervertragsrecht knüpft nur daran an, dass der Geschäftspartner des Verbrauchers am (Binnen-)Markt agiert, ebenso wie der Verbraucher. Auch bei der Bestimmung des Verbrauchers genügt es daher, anstatt auf eine Gewinnerzielungsabsicht auf die Entgeltlichkeit der angebotenen Tätigkeit abzustellen[715].

Die gewerbliche Tätigkeit im Verbraucherrecht ist demnach eine rechtlich selbständige, planmäßige, entgeltliche und erkennbar auf einem Markt ausgeübte Tätigkeit.

bb) Selbständige berufliche Tätigkeit

(1) Berufliche Tätigkeit

Für den Begriff des Berufs ist die von der Rechtsprechung auf der Grundlage des Art. 12 Abs. 1 GG entwickelte Definition heranzuziehen[716]. Ein Beruf ist danach jede auf Erwerb gerichtete Tätigkeit, die auf Dauer angelegt ist und der Schaffung und Erhaltung einer Lebensgrundlage dient[717]. Beruf ist nicht nur die auf Grund einer persönlichen „Berufung“ ausgewählte und aufgenommene Tätigkeit, sondern jede auf Erwerb gerichtete Beschäftigung, die sich nicht in einem einmaligen Erwerbsakt erschöpft[718].

Auf die im Rahmen der verfassungsrechtlichen Begriffsbildung zum Berufsbegriff umstrittene Frage, ob es sich dabei um ein erlaubte Tätigkeit handeln muss, soll an dieser Stelle nur kurz eingegangen werden[719]. Das BVerfG hat hierzu geäußert, eine Begrenzung des Schutzbereichs von Art. 12 Abs. 1 GG in dem Sinne, dass dessen Gewährleistung von vornherein nur erlaubte Tätigkeiten umfasst, komme

---

714 Röhricht/von Westphalen/*Röhricht*, HGB, § 1 Rn. 48 ff.; MüKo-HGB/*Schmidt*, HGB, § 1 Rn. 31; *Canaris*, § 2 Rn. 3.

715 Vgl. Staudinger/*Habermann*, BGB, § 14 Rn. 38; BeckOK-BGB/*Bamberger*, BGB, § 13 Rn. 10. – Vgl. auch Grabitz/Hilf/Nettesheim/*Pfeiffer*, EU-Arbeitsweisevertrag, Art. 169 Rn. 30, der das Abstellen auf eine Gewinnerzielungsabsicht im Rahmen der europäischen Unternehmerbegriffe ablehnt.

716 So auch MüKo-BGB/*Micklitz/Purnhagen*, BGB, § 14 Rn. 31; Prütting/Wegen/Weinreich/*Prütting*, BGB, § 14 Rn. 8.

717 BVerfG, Beschluss vom 19.07.2000 – 1 BvR 539/96 – BVerfGE 102, 197, 212; BGH, Urteil vom 08.11.2005 – KZR 37/03 – BGHZ 165, 62, 72; BGH, Urteil vom 25.04.1988 – II ZR 185/87 – BGHZ 104, 205, 207. – Mit leichten sprachlichen Abwandlungen vgl. BVerfG, Beschluss vom 18.10.2001 – 1 BvR 881/00 – NJW 2002, 1864, 1865; BVerfG, Nichtannahmebeschluss vom 29.11.2000 – 1 BvR 2162/93 – juris Rn. 26; BVerwG, Urteil vom 04.01.1965 – I C 6.63 – BVerwGE 22, 286, 287; BayVGH, Entscheidung vom 24.05.2012 – Vf. 1-VII-10 – juris Rn. 76.

718 BGH, Urteil vom 08.11.2005 – KZR 37/03 – BGHZ 165, 62, 72.

719 Mit diesem Merkmal MüKo-BGB/*Micklitz/Purnhagen*, BGB, § 14 Rn. 31. – Zu dem Streit s. v. Münch/Kunig/*Kämmerer*, GG, Art. 12 Rn. 17; v. Mangoldt/Klein/Starck/*Manssen*, GG, Art. 12 Rn. 43.

allenfalls hinsichtlich solcher Tätigkeiten in Betracht, die schon ihrem Wesen nach als verboten anzusehen sind, weil sie aufgrund ihrer Sozial- und Gemeinschaftsschädlichkeit schlechthin nicht am Schutz durch das Grundrecht der Berufsfreiheit teilhaben können[720]. Da somit nach der für den Verbraucherbegriff zu Grunde gelegten Berufsdefinition nicht Beruf sein kann, was nicht Beruf sein darf, braucht das Merkmal der Erlaubtheit auch bei Bestimmung des Verbraucherschutzes nicht berücksichtigt zu werden.

Soweit gefordert wird, die Tätigkeit müsse sinnvoll sein[721], muss klarstellend erwähnt werden, dass es sich dabei um die wirtschaftliche Sinnhaftigkeit handelt. Denn bei Tätigkeiten, die den Erwerb eines Einkommens nicht in Aussicht stellen, handelt es sich um Hobbies, nicht um Berufe[722]. Damit geht das Merkmal der Sinnhaftigkeit bereits in der Ausrichtung auf Erwerb auf.

Innerhalb des Begriffspaars der gewerblichen oder selbständigen beruflichen Tätigkeit kommt der beruflichen Tätigkeit eine Art Auffangfunktion zu. Vom Begriff der gewerblichen Tätigkeit sind nach ganz überwiegender Auffassung diejenigen Rechtsgeschäfte nicht erfasst, die zum Zweck einer freiberuflichen Tätigkeit vorgenommen werden[723]. Denn Freiberufler üben kein Gewerbe im Sinne des HGB aus[724]. Der Berufsbegriff andererseits ist weit zu verstehen. Innerhalb des verfassungsrechtlichen Berufsbegriffs wird nicht zwischen selbständigen und unselbständigen Tätigkeiten unterschieden[725]. Von ihm ist auch die freiberufliche Tätigkeit umfasst[726]. Die Verwendung des Berufsbegriffs erstreckt die Ausgrenzung vom Verbraucherschutz also über den Gewerbebegriff hinaus auch auf Rechtsgeschäfte zum Zweck freiberuflicher Tätigkeiten[727]. Diese Bedeutung hat auch der Gesetzgeber dem Berufsbegriff beigemessen[728]. Daneben sind von dem Berufsbegriff auch gewerbliche Tätigkeiten umfasst[729]. Er stellt in dem Begriffspaar der gewerblichen und selbständig beruflichen Tätigkeit also den umfassenderen Begriff dar.

---

720 BVerfG, Beschluss vom 30.11.2010 – 1 BvL 3/07 – juris Rn. 41.

721 So etwa MüKo-BGB/*Micklitz/Purnhagen*, BGB, § 14 Rn. 31; Prütting/Wegen/Weinreich/*Prütting*, BGB, § 14 Rn. 8.

722 v. Mangoldt/Klein/*Starck*, GG, Art. 12 Rn. 38.

723 Vgl. Erman/*I. Saenger*, BGB, § 13 Rn. 15; Staudinger/*Kannowski*, BGB, § 13 Rn. 54; *Faber*, ZEuP 1998, 854, 874.

724 Röhricht/von Westphalen/*Röhricht*, HGB, § 1 Rn. 50; MüKo-HGB/*Schmidt*, HGB, § 1 Rn. 32; Staudinger/*Kannowski*, BGB, § 13 Rn. 51. – Dasselbe gilt für wissenschaftliche und künstlerische Tätigkeiten, vgl. Röhricht/von Westphalen/*Röhricht*, HGB, § 1 Rn. 58.

725 BVerfG, Beschluss vom 18.06.1980 – 1 BvR 697/77 – BVerfGE 54, 310, 322.

726 v. Mangoldt/Klein/*Starck*, GG, Art. 12 Rn. 37.

727 Vgl. *Struck*, MittBayNot 2003, 259, 262, die hierin den einzigen Zweck des Begriffs der „selbständigen beruflichen Tätigkeit“ sieht.

728 So anlässlich der Umsetzung der Verbrauchsgüterkaufrichtlinie in BT-Drs. 14/6040, 243.

729 Vgl. BVerfG, Beschluss vom 08.06.2010 – 1 BvR 2011/07, 1 BvR 2959/07 – BVerfGE 126, 112, 136.

(2) Selbständigkeit der Tätigkeit

(a) Begriffsmerkmale laut Rechtsprechung und Literatur

Nach der Rechtsprechung kommt es für die Einordnung einer beruflichen Tätigkeit als selbständig maßgeblich auf die weitgehende Freiheit von Weisungen sowie darauf an, dass die Tätigkeit im eigenen Namen, auf eigene Rechnung und im eigenen Verantwortungsbereich ausgeübt wird, sodass das wirtschaftliche Risiko unmittelbar selbst getragen wird[730]. Auch nach der Literatur soll es für die Selbständigkeit der Tätigkeit darauf ankommen, dass diese in eigener Verantwortung, auf eigene Gefahr und auf eigene Rechnung erfolgt[731]. Sie soll also durch freie inhaltliche Gestaltung der Tätigkeit und Selbstbestimmung über Arbeitszeit, -ort und -pensum geprägt sein[732].

(b) Stellungnahme

Diese Merkmale sind der Abgrenzung des Arbeitnehmers vom freien Dienstnehmer entlehnt[733]. Berücksichtigt man alleine die deutsche Entwicklung des Merkmals der Selbständigkeit ist dies durchaus gerechtfertigt. Denn wie am Beispiel des § 609a BGB gezeigt[734], wurde die Selbständigkeit schon vor Einführung der Definitionen der §§ 13 und 14 BGB als Merkmal zur Abgrenzung der Arbeitnehmer von den sonstigen beruflich Tätigen verstanden.

Das Merkmal der Selbständigkeit kann aber nicht allein als Abgrenzungsmerkmal zwischen Arbeitnehmern und freien Dienstnehmern verstanden werden[735]. Hiergegen spricht der begrenzte Regelungsbereich der europäischen Verbraucherschutzregelungen, die auf das Arbeitsrecht bzw. das Arbeitsvertragsrecht grundsätzlich keinen Einfluss nehmen sollen[736]. Die Reduzierung des Merkmals auf die erwähnte Abgrenzung würde dieses ohne Not einengen. Das Merkmal erfasst vielmehr über die Gruppe der Arbeitnehmer hinaus auch andere unselbständig Tätige[737].

---

730 BAG, Urteil vom 19.05.2010 – 5 AZR 253/09 – NZA 2010, 939, 940.

731 MüKo-BGB/*Micklitz/Purnhagen*, BGB, § 14 Rn. 31. – Am Merkmal des Handelns auf eigene Rechnung zweifelnd *Mülbert* in FS Goette, 333, 340.

732 MüKo-BGB/*Micklitz/Purnhagen*, BGB, § 14 Rn. 31. – Ebenso Erman/*I. Saenger*, BGB, § 14 Rn. 15 und BeckOK-BGB/*Bamberger*, BGB, § 14 Rn. 11, die ausdrücklich auf die Abgrenzungsmerkmale des § 84 Abs. 1 Satz 2 HGB zurückgreifen. – Vgl. *Mülbert* in FS Goette, 333, 338.

733 Vgl. MüKo-BGB/*Micklitz/Purnhagen*, BGB, § 14 Rn. 31, die in dem Merkmal der Selbständigkeit in § 14 Abs. 1 BGB eine Abgrenzung zum Arbeitnehmer sehen.

734 S. oben § 6 IV. 1. b) bb) (3).

735 A. A. MüKo-BGB/*Micklitz/Purnhagen*, BGB, § 14 Rn. 31.

736 S. oben § 6 IV. 1. a).

737 Zur Möglichkeit persönlich abhängiger Tätigkeit außerhalb von Arbeitsverhältnissen vgl. BAG, Urteil vom 29.08.2012 – 10 AZR 499/11 – NZA 2012, 1433, 1434.

(c) Keine differenzierende Auslegung

Angesichts dieser unterschiedlichen Auslegungsergebnisse kommt eine differenzierende Anwendung in Betracht: der Verbraucherbegriff könnte dort, wo die verbraucherschützende Regelung europarechtlich vorgegeben ist, binnenmarktorientiert ausgelegt werden, und dort, wo die Regelung noch der originär deutschen Entwicklung des Verbraucherschutzrechts entspringt oder über die europäischen Vorgaben hinaus geht, etwa im Sinne einer persönlichen Abhängigkeit ausgelegt werden[738]. Dies würde aber dem gesetzgeberischen Willen zur Vereinheitlichung des Verbraucherschutzrechts widersprechen, den er im Rahmen der Einfügung der §§ 13 und 14 BGB sowie der konkreten Schutzbestimmungen in das BGB zum Ausdruck gebracht hat[739]. Daher ist es geboten, den Vorrang der europarechtlichen Vorgaben in der Weise zu beachten, dass die europäische Auslegung des deutschen Verbraucherbegriffs für alle im deutschen Verbraucherschutzrecht enthaltenen Regelungen gilt, seien diese nun europarechtlich vorgegeben oder nicht.

3. Fazit

Innerhalb des Begriffspaars der gewerblichen oder selbständig beruflichen Tätigkeit stellt die gewerbliche Tätigkeit den spezielleren Begriff dar. Eine gewerbliche Tätigkeit ist eine rechtlich selbständige, planmäßige, entgeltliche und erkennbar auf einem Markt ausgeübte Tätigkeit. Eine berufliche Tätigkeit ist jede auf Erwerb gerichtete Beschäftigung, die sich nicht in einem einmaligen Erwerbsakt erschöpft. Für die Selbständigkeit der beruflichen Tätigkeit sind neben der Freiheit von Weisungen ein Ausüben im eigenen Namen und Verantwortungsbereich sowie auf eigene Gefahr und Rechnung maßgeblich.

V. Nicht: Schutzbedürftigkeit im Einzelfall

Auf eine Schutzbedürftigkeit im Einzelfall kommt es nicht an[740]. In der Nutzung abstrakter Merkmale kommt zum Ausdruck, dass es sich gerade um eine Regelung

---

738 Vgl. BeckOK-BGB/*Bamberger*, BGB, § 13 Rn. 3, der eine EU-konforme Auslegung des Verbraucherbegriffs nur dort für geboten hält, wo er für die Anwendung von Vorschriften maßgeblich ist, die durch die vertragsrechtlichen Verbraucherschutzrichtlinien vorgegeben ist. So zuvor auch schon BeckOK-BGB/*Schmidt-Räntsch*, 33. Edition.

739 So im Ergebnis wohl auch BeckOK-BGB/*Bamberger*, BGB, § 13 Rn. 3, der unter anderem den Willen des Gesetzgebers für eine Grenze einer EU-rechtlich gespaltenen Auslegung des Verbraucherbegriffs ansieht.

740 Vgl. Erman/*I. Saenger*, BGB, § 13 Rn. 2: ob eine Person situativ schutzbedürftig ist beurteilt sich nach dem Gegenstand der jeweiligen verbraucherschützenden Norm; Staudinger/*Kannowski*, BGB, § 13 Rn. 41. – So zu § 6 HaustürWG a. F. BGH, Urteil vom 04.05.1994 – XII ZR 24/93 – NJW 1994, 2759, 2760.

typisierter Fälle handelt[741]. Damit ist grundsätzlich auch die Art des abgeschlossenen Rechtsgeschäfts unerheblich[742]. Ebenso wenig kommt es auf die Kaufmannseigenschaft, Geschäftserfahrung oder die wirtschaftliche Situation des Handelnden an[743].

Daher lassen sich auch „branchenfremde Nebengeschäfte", die eine unternehmerisch tätige Person außerhalb ihres angestammten Geschäftsbereichs abschließt, nicht generell dem Verbraucherschutz zuordnen oder davon ausschließen[744]. Vielmehr muss auch hier unabhängig von der Geschäftserfahrung der handelnden Person nach den oben dargestellten Kriterien[745] geprüft werden, ob der Zweck des Rechtsgeschäfts ihrer gewerblichen oder selbständig beruflichen Tätigkeit zugerechnet werden kann[746].

VI. Einfluss des § 14 BGB auf § 13 BGB

Die Unternehmerdefinition des § 14 BGB wirkt sich ebenfalls auf die Verbraucherdefinition des § 13 BGB aus. Zunächst wird ihre Rolle gegenüber der Verbraucherdefinition dargestellt (unten 1.). Anschließend wird darauf eingegangen, inwieweit die beiden Definitionen eine abschließende Regelung für die von ihnen erfassten Personengruppen treffen (unten 2.).

1. Rolle des § 14 BGB

Die Verbraucherdefinition des § 13 BGB erlangt immer nur in Verbindung mit einer konkreten, verbraucherschützenden Vorschrift Bedeutung. Sie dient insoweit der Bestimmung des persönlichen Anwendungsbereichs der Verbraucherschutzvorschrift. Für den Verbraucherbegriff an sich ist unerheblich, in welcher Rolle oder Eigenschaft der Geschäftspartner des vermeintlichen Verbrauchers handelt. Dieser muss nicht zwingend als Unternehmer handeln[747].

---

741 *Faber*, ZEuP 1998, 854, 859. – Vgl. BGH, Urteil vom 04.05.1994 – XII ZR 24/93 – NJW 1994, 2759, 2760.

742 Vgl. Soergel/*Pfeiffer*, BGB, § 13 Rn. 27; Staudinger/*Kannowski*, BGB, § 13 Rn. 41.

743 Vgl. Staudinger/*Kannowski*, BGB, § 13 Rn. 41.

744 Gegen eine Verbrauchereigenschaft bei Branchenfremdheit des Rechtsgeschäfts Soergel/*Pfeiffer*, BGB, § 13 Rn. 36, der darauf verweist, dass Geschäftserfahrung eine generell für das Geschäftsleben zu bejahende Eigenschaft darstelle.

745 S. oben § 6 III.

746 Vgl. zu der damit verwandten Rechtsfrage nach der Unternehmereigenschaft bei Gewährung eines Verbraucherdarlehensvertrages BGH, Urteil vom 13.07.2011 – VIII ZR 215/10 – NJW 2011, 3435, 3435 f.: Auch eine Person, deren unternehmerische Tätigkeit sich nicht auf die Kreditvergabe bezieht, könne Unternehmer im Zusammenhang mit einem Verbraucherkreditvertrag sein, da alleine notwendig sei, dass sie bei Abschluss des Darlehensvertrages in Ausübung ihrer gewerblichen oder selbständigen beruflichen Tätigkeit handele.

747 Staudinger/*Kannowski*, BGB, § 13 Rn. 41.

Allerdings bedienen sich die Vorschriften im Verbrauchervertragsrecht in aller Regel auch auf der Seite des Vertragspartners einer Eingrenzung des personellen Anwendungsbereichs. Regelmäßig stellen die konkreten Verbraucherschutznormen darauf ab, dass an dem Rechtsgeschäft neben einem Verbraucher ein Unternehmer beteiligt ist[748]. Beispielhaft hierfür stehen die Regelungen zum Verbraucherdarlehensvertrag (§ 491 BGB) und zum Verbrauchsgüterkauf (§ 474 BGB). Der Unternehmerbegriff dient dazu, den Anwendungsbereich der für eine bestimmte Partei des Vertrags geltenden besonderen Anforderungen zu umschreiben und im Fall der Beteiligung von Verbrauchern an einem Rechtsgeschäft den Anwendungsbereich der zu Gunsten eines Verbrauchers eingreifenden Schutznormen zu bestimmen[749].

Die Definition des Unternehmers ist § 14 Abs. 1 BGB zu entnehmen. Unternehmer ist danach eine natürliche oder juristische Person oder eine rechtsfähige Personengesellschaft, die bei Abschluss eines Rechtsgeschäfts in Ausübung ihrer gewerblichen oder selbständigen beruflichen Tätigkeit handelt.

2. Bestehen einer „dritten Kategorie“?

Die gesetzlichen Definitionen des Verbrauchers und des Unternehmers sind rein begrifflich nicht lückenlos aufeinander abgestimmt. Während die Verbraucherdefinition nur natürliche Personen erfasst, bezieht die Unternehmerdefinition sowohl natürliche als auch auf juristische Personen ein. Nicht von den Definitionen umfasst sind demnach juristische Personen, die bei Abschluss eines Rechtsgeschäfts zu einem Zweck handeln, der weder ihrer gewerblichen noch ihrer (selbständig) beruflichen Tätigkeit zugerechnet werden kann[750]. An diese Beobachtung schließt sich die Frage an, ob eine rechtsgeschäftlich handelnde Person in jedem Fall – unabhängig vom Eingreifen einer verbraucherschützenden Norm – einer der beiden Gruppen zuzuordnen sein muss[751]. Die Alternative hierzu

---

748 Vgl. Staudinger/*Kannowski*, BGB, § 13 Rn. 41.

749 Soergel/*Pfeiffer*, BGB, § 14 Rn. 7.

750 Grabitz/Hilf/Nettesheim/*Pfeiffer*, EU-Arbeitsweisevertrag, Art. 169 Rn. 30.

751 Hierzu *Witt*, NJW 2011, 3402, 3402 ff. – Vgl. auch BGH, Urteil vom 08.11.2005 – XI ZR 34/05 – BGHZ 165, 43, 47 ff., der für die Verbrauchereigenschaft anführt, dass der GmbH-Geschäftsführer weder Kaufmann, noch Unternehmer oder Freiberufler sei. *Tiedtke* versteht dies offenbar so, dass der BGH vom Ausschluss der Kaufmannsbegriffs auf das Vorliegen der Verbrauchereigenschaft schließt, *Tiedtke*, EWiR 2006, 319, 320. Allerdings ist der Geschäftsführer nach Sicht des BGH im Ergebnis nicht deswegen Verbraucher, weil er kein Unternehmer ist. Er ist nur deswegen nicht Unternehmer, weil er kein Kaufmann ist. Zwar könne er bei wertender Betrachtung einem Kaufmann gleichzustellen sein. Da die verbraucherschützenden Vorschriften aber im Zweifel Anwendung fänden, müsse diese Erwägung außer Betracht bleiben. Das Beispiel zeigt, dass ein Alternativverhältnis bei alleiniger Betrachtung von natürlichen Personen als möglich erscheint. In diesem Sinne ist auch *Mülbert* zu verstehen, der eine dritte Kategorie insoweit ablehnt, s. *Mülbert* in FS Goette, 333, 338. Bei juristischen Personen kann aber wegen des

wäre eine eigenständige dritte Gruppe von Personen neben[752] bzw. zwischen[753] denen der §§ 13 und 14 BGB, die in keinem Fall an einem Verbrauchergeschäft beteiligt sein kann[754].

a) Gegenseitiger Ausschluss beider Eigenschaften

Einigkeit besteht jedenfalls insoweit, als niemand gleichzeitig Unternehmer und Verbraucher sein kann[755]. Das Verbraucherschutzrecht geht in seinem Zweck von einem Unterschied zwischen den vertragschließenden Parteien aus. Die der Bestimmung dieser beiden Rechtsverkehrsteilnehmer dienenden Definitionen können nicht bei demselben Rechtsgeschäft auf eine einzelne Person bezogen werden[756].

b) Bestehen der Eigenschaften bei jedem Rechtsgeschäft

Auch besteht kein Zweifel (mehr[757]) daran, dass die Verbrauchereigenschaft bei jedem Rechtsgeschäft bestehen kann[758]. Dies liegt einerseits im Wortlaut der Definition begründet, die nicht auf bestimmte Rechtsgeschäfte beschränkt ist. Außerdem betreffen viele der an die Definition anknüpfenden konkreten Verbraucherschutznormen nicht nur bestimmte Rechtsgeschäftstypen. Teilweise – wie etwa im Fall des Haustürwiderrufs – knüpfen sie lediglich an bestimmte Situationen unabhängig von der Art des geschlossenen Rechtsgeschäfts an. *Weick* weist darauf hin, dass es sich bei der Verbraucherdefinition um eine bewusste, enorme Ausdehnung des Verbraucherbegriffs handelt, die sich sowohl vom Alltagssprachgebrauch als auch vom rollensoziologischen Begriff des Verbrauchers als Nachfrager entfernt hat[759].

---

klaren Wortlauts kein Zweifel bestehen, also können sie auch nicht im Zweifel Verbraucher sein.

752 So *Henssler*, RdA 2002, 129, 124.

753 So *Dauner-Lieb/Dötsch*, DB 2002, 1666, 1667.

754 Dafür Staudinger/*Kannowski*, BGB, § 13 Rn. 49; *Dauner-Lieb/Dötsch*, DB 2002, 1666, 1667; *Henssler*, RdA 2002, 129, 124; *Krebs*, DB 2002, 517, 520. – Ebenso für die europäischen Verbraucherbegriffe Grabitz/Hilf/Nettesheim/*Pfeiffer*, EU-Arbeitsweisevertrag, Art. 169 Rn. 30.

755 Vgl. Staudinger/*Habermann*, BGB, § 14 Rn. 3; *Dauner-Lieb/Dötsch*, DB 2002, 1666, 1666; *Krebs*, DB 2002, 517, 520; *Pfeiffer*, NJW 1999, 169, 171.

756 Vgl. in diesem Sinne auch *Pfeiffer*, NJW 1999, 169, 171, der anhand der Rechtslage des AGBG die Unvereinbarkeit der Rechtsfolgenanordnung beider Vorschriften darstellt. Hieran hat sich durch die Übertragung der Regelungen des AGBG in das BGB im Grundsatz nichts geändert.

757 Dagegen noch *Flume*, ZIP 2000, 1427, 1428 sowie *Henssler*, RdA 2002, 129, 134.

758 Vgl. Staudinger/*Kannowski*, BGB, § 13 Rn. 49.

759 Staudinger/*Kannowski*, BGB, § 13 Rn. 49. – Zustimmend BeckOK-BGB/*Bamberger*, BGB, § 13 Rn. 9; *Schmidt*, JuS 2006, 1, 3.

c) Spiegelbildliche Konzeption der Begriffe

Dass der Gesetzgeber davon spricht, die Definition des Unternehmers sei spiegelbildlich zu derjenigen des Verbrauchers formuliert[760], schließt eine dritte Kategorie noch nicht aus. Die Aussage beschreibt lediglich die gesetzliche Ausgestaltung der beiden Rechtsverkehrsteilnehmer im Verhältnis zueinander. Sie klärt aber nicht die Frage, ob sie die einzigen vorstellbaren Formen von Rechtsverkehrsteilnehmern bei Geschäften mit verbraucherrechtlichem Bezug sind.

d) Ausschluss einer analogen Anwendung auf die nicht erfassten Personen

Eine analoge Anwendung der Verbraucherschutzvorschriften auf die nicht erfassten Personen wird ganz überwiegend ausgeschlossen. Zwar werden gerade karitativ tätige juristische Personen regelmäßig als vergleichbar schützenswert wie natürliche Personen erachtet, eine vergleichbare Interessenlage also durchaus gesehen[761]. Es handele sich aber schon auf europäischer Ebene, auf der ebenfalls nur natürliche Personen dem Verbraucherschutz unterfallen, um eine bewusste Regelungslücke[762]. Dass der deutsche Gesetzgeber dieses Problem übersehen haben könne, sei angesichts der eindeutig voneinander abweichenden Formulierungen der §§ 13 und 14 BGB sowie der Änderungsversuche auf europäischer Ebene nicht nachvollziehbar.[763] Die europarechtliche Dimension dieses Arguments findet derzeit auch in der Verbraucherrechterichtlinie 2011/83/EU Bestätigung, die in ihrem dreizehnten Erwägungsgrund eine Erweiterung des von ihr bestimmten Verbraucherbegriffs auf bestimmte juristische Personen ausdrücklich in das Ermessen der Mitgliedsstaaten stellt[764].

e) Zu weitgehendes Verständnis einer zwangsweisen Zuordnung?

Letztlich würde aber gegen die Anerkennung einer dritten Kategorie sprechen, dass privatrechtliche Verträge zwangsweise nur von Verbrauchern oder Unternehmern geschlossen werden können, insoweit also zwangsweise eine Zuordnung erfolgen muss[765]. Geht man lediglich von den Definitionen der §§ 13 und 14 BGB aus lässt sich dagegen zunächst nur feststellen, dass es Verbraucher bzw. Unternehmer und

---

760 Vgl. die Begründung bei Einfügung des Verbrauchsgüterkaufs, BT-Drs. 14/6040, 243.

761 Vgl. Soergel/*Pfeiffer*, BGB, § 13 Rn. 46; MüKo-BGB/*Micklitz/Purnhagen*, BGB, § 13 Rn. 15.

762 S. hierzu auch oben § 5 III. 3. c) aa).

763 *Krebs*, DB 2002, 517, 518. – Im Ergebnis so auch Soergel/*Pfeiffer*, BGB, § 13 Rn. 46. – A. A. MüKo-BGB/*Micklitz/Purnhagen*, BGB, § 13 Rn. 15, der in der Gesetzgebungsgeschichte keinen Hinderungsgrund für eine analoge Anwendung sieht.

764 S. oben § 5 III. 3. c) aa).

765 Vgl. in diesem Sinne *Witt*, NJW 2011, 3402, 3404, der dieses Ergebnis allerdings aus dem kontradiktorischen Verhältnis der Definitionen zueinander gewinnt.

die jeweils sonstigen rechtsgeschäftlich Handelnden gibt, die von der jeweils betrachteten Definition nicht erfasst sind[766].

Mit Bezug auf das VerbrKrG hat der BGH mehrfach betont, der Gesetzgeber gehe im Zweifel von einer Anwendung der Schutzvorschriften zum Verbraucherkreditrecht aus[767]. Er bezieht sich dabei auf die Gesetzesbegründung zum VerbrKrG[768]. Dort wird darauf verwiesen, dass die Zweckbestimmung nicht in die Vertragsurkunde aufgenommen, sondern nur durch Vertragsauslegung unzweideutig zu ermitteln sein muss und dass das Gesetz bei Zweifeln (hinsichtlich des Auslegungsergebnisses) anzuwenden sei[769]. Diese Auslegung im Zweifel für Verbraucherhandeln hat auch in der derzeitigen Gesetzeslage ihren Niederschlag gefunden[770].

Bestehen also hinsichtlich der Zweckbestimmung Zweifel, ist nach der gesetzlichen Ausgestaltung der §§ 13 und 14 BGB für ein Geschäft zu einem Zweck zu entscheiden, der nicht der gewerblichen oder selbständig beruflichen Tätigkeit des Handelnden zugerechnet werden kann. In Bezug auf dieses Tatbestandsmerkmal folgt aus der gesetzlichen Ausgestaltung eine zwangsweise Zuordnung zu Gunsten des Verbraucherhandelns.

Anders liegt der Fall hinsichtlich der Eigenschaft als natürliche oder juristische Person. Diese lässt sich zweifelsfrei feststellen[771]. Selbst wenn eine juristische Person dem Vertragszweck nach als Verbraucher zu behandeln wäre, ist sie von dieser Eigenschaft aufgrund des eindeutigen Wortlauts des § 13 BGB ausgeschlossen. Bei Beantwortung der Frage nach der zwangsweisen Zuordnung ist also zwischen den Tatbestandsmerkmalen der Verbrauchereigenschaft zu unterscheiden[772].

f) Zwischenfazit

Habermann sieht keinen praktischen Nutzen in der Eröffnung einer dritten Kategorie[773]. Dem ist nur insofern zuzustimmen, als es keiner Kategorisierung der nicht von den Verbrauchergeschäften erfassten Personen bedarf, weil hieran keine Rechtsfolgen anknüpfen. Ein dritter Begriff ist von diesem Standpunkt aus überflüssig.

---

766 Vgl. Staudinger/*Kannowski*, BGB, § 13 Rn. 41, der den Rückschluss, privatrechtliche Rechtsgeschäfte könnten nur von Verbrauchern bzw. Unternehmern geschlossen werden, für zu weitgehend hält. – Am Bestehen eines solchen Grundsatzes hat auch *Ulmer* anlässlich der BGH-Rechtsprechung zur Verbrauchereigenschaft des GmbH-Geschäftsführers Zweifel angemeldet, s. MüKo-BGB/*Ulmer* (4. A.), BGB, § 491 Rn. 41.

767 BGH, Urteil vom 08.11.2005 – XI ZR34/05 – BGHZ 165, 43, 50 f.; BGH, Urteil vom 05.06.1996 – VIII ZR 151/95 – BGHZ 133, 71, 78.

768 Vgl. BGH, Urteil vom 05.06.1996 – VIII ZR 151/95 – BGHZ 133, 71, 78.

769 Begr. zum Regierungsentwurf des VerbrKrG, BT-Drs. 11/5462, 17.

770 S. oben § 6 III. 2. a) bb) (2) (d).

771 Davon zu unterscheiden ist die Frage, wer Vertragspartner sein soll.

772 Im Ergebnis so auch *Witt*, NJW 2011, 3402, 3404, der die unterschiedlichen Ergebnisse für natürliche und juristische Personen aus dem kontradiktorischen Verhältnis der §§ 13 und 14 BGB herleitet.

773 Staudinger/*Habermann*, BGB, § 14 Rn. 3.

Dennoch bleibt es bei dem Befund, dass es Rechtssubjekte gibt, deren Rechtsgeschäftsabschlüsse weder der einen, noch der anderen Kategorie zuzuordnen sind. Dies folgt aus der Beschränkung der Verbrauchereigenschaft auf natürliche Personen. Juristische Personen und (rechtsfähige) Personengesellschaften können, wenn sie zu privaten Zwecken handeln – sei es nun zweifelsfrei oder unter Berücksichtigung der Annahme eines privaten Zwecks im Zweifel – nicht vom Schutz verbraucherschützender Normen profitieren. Insoweit ist auch eine Überbrückung der fehlenden Eigenschaft als natürliche Person durch eine analoge Anwendung des § 13 BGB ausgeschlossen.

Gleichzeitig scheidet eine Subsumption unter § 14 Abs. 1 BGB aus, wenn die Person oder Gesellschaft bei Rechtsgeschäftsabschluss nicht in Ausübung ihrer gewerblichen oder selbständigen beruflichen Tätigkeit handelt. Ob es in diesem Bereich überhaupt Anwendungsfälle gibt erscheint tatsächlich fraglich, ist aber nicht ausgeschlossen. Gerade bei Vereinen und juristischen Personen des öffentlichen Rechts sind Tätigkeiten denkbar, die mangels Entgeltlichkeit nicht gewerblich und mangels Ausrichtung auf Erwerb auch nicht beruflich sind.

Damit verbleibt eine Gruppe von Rechtssubjekten, deren Rechtsgeschäftsabschlüsse nicht zuzuordnen sind. Die hiervon betroffenen Personen und Gesellschaften sind nichts anderes als eine neben Verbrauchern und Unternehmern bestehende Kategorie.

Anders verhält es sich mit Blick auf natürliche Personen. Sie können grundsätzlich beides sein, Verbraucher oder Unternehmer. Den Unterschied macht die Zweckbestimmung ihres rechtsgeschäftlichen Handelns. Bei dessen Auslegung kann es zwar zu Zweifeln kommen. Für diesen Fall folgt aus der gesetzlichen Ausgestaltung der §§ 13 und 14 BGB dennoch ein eindeutiges Ergebnis. Natürliche Personen lassen sich damit zwangsweise einer Kategorie zuordnen. Eine dritte Kategorie kommt bei Ihnen nicht in Betracht.[774]

g) Dritte Kategorie auf europäischer Ebene

Ein anderes Ergebnis ergibt sich bei einem Blick auf die europäische Ebene. Hier findet auch bei natürlichen Personen keine zwangsweise Zuordnung statt.

Dies folgt allerdings nicht schon daraus, dass der europäische Normgeber unselbständige Tätigkeiten generell nicht als Verbrauchergeschäfte einordnet und etwa Arbeitnehmer deswegen nicht Verbraucher, sondern Vertreter der dritten Kategorie seien[775]. Wie bereits erwähnt ist das Arbeitsvertragsrecht von vornherein vom Einfluss der Richtlinien zum Verbrauchervertragsrecht ausgeschlossen[776], sodass Arbeitnehmer auch nicht im Sinne der Verbrauchervertragsrichtlinien kategorisierbar sind.

774 Im Ergebnis so auch *Witt*, NJW 2011, 3402, 3403.
775 So aber *Krebs*, DB 2002, 517, 520.
776 S. oben § 6 IV. 1. a).

Hierin kommt der wesentliche Unterschied zwischen europäischem und deutschem Regelungsansatz zum Tragen. Auf europäischer Ebene fehlt es an einer verbindlichen, für das europäische Recht geltenden Verbraucherdefinition[777]. Das Verbrauchervertragsrecht bildet lediglich einen separaten Bereich, der zur Herstellung des Binnenmarkts durch einzelne Rechtsakte geregelt wird. Dies ist vergleichbar mit der ursprünglich in Deutschland herrschenden und unter dem generellen Vorzeichen der Vermeidung typischer Ungleichgewichtslagen im Rechtsverkehr stehenden Rechtslage, nach der das Verbraucherprivatrecht in den verschiedenen Einzelregelungen bestand[778].

Von diesem ursprünglichen und auf europäischer Ebene nach wie vor herrschenden Regelungskonzept als eigenständiger Rechtsbereich ist der deutsche Gesetzgeber durch die Verankerung der Definitionen in den §§ 13 und 14 BGB und die Einfügung der wesentlichen Verbraucherschutzvorschriften in das BGB abgewichen. Auf diese Weise wurden die jedenfalls auf europäischer Ebene nach wie vor vorgesehenen Beschränkungen aufgehoben. Mit der Einordnung in den allgemeinen Vorschriften wurde die Anwendung des Verbraucherschutzrechts auf das gesamte Zivilrecht ausgeweitet. So können im deutschen Recht alle auf den allgemeinen Vorschriften aufbauenden Privatrechtsgebiete vom Verbraucherschutz beeinflusst sein, während auch die aktuell erlassenen europäischen Vorschriften weiter von einer getrennten Betrachtung der Rechtsgebiete ausgehen.

Auf europäischer Ebene sind Verbraucher und Unternehmer nur einzelne Kategorien neben vielen. Von der Rangordnung her sind sie mit den anderen Begriffen zu vergleichen, die für die Eröffnung des persönlichen Anwendungsbereichs der jeweiligen sekundärrechtlichen Regelung gebraucht werden.

777 S. oben § 5 III. 3 a).

778 S. oben § 5 II. 1.

Dritter Teil – Verbrauchereigenschaft des GmbH-Geschäftsführers

Die eingangs dargestellten Ansichten von Rechtsprechung und Literatur[779] werden in diesem Abschnitt anhand der zuvor gefundenen Ergebnisse zum Verbraucherbegriff überprüft. Den Weg der Prüfung geben die Tatbestandsmerkmale des Verbraucherbegriffs vor. Dabei sind zwei Anknüpfungspunkte voneinander zu trennen: die Geschäftsführerstellung einerseits und die Beteiligung an der Gesellschaft als Gesellschafter in Form des Haltens von Geschäftsanteilen andererseits.

§ 7 – Einleitung

Eine erste Weichenstellung folgt bereits aus dem Merkmal der natürlichen Person. Die Verbrauchereigenschaft wäre nämlich bereits ausgeschlossen, wenn es sich um Rechtsgeschäfte der GmbH als juristischer Person handeln sollte. Die Rechtsgeschäfte, die Gegenstand des Meinungsstreits sind, sind aber solche des Geschäftsführers als natürlicher Person. Da es für natürliche Personen an einer dritten Kategorie neben denen als Verbraucher oder als Unternehmer fehlt[780], muss sich auch der Geschäftsführer einer GmbH unter einen der beiden Begriffe subsumieren lassen.

Zudem haben sich die Gerichtsentscheidungen jeweils auf die Abschlüsse von Rechtsgeschäften bezogen, sodass § 13 BGB unmittelbare Anwendung finden kann. Diese Abschlüsse lassen sich in zwei Gruppen aufteilen: Die vom BGH entschiedenen Sicherungsgeschäfte und der vom BAG geprüfte Abschluss des Anstellungsvertrags. Diese Unterscheidung wird in der weiteren Prüfung berücksichtigt.

Die Ansichten, welche die Verbrauchereigenschaft aus Schutzzweckerwägungen ablehnen[781], spielen hier nur eine untergeordnete Rolle. Für die Verbrauchereigenschaft selbst ist die konkrete Schutzbedürftigkeit nämlich unerheblich[782]. Die Schutzzweckerwägungen können also höchstens im Rahmen der konkret verbraucherschützenden Normen von Bedeutung sein. Damit braucht an dieser Stelle nicht weiter auf sie eingegangen zu werden.

Auch die Auffassung, welche die Verbrauchereigenschaft auf Grund der Geschäftsführerschaft vorangehender Tätigkeiten ablehnt[783], kann hier nicht entscheidend sein. Erstens handelt es sich auch hierbei zum Teil um eine Schutzzweckerwägung.

779 S. oben § 2.
780 S. oben § 6 VI. 2.
781 S. oben § 2 II. 3. a).
782 S. oben § 6 V.
783 S. oben § 2 I. 1. b) cc).

Zweitens ist für die Verbrauchereigenschaft allein der Zeitpunkt des Rechtsgeschäftsabschlusses maßgeblich[784].

Nicht berücksichtigt wird das Merkmal des Überwiegens. Ob es sich bei dem Rechtsgeschäft um ein nicht überwiegend unternehmerisches handelt, muss erst entschieden werden, wenn eine doppelte Zweckrichtung vorliegt[785]. Die hier untersuchte Frage bildet dazu die Vorfrage, welchem Zweck das Rechtsgeschäft überhaupt zuzurechnen ist.

Der Fokus der Untersuchung liegt demnach auf der Zurechenbarkeit des Rechtsgeschäftsabschlusses zur gewerblichen (unten § 8) oder selbständig beruflichen Tätigkeit (unten § 9) des Gesellschafter-Geschäftsführers.

§ 8 – Keine Gewerbliche Tätigkeit des GmbH-Geschäftsführers

Der Geschäftsführer ist kein Verbraucher im Sinne des § 13 BGB, wenn der Zweck des Rechtsgeschäftsabschlusses seiner gewerblichen Tätigkeit zuzurechnen ist.

I. Einleitung

Der BGH sieht die Verbrauchereigenschaft eines Gesellschafter-Geschäftsführers deswegen als möglich an, weil das Halten von Geschäftsanteilen als Vermögensverwaltung keine gewerbliche Tätigkeit sei. Damit geht er zunächst nur auf die „Tätigkeit“ als Gesellschafter ein, nicht auch auf die Tätigkeit als Geschäftsführer[786].

Für sein Ergebnis greift der BGH auf die Grundsätze zum handelsrechtlichen Gewerbebegriff[787] zurück, nach denen das Halten von Geschäftsanteilen keine gewerbliche Tätigkeit ist. Diese Grundlagen werden zunächst dargestellt (unten II. – IV.). Im Anschluss wird überprüft, inwieweit das Halten von Geschäftsanteilen auch unter den oben gefundenen Ergebnissen zum verbraucherrechtlichen Gewerbebegriff keine gewerbliche Tätigkeit darstellt (unten V.).

II. Grundlagen: Bedeutung der gewerblichen Tätigkeit im Handelsrecht

Die Darstellung der Vermögensverwaltung im Hinblick auf den handelsrechtlichen Gewerbebegriff erfordert zunächst ein Eingehen auf die Bedeutung des Merkmals der gewerblichen Tätigkeit selbst für das Handelsrecht.

---

784 S. oben § 6 III. 4 a).

785 S. oben § 6 III. 5.

786 Hierzu noch unten § 8.

787 Zu der Uneinheitlichkeit der verschiedenen Gewerbebegriffe vgl. Baumbach/Hopt/*Hopt*, HGB, § 1 Rn. 11 sowie MüKo-HGB/*Schmidt*, HGB, § 1 Rn. 22 ff. – Zur Unterscheidung zwischen zivilrechtlichem und steuerrechtlichem Gewerbebegriff vgl. BGH, Urteil vom 10.05.1979 – VII ZR 97/78 – BGHZ 74, 273, 277.

1. Zentralnorm des § 1 HGB

Der handelsrechtliche Gewerbebegriff ist in § 1 Abs. 1 HGB normiert. Der Regelung des § 1 Abs. 1 HGB kommt die Funktion einer Zentralnorm des Handelsrechts zu: Sie enthält den Kaufmannsbegriff und bestimmt damit den Kreis der Normadressaten des HGB[788]. Kaufmann ist demnach, wer ein Handelsgewerbe betreibt, § 1 Abs. 1 HGB. Der Begriff des Handelsgewerbes ist in § 1 Abs. 2 HGB definiert[789]. Dabei handelt es sich um den handelsrechtlichen Gewerbebegriff[790].

2. Herkunft und Ausgestaltung des handelsrechtlichen Gewerbebegriffs

Im HGB ist aber keine positivrechtliche Definition des handelsrechtlichen Gewerbebegriffs enthalten[791]. Seine Begriffsmerkmale sind stattdessen von der Rechtsprechung entwickelt worden, die sich dabei auf den verjährungsrechtlichen Gewerbebegriff des § 196 Abs. 1 Nr. 1 BGB a. F. gestützt hat[792]. Bei der Bestimmung seines konkreten Inhalts des handelsrechtlichen Gewerbebegriffs ist sein Zweck zu berücksichtigen. Dementsprechend ist bei seiner Anwendung in Rechnung zu stellen, dass er die Normadressaten des HGB abgrenzen soll, soweit sie nicht nach § 6 HGB eingetragene Handelsgesellschaften sind[793].

3. Merkmale des handelsrechtlichen Gewerbebegriffs

a) Rechtsprechung

Nach Auffassung der Rechtsprechung ist ein Gewerbe im Sinne des § 1 Abs. 1 HGB jede selbständige und berufsmäßige, wirtschaftliche, nicht künstlerische, wissenschaftliche oder freiberufliche Tätigkeit, die auf Gewinnerzielung durch einen auf Dauer gerichteten Geschäftsbetrieb zielt[794].

---

788 MüKo-HGB/*Schmidt*, HGB, § 1 Rn. 1. – Ähnlich Baumbach/Hopt/*Hopt*, HGB, § 1 Rn. 3.

789 Baumbach/Hopt/*Hopt*, HGB, § 1 Rn. 5.

790 Vgl. Baumbach/Hopt/*Hopt*, HGB, § 1 Rn. 9; GroßkommHGB/*Oetker*, HGB, § 1 Rn. 13; *Schulze-Osterloh* in FS Baumann, 325, 325.

791 Baumbach/Hopt/*Hopt*, HGB, § 1 Rn. 12.

792 GroßkommHGB/*Oetker*, HGB, § 1 Rn. 14. – Vgl. auch Baumbach/Hopt/*Hopt*, HGB, § 1 Rn. 12.

793 MüKo-HGB/*Schmidt*, HGB, § 1 Rn. 26.

794 Zusammenfassend BGH, Urteil vom 07.07.1960 – VIII ZR 215/59 – BGHZ 33, 321, 324. – Vgl. auch BGH, Urteil vom 24.07.2003 – XI ZR 100/02 – BGHZ 155, 140, 245 ff.; BGH, Urteil vom 29.03.2006 – VIII ZR 183/05 – BGHZ 167, 40, 45 f.; BGH, Urteil vom 02.07.1985 – X ZR 77/84 – BGHZ 95, 155, 157; BGH, Urteil vom 22.04.1982 – VII ZR 191/81 – BGHZ 83, 382, 386; BGH, Urteil vom 10.05.1979 – VII ZR 97/78 – BGHZ 74, 273, 276; BGH, Urteil vom 10.06.1974 – VII ZR 44/73 – BGHZ 63, 32, 33; BGH, Urteil vom 28.10.1971 – VII ZR 15/70 – BGHZ 57, 191, 199; BAG, Urteil vom 17.02.1987 – 3 AZR 197/85 – NJW 1988, 222, 223; OLG Düsseldorf,

b) Literatur

Die Literatur weicht hiervon wesentlich in Bezug auf das Erfordernis einer Gewinnerzielungsabsicht ab. Sie hält stattdessen eine Entgeltlichkeit der Tätigkeit für ausreichend[795]. Damit sind nach Auffassung der Literatur die Merkmale der Selbständigkeit, des Angebots am Markt, der Entgeltlichkeit und der planmäßigen Dauer entscheidend[796]. *Schmidt* stellt daneben das Erfordernis rechtsgeschäftlicher Angebote heraus[797]. Freiberufliche, wissenschaftliche und künstlerische Tätigkeiten fallen nicht unter den Gewerbebegriff[798]. Die früher geforderte Erlaubtheit der Tätigkeit wird angesichts der regelmäßig zu erwartenden Nichtigkeit entsprechender Rechtsgeschäfte nach den §§ 134, 138 BGB als unbedeutend und mit der Regelung des § 7 HGB unvereinbar verworfen[799].

In verschiedenen Zusammenhängen wird zur Abgrenzung innerhalb einzelner Merkmale auf die Verkehrsanschauung verwiesen. So führt *Hopt* als Gegenauffassung zur Maßgeblichkeit der Gewinnerzielungsabsicht an, es sei stattdessen objektivierend auf die Verkehrsauffassung, die Geschäftsführung nach betriebswirtschaftlichen Grundsätzen und die Tätigkeit am Markt im Wettbewerb mit Privatunternehmen abzustellen[800]. *Röhricht* führt hinsichtlich der Ausklammerung freier Berufe aus, dass es abgesehen von den gesetzlich dem Gewerbebegriff entzogenen Berufen auf die Verkehrsanschauung ankommen soll, welche Berufsbilder als freiberuflich anzusehen und somit vom Gewerbebegriff auszunehmen sind[801].

Urteil vom 21.08.2003 – 23 U 113/02 – juris Rn. 3. – Zusammenfassend MüKo-HGB/*Schmidt*, HGB, § 1 Rn. 26.

795 S. hierzu schon oben § 6 IV. 2. c) aa).

796 MüKo-HGB/*Schmidt*, HGB, § 1 Rn. 26; *Schmidt*, DB 2003, 703, 705. – Vgl. auch Baumbach/Hopt/*Hopt*, HGB, § 1 Rn. 12, der begrifflich statt auf eine entgeltliche Tätigkeit allgemeiner auf eine wirtschaftliche Tätigkeit abstellt; Ebenroth/Boujong/Joost/Strohn/*Kindler*, HGB, § 1 Rn. 20 ff.; GroßkommHGB/*Oetker*, HGB, § 1 Rn. 18 ff.; Röhricht/von Westphalen/*Röhricht*, HGB, § 1 Rn. 24; Koller/Kindler/Roth/Morck/*Roth*, HGB, § 1 Rn. 5 ff.; *Canaris*, § 2 Rn. 16, der aber anstatt eines Angebots am Markt auf ein Auftreten nach außen und statt auf die Anlage auf Dauer auf die Ausrichtung auf den Abschluss einer unbestimmten Vielzahl von Geschäften abstellt; *Schulze-Osterloh* in FS Baumann, 325, 325.

797 MüKo-HGB/*Schmidt*, HGB, § 1 Rn. 29. – Ablehnend *Canaris*, § 2 Rn. 4, der dem Merkmal des Abschließens von Rechtsgeschäften keine eigenständige Bedeutung beimisst.

798 Vgl. Baumbach/Hopt/*Hopt*, HGB, § 1 Rn. 12; GroßkommHGB/*Oetker*, HGB, § 1 Rn. 27; MüKo-HGB/*Schmidt*, HGB, § 1 Rn. 32; *Canaris*, § 2 Rn. 8 ff.

799 So Ebenroth/Boujong/Joost/Strohn/*Kindler*, HGB, § 1 Rn. 31. – Im Ergebnis so auch Baumbach/Hopt/*Hopt*, HGB, § 1 Rn. 21; *Canaris*, § 2 Rn. 13.

800 Baumbach/Hopt/*Hopt*, HGB, § 1 Rn. 16.

801 Röhricht/von Westphalen/*Röhricht*, HGB, § 1 Rn. 60.

III. Fehlende Gewerblichkeit der reinen Vermögensverwaltung

Reine Vermögensverwaltung (unten 1.) wird grundsätzlich nicht als eine gewerbliche Tätigkeit in diesem Sinne angesehen (unten 2.).

1. Begriff der Vermögensverwaltung

An einer (originär handelsrechtlichen) Definition des Begriffs der Vermögensverwaltung fehlt es. Seine Bedeutung wurde in Anlehnung an die Merkmale des handelsrechtlichen Gewerbebegriffs entwickelt[802].

Als normierter Anknüpfungspunkt für den Begriff der Vermögensverwaltung bietet sich § 105 Abs. 2 Satz 1 Alt. 2 HGB an. Die Norm stellt eine gesellschaftsrechtliche Regelung parallel zu § 2 HGB dar[803] und eröffnet die Rechtsformen der OHG und der KG auch für solche Gesellschaften, die reine Vermögensverwaltung betreiben[804]. Neben der Eröffnung dieser Möglichkeit dient die Norm aber nicht dazu, die Vermögensverwaltung in den Gewerbebegriff einzubeziehen[805].

Legt man § 105 HGB für die Begriffsfindung zu Grunde, könnte sich hieraus eine Einschränkung ergeben. Vermögensverwaltung im Sinne der Norm ist nur die Verwaltung eigenen Vermögens, § 105 Abs. 2 Satz 1 Alt. 2 HGB. Nach der Gesetzesbegründung sollen völlig unbedeutende und wirtschaftlich nicht über den alltäglichen Bereich hinausreichende Betätigungen keine Vermögensverwaltung im Sinne des § 105 Abs. 2 Satz 1 Alt. 2 HGB darstellen[806]. Dem hält *Roth*[807] entgegen, dass diese Einschränkung schon nicht im Gesetzestext zum Ausdruck gekommen sei und zu Rechtsunsicherheit führe[808].

Dies muss hier auch nicht entschieden werden. Denn die Einschränkung wäre nur für den konkreten Anwendungsbereich des § 105 Abs. 2 Satz 1 Alt. 2 HGB von Bedeutung, nicht aber unmittelbar für den Begriff der Vermögensverwaltung im Sinne des Gewerbebegriffs. Dies geht aus der Gesetzesbegründung hervor. Dort wird die Notwendigkeit der Einschränkung dahingehend relativiert, als der Gesetzgeber in diesem Bereich ohnehin keine vermehrte Inanspruchnahme von Personenhandelsgesellschaften erwartete[809].

---

802 S. dazu noch unten § 8 III. 2.
803 Baumbach/Hopt/*Roth*, HGB, § 105 Rn. 12.
804 Ebenroth/Boujong/Joost/Strohn/*Wertenbruch*, HGB, § 105 Rn. 22.
805 A. A. *Siems*, NZG 2001, 738, 740. – Kritisch GroßkommHGB/*Oetker*, HGB, § 1 Rn. 23 f.
806 Vgl. die Begründung zum RegE, BT-Drs. 13/8444, 41. – So auch Ebenroth/Boujong/Joost/Strohn/*Wertenbruch*, HGB, § 105 Rn. 23.
807 Zuvor auch schon *Hopt*.
808 Baumbach/Hopt/*Roth*, HGB, § 105 Rn. 13.
809 So die Begründung zum RegE, BT-Drs. 13/8444, 41.

Unter Vermögensverwaltung im Sinne des Gewerbebegriffs fallen dagegen auch bzw. gerade unbedeutende und wirtschaftlich nicht über den alltäglichen Bereich hinausreichende Betätigungen[810].

2. Fehlende Gewerblichkeit der Vermögensverwaltung

Die Entwicklung des Begriffs der Vermögensverwaltung vollzog sich jenseits des § 105 HGB. Sowohl in der Rechtsprechung (unten a.) als auch in der Literatur (unten b.) wird damit eine (grundsätzlich) nicht gewerbliche Tätigkeit bezeichnet.

a) Rechtsprechung

Für die fehlende Gewerblichkeit der Vermögensverwaltung knüpft die Rechtsprechung an dem Merkmal der Berufsmäßigkeit der Tätigkeit[811] an[812].

aa) Grundsatz: Vermögensverwaltung als private Tätigkeit

Vermögensverwaltung sei keine Berufsausübung[813]. Mit dem Merkmal der berufsmäßigen Ausübung solle eine private Betätigung abgegrenzt werden[814]. Zu Fällen der gewerbsmäßigen Vermietung von Immobilien durch deren Eigentümer als Form der Vermögensverwaltung hat aber bereits das RG entschieden, sie stelle für gewöhnlich keinen Gewerbebetrieb dar, weil es sich insoweit nicht um eine auf Gewinn gerichtete, selbständige Tätigkeit des Vermieters handele[815]. Dies sei lediglich eine in den Rahmen der Ausübung seiner Eigentümerrechte fallende, allgemein übliche Ausnutzung des Eigentums am Haus[816]. Vermögensverwaltung gehöre damit zum privaten Bereich[817]. Dies gelte auch, wenn das eingesetzte Vermögen beträchtlich sei[818].

---

810 Im Ergebnis ebenso Ebenroth/Boujong/Joost/Strohn/*Kindler*, HGB, § 1 Rn. 37.

811 Zu den Merkmalen des handelsrechtlichen Gewerbebegriffs aus Sicht der Rechtsprechung s. oben § 8 II. 3. a).

812 Vgl. BGH, Urteil vom 10.05.1979 – VII ZR 97/78 – BGHZ 74, 273, 276.

813 BGH, Urteil vom 23.09.1992 – IV ZR 196/91 – BGHZ 119, 252, 256.

814 Vgl. BGH, Urteil vom 23.10.2001 – XI ZR 6301 – BGHZ 149, 80, 86.

815 RG, Urteil vom 18.11.1918 – VII 132/18 – RGZ 94, 162, 163.

816 RG, Urteil vom 18.11.1918 – VII 132/18 – RGZ 94, 162, 163.

817 BGH, Urteil vom 23.10.2001 – XI ZR 63/01 – BGHZ 149, 80, 86; BGH, Urteil vom 23.09.1992 – IV ZR 196/91 – BGHZ 119, 252, 256. – Vgl. OLG Hamm, Urteil vom 07.02.1992 – 20 U 237/91 – VersR 1992, 821, 822.

818 BGH, Urteil vom 23.10.2001 – XI ZR 63/01 – BGHZ 149, 80, 86; BGH, Urteil vom 23.09.1992 – IV ZR 196/91 – BGHZ 119, 252, 256. – Vgl. OLG Hamm, Urteil vom 07.02.1992 – 20 U 237/91 – VersR 1992, 821, 822: die Höhe des eingesetzten Geldbetrages sei kein Abgrenzungskriterium.

bb) Grenze: Einsatz fremden Vermögens sowie planmäßiger Geschäftsbetrieb

Von privater Vermögensverwaltung könne aber einerseits dann nicht (mehr) gesprochen werden, wenn kein eigenes, sondern fremdes Vermögen für die maßgeblichen Rechtsgeschäfte eingesetzt werde[819]. Andererseits sei nach dem Umfang der mit der Vermögensverwaltung verbundenen Geschäfte zwischen privater von berufsmäßig betriebener Vermögensverwaltung abzugrenzen[820]. Gewerbliche Tätigkeit liege daher dann vor, wenn die mit der Vermögensverwaltung verbundenen Geschäfte einen planmäßigen Geschäftsbetrieb wie etwa die Unterhaltung eines Büros oder einer Organisation erfordern[821].

b) Literatur

Auch die Literatur sieht Vermögensverwaltung letztlich als nichtgewerblich an. Hier werden sowohl Ansichten zur Abgrenzung nach qualitativen (unten aa.) als auch nach quantitativen (unten bb.) Merkmalen vertreten.

aa) Abgrenzung nach qualitativen Merkmalen

Als qualitative Merkmale für die Bestimmung der Vermögensverwaltung als nichtgewerblich wird einerseits auf ein fehlendes Anbieten am Markt (unten (1)) und andererseits auf eine fehlende spezifische Risikostruktur (unten (2)) abgestellt.

(1) Fehlendes Anbieten am Markt

Abweichend von der Rechtsprechung, die an das Merkmal der Berufsmäßigkeit anknüpft, knüpft die Literatur überwiegend an das des Auftretens am Markt an[822]. Demnach erfordere eine gewerbliche Tätigkeit ein Anbieten von Waren oder Leistungen an einem Markt[823]. Zum Teil wird dieses Merkmal auch als eine nach außen gerichtete Tätigkeit bezeichnet[824]. Ebenso wie die Rechtsprechung bezweckt auch die Literatur mit diesem Merkmal eine Ausgrenzung von Geschäften zur privaten

---

819 OLG Hamm, Urteil vom 07.02.1992 – 20 U 237/91 – VersR 1992, 821, 822.

820 BGH, Urteil vom 23.10.2001 – XI ZR 63/01 – BGHZ 149, 80, 86; BGH, Urteil vom 23.09.1992 – IV ZR 196/91 – BGHZ 119, 252, 256.

821 BGH, Urteil vom 23.10.2001 – XI ZR 63/01 – BGHZ 149, 80, 86; BGH, Urteil vom 23.09.1992 – IV ZR 196/91 – BGHZ 119, 252, 256 f.

822 So etwa GroßkommHGB/*Oetker*, HGB, § 1 Rn. 32; MüKo-HGB/*Schmidt*, HGB, § 1 Rn. 28. – A. A. Koller/Kindler/Roth/Morck/*Roth*, HGB, § 1 Rn. 7a und *Schön*, DB 1998, 1169, 1173, die die private Vermögensverwaltung als negatives Tatbestandsmerkmal des Gewerbebegriffs ansehen.

823 MüKo-HGB/*Schmidt*, HGB, § 1 Rn. 28. – So auch Röhricht/von Westphalen/*Röhricht*, HGB, § 1 Rn. 33. – A. A. *Canaris*, § 2 Rn. 4, der dem Merkmal des Auftretens am Markt keine Bedeutung beimisst.

824 So GroßkommHGB/*Oetker*, HGB, § 1 Rn. 22. – Im Ergebnis so auch *Canaris*, § 2 Rn. 7, der im Inerscheinungtreten nach außen aber ein selbständiges Merkmal sieht.

Lebensführung[825]. Die reine Vermögensverwaltung in eigener Sache stelle keine Tätigkeit am Markt dar[826]. *Schmidt* verweist hierzu auf § 105 Abs. 2 HGB[827], wonach eine Gesellschaft, die nur eigenes Vermögen verwaltet, nur unter bestimmten Voraussetzungen eine OHG ist[828].

Oetker kritisiert an der Rechtsprechung, dass der Umfang der Tätigkeit für das Vorliegen eines Gewerbes grundsätzlich ohne Bedeutung ist[829]. Er trifft die Abgrenzung daher danach, ob der bei einem Auftreten am Markt avisierte Personenkreis mit einem solchen Personenkreis korrespondiert, der über das hinausgeht, was typischerweise die Verwaltung eigenen Vermögens erfordert[830].

(2) Fehlende spezifische Risikostruktur?

Ein Teil der Literatur sieht das Abgrenzungsmerkmal in der fehlenden spezifischen Risikostruktur der vermögensverwaltenden Tätigkeit (unten (a)). Dem sind verschiedene Stimmen der Literatur entgegengetreten (unten (b)).

(a) Pro: Maßgeblichkeit von Risikostrukturen

Kindler hält die Abgrenzung der Rechtsprechung zwischen privater und gewerblicher Vermögensverwaltung für nicht mit der Rechtslage nach der Handelsrechtsreform vereinbar. Nach der Neufassung des Begriffs des Handelsgewerbes in § 1 Abs. 2 HGB stehe fest, dass der quantitative Umfang der Vermögensanlage nur über den Bestand eines Handelsgewerbes, nicht aber über denjenigen eines Gewerbes an sich entscheide[831]. Für die Abgrenzung der (privaten) Vermögensverwaltung schließt er sich stattdessen der Sicht von *Schön* an. Dieser unterscheidet aufgrund der Teleologie des Handelsrechts nach den Risikostrukturen von (privater) Vermögensverwaltung einerseits und gewerblicher Betriebstätigkeit andererseits: während dem gewerblichen Betrieb generell die Gefahr des vollständigen Verlusts der durch den Gewerbetreibenden eingesetzten Produktionsmittel anhafte, könne der Vermögensverwaltende sein Verlustrisiko in der Regel besser kontrollieren. Private Vermögensverwaltung liege daher auch bei der Inhaberschaft großer, nur durch professionellen Geschäftsbetrieb zu bewältigender Vermögenswerte vor, nicht aber,

825 So GroßkommHGB/*Oetker*, HGB, § 1 Rn. 22.
826 Vgl. Koller/Kindler/Roth/Morck/*Roth*, HGB, § 1 Rn. 7a; MüKo-HGB/*Schmidt*, HGB, § 1 Rn. 28.
827 MüKo-HGB/*Schmidt*, HGB, § 1 Rn. 28.
828 Zu dem Umkehrschluss aus § 105 Abs. 2 HGB s. auch Ebenroth/Boujong/Joost/Strohn/*Kindler*, HGB, § 1 Rn. 32.
829 GroßkommHGB/*Oetker*, HGB, § 1 Rn. 25.
830 GroßkommHGB/*Oetker*, HGB, § 1 Rn. 25. Er verweist selbst darauf, dass diese Sicht keine trennscharfe Abgrenzung erlaubt, sondern eine Einzelfallprüfung notwendig macht, GroßkommHGB/*Oetker*, HGB, § 1 Rn. 26.
831 Ebenroth/Boujong/Joost/Strohn/*Kindler*, HGB, § 1 Rn. 35.

wenn der Vermögensinhaber Arbeitsleistungen erbringe, die über die Verwaltung hinausgehen und daher typischen, marktlichen Nachfragerisiken ausgesetzt sind.[832]

(b) Contra: Unerheblichkeit spezifischer Risikostrukturen

Gegen die Abgrenzung nach der spezifischen Risikostruktur verweist *Schmidt* für die Vermögensverwaltung darauf, dass es angesichts der Anknüpfung an das Merkmal des Auftretens am Markt keines weiteren Merkmals bedarf[833]. *Schulze-Osterloh* kritisiert, dass die Abgrenzung nach der Risikostruktur zwar den handelsrechtlichen Zweck von Selbstinformation und Gläubigerschutz, nicht aber den der Vereinfachung des Geschäftsverkehrs berücksichtige[834]. Dass Art und Umfang des Geschäftsbetriebs nach § 1 Abs. 2 HGB über das Bestehen eines Handelsgewerbes entscheiden, schließe außerdem nicht zwangsweise aus, quantitative Kriterien auch auf die Gewerblichkeit der Vermögensverwaltung anzuwenden, sodass diese zugleich über das Vorliegen des Gewerbes wie auch des Handelsgewerbes entscheiden könnten[835]. Die durch den Gesetzgeber im Rahmen der Handelsrechtsreform eingefügte Regelung des § 105 Abs. 2 HGB, wonach auch vermögensverwaltende Gesellschaften den Status einer Personenhandelsgesellschaft erhalten können, habe zudem nur klarstellenden Charakter, sodass hieraus kein Rückschluss auf die generelle Unvereinbarkeit von Vermögensverwaltung und Gewerblichkeit gezogen werden könne[836]. *Röhricht* verweist darauf, dass die Verkehrsanschauung bei Bestimmung des handelsrechtlichen Gewerbebegriffs maßgeblich sei, was für die Anerkennung der gewerblichen Tätigkeit von Immobiliengesellschaften mit mehreren hundert Millionen Kommanditkapital und damit für die Berücksichtigung quantitativer Merkmale spreche[837]. Auch spreche der gesetzgeberische Wille für die Anerkennung quantitativer Merkmale. Denn unter die Gesellschaften zur freiwilligen Eintragung in das Handelsregister berechtigende Vermögensverwaltung im Sinne des § 105 Abs. 2 HGB seien nicht völlig unbedeutende und wirtschaftlich nicht über den alltäglichen, privaten Bereich hinausreichende Betätigungen zu fassen[838].

---

832 *Schön*, DB 1998, 1169, 1173.

833 MüKo-HGB/*Schmidt*, HGB, § 1 Rn. 28.

834 *Schulze-Osterloh* in FS Baumann, 325, 327 ff.

835 *Schulze-Osterloh* in FS Baumann, 325, 329. – Zustimmend Röhricht/von Westphalen/*Röhricht*, HGB, § 1 Rn. 38.

836 *Schulze-Osterloh* in FS Baumann, 325, 329 f. unter Verweis auf die Begründung zum Handelsrechtsreformgesetz, BT-Drs. 13/8444, S. 40 f. – A. A. *Schön*, DB 1998, 1169, 1173.

837 Röhricht/von Westphalen/*Röhricht*, HGB, § 1 Rn. 38.

838 Röhricht/von Westphalen/*Röhricht*, HGB, § 1 Rn. 41 unter Verweis auf die Begründung zum Handelsrechtsreformgesetz, BT-Drs. 13/8444, S. 41.

bb) Abgrenzung nach quantitativen Merkmalen

Röhricht vertritt zwar ähnlich wie die Rechtsprechung eine Abgrenzung nach quantitativen Merkmalen. Er weicht aber hinsichtlich der Anknüpfung am Merkmal der Berufsmäßigkeit von ihr ab. Er stellt allerdings auch nur insoweit auf das Merkmal des Auftretens am Markt ab, als es um die Eigennutzung von Wohneigentum geht; hieran fehle es selbst dann, wenn das Wohneigentum zum Zweck der Vermögensmehrung durch Wertsteigerung erworben wurde[839]. Im Übrigen will er die Abgrenzungsschwierigkeiten zwischen privater und gewerblicher Vermögensverwaltungstätigkeit allein anhand einer der Verkehrsanschauung folgenden Abgrenzung nach Größe und professionellem Zuschnitt der Tätigkeit überwinden[840].

cc) Fazit

Die allein für die Vermögensverwaltung angeführte Abgrenzung nach der spezifischen Risikostruktur vermag nicht zu überzeugen. Sie findet keine ausreichende Stütze im Gesetz. Auch die Abgrenzung nach quantitativen Merkmalen ist aus Gründen der Rechtssicherheit abzulehnen. Zuzustimmen ist dagegen dem Ansatz, die Vermögensverwaltung allein nach qualitativen Merkmalen von der Gewerblichkeit abzugrenzen.

3. Fazit

Vermögensverwaltung stellt daher nach der hier vertretenen Auffassung eine rein private Tätigkeit dar, die nur auf eigene Vermögenswerte gerichtet ist und die nicht anbietend am Markt stattfindet[841]. Nach Ansicht der Rechtsprechung fehlt es dagegen grundsätzlich am Merkmal der Berufsmäßigkeit[842] bzw. der Gewinnerzielungsabsicht[843]. Allerdings lässt die Rechtsprechung Ausnahmen zu, wenn die Vermögensverwaltung einen planmäßigen Geschäftsbetrieb erfordert, teilweise auch dann, wenn es sich um fremdes Vermögen handelt.

IV. Halten von Geschäftsanteilen als Vermögensverwaltung

Das Halten von Geschäftsanteilen stellt Vermögensverwaltung dar. Dies wird anhand einer Betrachtung des Begriffs des Geschäftsanteils (unten 1.) unter Berücksichtigung aktueller Entwicklungen im Bereich des GmbH-Rechts (unten 2.) nachvollzogen.

---

839 Röhricht/von Westphalen/*Röhricht*, HGB, § 1 Rn. 34.

840 Röhricht/von Westphalen/*Röhricht*, HGB, § 1 Rn. 37.

841 A. A. *Schulze-Osterloh* in FS Baumann, 325, 326, der davon ausgeht, dass die Vermögensverwaltung zu Erträgen führen soll, die nur durch eine Tätigkeit am Markt zu erzielen seien.

842 Kritisch insoweit *Schulze-Osterloh* in FS Baumann, 325, 326 f.

843 Kritisch insoweit *Siems*, NZG 2001, 738, 739.

1. *Begriff und Funktion des Geschäftsanteils*

Jeder Gesellschafter muss einen Geschäftsanteil übernehmen[844], § 3 Abs. 1 Nr. 4 GmbHG. Das Halten der Geschäftsanteile an einer GmbH vermittelt die Mitgliedschaft in der Gesellschaft[845]. Ein Geschäftsanteil stellt die durch die Beteiligungserklärung begründete mitgliedschaftliche Rechtsstellung des Gesellschafters und der sich hieraus ergebenden Gesamtheit seiner Rechte und Pflichten dar[846]. Daneben verkörpert er auch eine Beteiligung am Gesellschaftsvermögen selbst[847]. Er stellt ein dem Eigentum vergleichbares absolutes Recht des Anteilsinhabers dar[848]. Dem Inhaber wird seine Rechtsposition als Gesellschafter mit ihrem vermögens- und personenrechtlichen Gehalt als einheitlichem Rechtsgegenstand zugeordnet, über den er nach § 15 Abs. 1 GmbHG als Ganzen verfügen kann, der vererblich ist und der der Zwangsvollstreckung in Rechte unterliegt[849].

2. *Entwicklungen durch das MoMiG*

Das MoMiG[850] hat unter anderem auch auf die Verwendung des Begriffs der Geschäftsanteile Einfluss genommen.

Vor Inkrafttreten des MoMiG wurde das Stammkapital einer GmbH in nach Stammeinlagen bezifferte Geschäftsanteile zerlegt[851]. Die Stammeinlage bezeichnete denjenigen Betrag, mit dem sich der Gesellschafter an der Gesellschaft beteiligt und den einzuzahlen er sich im Gesellschaftsvertrag verpflichtet hatte[852]. Der Geschäftsanteil jedes Gesellschafters wurde nach dem festen Nennbetrag der übernommenen

---

844 Scholz/*Veil*, GmbHG, § 5 Rn. 20.

845 *Schmidt*, GesellschaftsR, § 35 I. 1.

846 RG, Urteil vom 18.04.1913 – Rep. II 659/12 – RGZ 82, 167, 169. – Ebenso Scholz/*Seibt*, GmbHG, § 14 Rn. 2. – Vgl. auch BGH, Urteil vom 08.12.1971 – VIII ZR 113/70 – BB 1972, 10, 11; Baumbach/Hueck/*Fastrich*, GmbHG, § 14 Rn. 3; MüKo-GmbHG/*Wicke*, GmbHG, § 3 Rn. 51.

847 RG, Urteil vom 18.04.1913 – Rep. II 659/12 – RGZ 82, 167, 169. – Zustimmend Scholz/*Seibt*, GmbHG, § 14 Rn. 3.

848 BGH, Urteil vom 25.04.1968 – II ZR 149/67 – GmbHR 1968, 207, 207. – Vgl. Baumbach/Hueck/*Fastrich*, GmbHG, § 14 Rn. 6 und Rowedder/Schmidt-Leithoff/*Pentz*, GmbHG, § 14 Rn. 4: subjektives Recht; Scholz/*Seibt*, GmbHG, § 14 Rn. 9: Gegenstand eines subjektiven Rechts.

849 Scholz/*Seibt*, GmbHG, § 14 Rn. 9. – In diesem Sinne auch MüKo-GmbHG/*Reichert/Weller*, GmbHG, § 14 Rn. 7; Rowedder/Schmidt-Leithoff/*Pentz*, GmbHG, § 14 Rn. 4; Rischbieter/Gröning/*Rischbieter*, 5. Kap. Rn. 3. – A. A. *Hadding* in FS Steindorff, 31, 38 f.: die Mitgliedschaft stelle eine Gesamtheit von Rechten und Pflichten, nicht aber einen Gegenstand dar, sodass Verfügungen über sie nicht ohne weiteres möglich seien.

850 Gesetz zur Modernisierung des GmbH-Rechts und zur Bekämpfung von Missbräuchen vom 23.10.2008, BGBl. I, 2026, 2026 ff.

851 *Schmidt*, GesellschaftsR, § 37 I. 1.

852 GroßkommGmbHG/*Raiser* (1. A.), GmbHG, § 14 Rn. 1.

Stammeinlage bezeichnet[853]. Der Geschäftsanteil bestimmte sich so nach der übernommenen Stammeinlage[854].

Im Gesetzestext wurden die Geschäftsanteile erst ab § 14 GmbHG a. F. erwähnt, während in dem Abschnitt über die Gründungsphase der GmbH der Begriff der Stammeinlage verwandt wurde[855]. § 14 GmbHG a. F. verknüpfte die beiden Begriffe miteinander in der Weise, dass sich die mitgliedschaftlichen Rechte und Pflichten nach dem Betrag der Stammeinlage richteten[856]. Außerdem stellte er eine Verbindung zwischen der Verbandsmitgliedschaft in der GmbH mit einer Kapitalbeteiligung her[857]. Insofern hatte § 14 GmbHG a. F. eine Zentralstellung für das Verständnis des gesetzlich nicht definierten Begriffs des Geschäftsanteils inne[858].

Das MoMiG war unter anderem von dem Anspruch getragen, das GmbH-Recht zu deregulieren[859]. In diesem Sinne war es ein Anliegen des Gesetzgebers, die Unterscheidung von Geschäftsanteil und Stammeinlage im Gründungs- und Kapitalerhaltungsrecht abzuschaffen[860]. Seit Inkrafttreten des MoMiG ist das Stammkapital daher nicht mehr in Stammeinlagen, sondern in Geschäftsanteile zerlegt[861]. Nunmehr bestimmt sich die Einlagepflicht des Gesellschafters nach dem Nennbetrag des Geschäftsanteils[862]. Damit sollte die Mitgliedschaft gegenüber der Einlagepflicht in den Vordergrund gerückt und eine Anpassung an den an § 2 AktG angelehnten Sprachgebrauch der Gesellschafter erreicht werden[863]. Inhaltliche Änderungen am Begriff oder an der Funktion des Geschäftsanteils sind dagegen nicht eingetreten und waren auch nicht beabsichtigt[864].

3. *Fazit*

Geschäftsanteile sind damit Teile des eigenen Vermögens des Inhabers.

Nach Sicht der Literatur kommt es für die Vermögensverwaltung wesentlich auf das fehlende Tätigwerden am Markt an. Hält der Gesellschafter seine Geschäftsanteile nur, bietet er sie also nicht an, wird er nicht am Markt tätig. Es ist demnach

853 Rischbieter/Gröning/*Rischbieter*, 5. Kap. Rn. 4.
854 Baumbach/Hueck/*Fastrich*, GmbHG, § 14 Rn. 1.
855 GroßkommGmbHG/*Raiser* (1. A.), GmbHG, § 14 Rn. 1.
856 GroßkommGmbHG/*Raiser* (1. A.), GmbHG, § 14 Rn. 1.
857 Scholz/*Seibt*, GmbHG, § 14 Rn. 1.
858 Scholz/*Seibt*, GmbHG, § 14 Rn. 1.
859 S. die Begründung zum RegE, BT-Drs. 16/6140, 25.
860 Vgl. *Goette*, Einf. Rnrn. 7, 65.
861 Scholz/*Veil*, GmbHG, § 5 Rn. 19.
862 Baumbach/Hueck/*Fastrich*, GmbHG, § 14 Rn. 1.
863 Baumbach/Hueck/*Fastrich*, GmbHG, § 14 Rn. 1. – Vgl. die Begründung zum RegE, BT-Drs. 16/6140, 25.
864 Vgl. die Begründung zum RegE, BT-Drs. 16/6140, 28; Baumbach/Hueck/*Fastrich*, GmbHG, § 14 Rn. 1; MüKo-GmbHG/*Reichert/Weller*, GmbHG, § 14 Rn. 7.

ganz überwiegende Meinung, dass das alleinige Halten von Geschäftsanteilen reine Vermögensverwaltung darstellt[865].

Nach Sicht der Rechtsprechung ist die Berufsmäßigkeit der Tätigkeit entscheidend. Grundsätzlich ist das Halten von Geschäftsanteilen damit auch nach ihrer Auffassung nichtgewerbliche Vermögensverwaltung. Sie lässt aber zwei zur Gewerblichkeit der Tätigkeit führende Ausnahmen zu: die erste Ausnahme des Einsatzes fremden Vermögens ist hier allerdings ausgeschlossen, weil es sich um eigenes Vermögen des Inhabers handelt. Nach der zweiten Ausnahme kann die Gewerblichkeit vom Umfang der Geschäftsanteile abhängen. Folgt man der hier vertretenen, die zweite Ausnahme ablehnenden Ansicht, fehlt es dagegen auch bei einem Anknüpfen an das Merkmal der Berufsmäßigkeit in jedem Fall an der Gewerblichkeit.

Da durch das MoMiG keine inhaltlichen Änderungen an Begriff und Funktion des Geschäftsanteils eingetreten sind, wirkt sich die Gesetzesänderung auch nicht auf die Frage der Vermögensverwaltung durch das Halten von Geschäftsanteilen aus.

V. Übertragbarkeit und Abweichungen der Ergebnisse mit Blick auf den verbraucherrechtlichen Gewerbebegriff

1. Ansicht von Fehrenbacher und Herr

Die soeben gefundenen Ergebnisse ließen sich auch für den verbraucherrechtlichen Gewerbebegriff heranziehen, wie es der BGH tut. So gehen auch *Fehrenbacher* und *Herr* vor. Sie nähern sich der Thematik im Zusammenhang mit der Anwendbarkeit des damaligen VerbrKrG auf BGB-Gesellschaften[866]. Sie beziehen sich auf eine Entscheidung des BGH, der für die Ermittlung der Verbrauchereigenschaft einer vermögensverwaltenden GbR den handelsrechtlichen Gewerbebegriff zu Grunde legte und feststellte, dass es nach dem Umfang der Geschäfte im konkreten Fall an einer planmäßigen Tätigkeit fehle[867]. Dies sei angesichts einer in der Literatur vertretenen Meinung zum Gewerbebegriff folgerichtig[868]. Sie übertragen dieses Ergebnis auch auf die §§ 13 und 14 BGB, da die Begrenzung des Anwendungsbereichs der Verbraucherschutzgesetze durch die Gesetzesnovellierung habe unberührt bleiben sollen[869].

865 GroßkommHGB/*Oetker*, HGB, § 1 Rn. 26. – Vgl. Baumbach/Hopt/*Hopt*, HGB, § 1 Rn. 18 für Holdingsgesellschaften mit bloßer Anteilsverwaltung.

866 *Fehrenbacher/Herr*, BB 2002, 1006, 1006 ff.

867 Vgl. *Fehrenbacher/Herr*, BB 2002, 1006, 1007 f.

868 Vgl. *Fehrenbacher/Herr*, BB 2002, 1006, 1007 f., die insbesondere auf die Ansicht von Koller/Kindler/Roth/Morck/*Roth*, HGB, § 1 Rn. 7 (jetzt 7a) verweisen, der allerdings nicht die fehlende Planmäßigkeit für Ausschlaggebend hält. Nach *Roth* stellt die private Vermögensverwaltung viel mehr ein negatives Tatbestandsmerkmal des Gewerbebegriffs dar, das sich aus der Tradition des Begriffs ergebe.

869 Vgl. *Fehrenbacher/Herr*, BB 2002, 1006, 1008.

2. Lösung anhand des verbraucherrechtlichen Gewerbebegriffs

Diese direkte Anwendung der Ergebnisse zum handelsrechtlichen auf den verbraucherrechtlichen Gewerbebegriff wird den unterschiedlichen Regelungsgegenständen aber nicht gerecht. Vielmehr ist für die Gewerblichkeit der Vermögensverwaltung allein auf den verbraucherrechtlichen Gewerbebegriff abzustellen.

Letztlich wird die Vermögensverwaltung sowohl nach Sicht der Rechtsprechung als auch nach Sicht der Literatur dem privaten Bereich zugeordnet. Auf Grund der unterschiedlichen Ausgangspunkte bestehen aber Abweichungen hinsichtlich der gesetzlichen Anknüpfungsmerkmale.

Soweit die Rechtsprechung für Vermögensverwaltung auf eine fehlende Gewinnerzielungsabsicht abstellt, kann es darauf im Rahmen des verbraucherrechtlichen Gewerbebegriffs nicht ankommen. Denn diese ist nach hier vertretener Ansicht kein Bestandteil des verbraucherrechtlichen Gewerbebegriffs[870].

Das Merkmal der Berufsmäßigkeit, an das die Rechtsprechung außerdem anknüpft, ist ebenfalls nicht Bestandteil des verbraucherrechtlichen Gewerbebegriffs. Vielmehr ist der verbraucherrechtliche Gewerbebegriff selbst vom verbraucherrechtlichen Begriff der selbständigen beruflichen Tätigkeit umfasst[871]. Mit der Anknüpfung an die Berufsmäßigkeit bezweckt die Rechtsprechung aber eine Abgrenzung der als privat angesehenen Vermögensverwaltung. Vergleichbar damit dient das verbraucherrechtliche Begriffspaar der Abgrenzung nichtunternehmerischer Tätigkeiten. Insoweit stimmt das Ergebnis der Rechtsprechung mit dem verbraucherrechtlichen Gewerbebegriff trotz unterschiedlicher gesetzlicher Anknüpfungsmerkmale überein.

Die von der Rechtsprechung hinsichtlich der Vermögensverwaltung vertretene Ausnahme, dass sie ab einem gewissen Umfang gewerblich sein könne, findet im verbraucherrechtlichen Gewerbebegriff keine Entsprechung.

Mit der überwiegenden Literaturansicht ist für den handelsrechtlichen Gewerbebegriff maßgeblich, dass die Vermögensverwaltung keine auf ein Auftreten auf einem Markt gerichtete Tätigkeit darstellt. Damit stellt die Vermögensverwaltung auch nach den zum Verbraucherbegriff gefundenen Ergebnissen[872] keine gewerbliche Tätigkeit dar.

Soweit die Literaturansicht eine Abgrenzung aber nach spezifischen Risikostrukturen oder ebenfalls nach quantitativen Merkmalen vornehmen will, findet sich ebenfalls keine Entsprechung im verbraucherrechtlichen Gewerbebegriff.

---

870 S. oben § 6 IV. 2. c) aa).
871 S. oben § 6 IV. 3.
872 Vgl. oben § 6 IV. 2. c) aa).

VI. Fazit

Auch nach dem verbraucherrechtlichen Gewerbebegriff stellt die Vermögensverwaltung grundsätzlich keine gewerbliche Tätigkeit dar. Ein Rechtsgeschäftsabschluss zu ihren Zwecken schließt die Verbrauchereigenschaft demnach nicht aus. Die Verbrauchereigenschaft könnte zwar, folgt man der Rechtsprechungsansicht zur Vermögensverwaltung, dann entfallen, wenn die Vermögensverwaltung einen berufsmäßigen Umfang erlangt. Eine solche, an quantitativen Merkmalen ausgerichtete Abgrenzung ist aber aus Gründen der Rechtssicherheit abzulehnen und findet im verbraucherrechtlichen Gewerbebegriff keine Entsprechung.

Der Entscheidung des BGH zur fehlenden Gewerblichkeit des Haltens von Geschäftsanteilen ist daher nicht nur zuzustimmen. Selbst dann, wenn das Halten von Geschäftsanteilen einen berufsmäßigen Umfang annehmen würde, wäre die Verbrauchereigenschaft des GmbH-Geschäftsführers jedenfalls nicht deswegen ausgeschlossen.

§ 9 – Keine selbständige berufliche Tätigkeit des Geschäftsführers

Der Geschäftsführer ist kein Verbraucher im Sinne des § 13 BGB, wenn der Zweck des Rechtsgeschäftsabschlusses seiner selbständigen beruflichen Tätigkeit zuzurechnen ist.

I. Einleitung

Nach Ansicht von BGH und BAG kann der Geschäftsführer bei Abschluss der Sicherungsgeschäfte bzw. des Anstellungsvertrags Verbraucher sein, weil die Geschäftsführung keine selbständige berufliche Tätigkeit darstelle. Es handele sich dabei im Gegenteil um eine angestellte berufliche Tätigkeit.[873]

Damit sind sich BGH und BAG zunächst darin einig, dass es sich jedenfalls um eine berufliche Tätigkeit handelt. Ohne weiteres lässt sich die Tätigkeit des Geschäftsführers unter den hier vertretenen verbraucherrechtlichen Berufsbegriff[874] subsumieren[875]. Denn die Tätigkeit des Geschäftsführers ist regelmäßig sowohl auf Erwerb gerichtet als auch auf Dauer angelegt und sie dient der Schaffung und Erhaltung einer Lebensgrundlage.

Der Schwerpunkt der folgenden Untersuchung liegt stattdessen auf dem Merkmal der Selbständigkeit. Die Rechtsprechung des BGH beschränkt sich bei der

873 Vgl. oben § 2 I.

874 S. oben § 6 IV. 2. c) bb) (1).

875 Vgl. auch BGH, Urteil vom 29.01.1981 – II ZR 92/80 – AP Nr. 14 zu § 622 BGB: der Geschäftsführer stelle der Gesellschaft seine Arbeitskraft hauptberuflich bzw. im Rahmen einer vollständigen und hauptsächlichen Inanspruchnahme seiner Erwerbstätigkeit zur Verfügung.

Prüfung diese Merkmals weitgehend auf den Hinweis, bei der Geschäftsführertätigkeit handele es sich um eine angestellte Tätigkeit[876]. Das BAG geht darauf näher ein. Demnach soll es an der Selbständigkeit des Geschäftsführers fehlen, weil er im Rahmen seiner Tätigkeit kein wirtschaftliches Risiko trage und im Innenverhältnis den Weisungen der Gesellschafter unterworfen sei[877].

Sowohl die Weisungsgebundenheit des Geschäftsführers (unten IV.) als auch das Tragen des wirtschaftlichen Risikos (unten III.) werden daher untersucht. Dazu ist es notwendig, vorab die Grundlagen zu den Rechtsverhältnissen zwischen dem GmbH-Geschäftsführer und der Gesellschaft darzustellen (unten II.). Die folgenden Ausführungen beschränken sich dabei auf den Fall einer nicht mitbestimmten GmbH.

II. Grundlagen zum GmbH-Geschäftsführer

Der weiteren Untersuchung werden grundlegende Ausführungen zum GmbH-Geschäftsführer vorangestellt.

1. Allgemeines

Der Geschäftsführer ist eines der wenigstens zwei Organe der GmbH[878]. Er tritt als notwendiges Handlungsorgan[879] der Gesellschaft neben die Gesellschafterversammlung als deren Willensbildungsorgan[880]. In der GmbH ist Fremdorganschaft zulässig, sodass außer Gesellschaftern auch Dritte Geschäftsführer sein können, vgl. § 6 Abs. 3 Satz 1 GmbHG[881]. Seine Aufgabe besteht darin, die Gesellschaft zu vertreten und ihre Geschäfte zu führen[882].

2. Vertretungs- und Geschäftsführungsorgan

Der Geschäftsführer ist notwendiges Vertretungs- und Geschäftsführungsorgan der Gesellschaft[883]. Als Vertretungsorgan hat der Geschäftsführer alle Willenserklärungen gegenüber Dritten mit Wirkung für und gegen die Gesellschaft abzugeben und entgegenzunehmen[884]. Daneben obliegt ihm die Geschäftsführung der GmbH. Diese betrifft das Handeln der Gesellschaft im Innenverhältnis[885]. Der Geschäftsführer

---

876 S. oben § 2 I. 1. a).

877 S. oben § 2 I. 2.

878 Vgl. MüHbGesR-III/*Marsch-Barner/Diekmann*, § 41 Rn. 1; *Schmidt*, GesellschaftsR, § 33 I. 2. a).

879 Vgl. MüHbGesR-III/*Marsch-Barner/Diekmann*, § 41 Rn. 7 ff.; *Schmidt*, GesellschaftsR, § 36 II. 1. b).

880 *Schmidt*, GesellschaftsR, § 33 I. 2. a), § 36 I. 1. a).

881 *Schmidt*, GesellschaftsR, § 33 I. 2. a), § 36 II. 2. a).

882 MüHbGesR-III/*Marsch-Barner/Diekmann*, § 41 Rn. 1.

883 *Schmidt*, GesellschaftsR, § 36 II. 1. a).

884 MüHbGesR-III/*Marsch-Barner/Diekmann*, § 41 Rn. 2.

885 MüHbGesR-III/*Marsch-Barner/Diekmann*, § 41 Rn. 3.

entscheidet über Art und Weise der Verfolgung des Gesellschaftszwecks[886]. Allerdings können sich die Gesellschafter Geschäftsführungsaufgaben generell oder in Einzelfällen vorbehalten und insoweit den Rahmen der Geschäftsführungstätigkeit bestimmen[887]. Dagegen obliegen Grundlagenentscheidungen generell den Gesellschaftern, auf deren Zustimmung der Geschäftsführer im Innenverhältnis bei Änderung der Geschäftspolitik angewiesen ist[888].

Auch sonstiges organschaftliches Handeln für die Gesellschaft mit unmittelbarer Außenwirkung wie etwa die Besitzergreifung oder -innehabung ist nur durch den Geschäftsführer möglich[889].

3. *Verhältnis zu den Gesellschaftern*

Der Geschäftsführer ist gegenüber den Gesellschaftern als höchstem Organ der Gesellschaft weisungsabhängig[890]. Den Gesellschaftern obliegt neben der Bestellung, Abberufung und Entlastung des Geschäftsführers auch die Prüfung und Überwachung der Geschäftsführung, §§ 46 Nr. 5, Nr. 6 GmbHG[891].

4. *Anstellungs- und Organverhältnis*

GmbH-Geschäftsführer stehen zu Ihrer Gesellschaft zumeist in zweierlei Rechtsverhältnissen, die voneinander zu unterscheiden sind: in der durch die Bestellung begründeten Organstellung bzw. dem Organverhältnis einerseits und dem durch den Anstellungsvertrag begründeten Anstellungsverhältnis andererseits[892]. Für diese

---

886 MüHbGesR-III/*Marsch-Barner/Diekmann*, § 41 Rn. 3.

887 Roth/Altmeppen/*Altmeppen*, GmbHG, § 35 Rn. 2. – Vgl. auch MüHbGesR-III/*Marsch-Barner/Diekmann*, § 41 Rn. 3.

888 Vgl. BGH, Urteil vom 25.02.1991 – II ZR 76/90 – NJW 1991, 1681, 1682; *Schmidt*, GesellschaftsR, § 36 I. 2. b); *Eisenhardt* in FS Pfeiffer, 839, 841. – Differenzierend Baumbach/Hueck/*Zöllner/Noack*, GmbHG, § 37 Rnrn. 9, 13 ff., für die Maßnahmen gegen die Geschäftspolitik im Widerspruch zu dem Gesellschafterbeschluss stehen und damit weisungswidrig sind, während die Geschäftsführer die Unternehmenspolitik festsetzen, wenn die Gesellschafter ihre unternehmenspolitische Kompetenz nicht wahrnehmen.

889 MüHbGesR-III/*Marsch-Barner/Diekmann*, § 41 Rn. 4.

890 *Schmidt*, GesellschaftsR, § 36 I. 2. a) sowie unten § 9 IV. 2.

891 *Schmidt*, GesellschaftsR, § 36 I. 2. a).

892 Vgl. BAG, Urteil vom 26.05.1999 – 5 AZR 664/98 – AP Nr. 10 zu § 35 GmbHG unter III. 1. der Gründe; BGH, Urteil vom 08.12.1977 – AP Nr. 9 zu § 850 ZPO unter II. 1. der Gründe; Altmeppen/Roth/*Altmeppen*, GmbHG, § 6 Rnrn. 44, 73, der zwar von einer Unterscheidung zwischen Bestellung und Anstellungsverhältnis spricht, mit der Bestellung aber sowohl einen körperschaftlichen Rechtsakt, als auch ein auf Dauer bestehendes und vom Anstellungsverhältnis zu unterscheidendes Rechtsverhältnis sieht; MüKo-GmbHG/*Jaeger*, GmbHG, § 35 Rn. 248; GroßkommGmbHG/*Paefgen*, GmbHG, § 35 Rn. 135; Baumbach/Hueck/*Zöllner/*

sog. Trennungstheorie wird auf § 38 Abs. 1 GmbHG verwiesen[893], wonach die Bestellung der Geschäftsführer zu jeder Zeit und unbeschadet der Entschädigungsansprüche aus bestehenden Verträgen widerruflich ist.

a) Bestellung und Anstellung

Bei den Geschäftsführern handelt es sich um gekorene Organträger. Sie werden durch einen Organbestellungsakt, die Bestellung[894], zum Geschäftsführer, in ihr Amt eingesetzt[895], vgl. § 46 Nr. 5 GmbHG. Er erfolgt in einer nicht der Mitbestimmung unterliegenden Gesellschaft im Gesellschaftsvertrag oder durch die Gesellschafter, §§ 6 Abs. 3 Satz 2, 46 Nr. 5 GmbHG[896]. Bei der Bestellung handelt es sich um einen körperschaftlichen Rechtsakt[897]. Sie hat die Form eines einseitigen Rechtsgeschäfts[898], das der Zustimmung durch den zu Bestellenden bedarf[899]. Durch die Bestellung werden gesetzliche und satzungsmäßige Kompetenzen übertragen[900].

Noack, GmbHG, § 35 Rn. 163; *Drygala/Staake/Szalai*, § 11 Rn. 15; *Goette* in FS Wiedemann, 873, 873; *Fleck*, WM 1981, Beil. 3, 1, 3; *Hümmerich*, NJW 1995, 1177, 1177. – Uneindeutig BGH, Urteil vom 24.11.1980 – II ZR 182/79 – BGHZ 79, 38, 41, wonach Bestellung und Anstellung selbst die Rechtsverhältnisse sein sollen. – Kritisch zur Entwicklung dieser Ansicht *Mildenberger*, § 5 sowie *Reuter* in FS Zöllner, Band I, 487, 487 ff. – A. A. *Baums*, § 4 II. 1. e) bb), der in Bestellung und Annahme die Begründung für das Dienstverhältnis sieht; *Mildenberger*, § 6, der in dem aus der Bestellung folgenden Organverhältnis ein umfassendes Rechtsverhältnis inklusive eines lediglich konkretisierungsbedürftigen Vergütungsanspruchs sieht.

893 So GroßkommGmbHG/*Paefgen*, GmbHG, § 35 Rn. 18; *Drygala/Staake/Szalai*, § 11 Rn. 15; *Schmidt*, GesellschaftsR, § 14 III. 2. b).

894 Zu der uneinheitlichen sprachlichen Verwendung des Begriffs der Bestellung sowohl für das Rechtsgeschäft als auch für die daran anschließende Rechtsstellung s. klarstellend *Baums*, § 4 II. 1. a).

895 *Schmidt*, GesellschaftsR, § 14 III.2. a).

896 *Schmidt*, GesellschaftsR, § 36 II. 2. b). – Zu der Personalkompetenz des Aufsichtsrats in Fällen der (zwingenden) Mitbestimmung s. Roth/Altmeppen/*Altmeppen*, GmbHG, § 52 Rn. 59.

897 BAG, Urteil vom 26.05.1999 – 5 AZR 664/98 – AP Nr. 10 zu § 35 GmbHG unter III. 1. der Gründe; BAG, Urteil vom 16.09.1998 – 5 AZR 181/97 – AP Nr. 56 zu § 611 BGB Direktionsrecht unter III. 2. b) cc) der Gründe.

898 A. A. Roth/Altmeppen/*Altmeppen*, GmbHG, § 6 Rn. 45: zweiseitiges Rechtsgeschäft wegen der aus der Bestellung resultierenden Pflichten; *Mildenberger*, § 9 A. III: Bestellungsvertrag als Unterwerfungsvertrag.

899 *Baums*, § 4 II. 1. b). – Ebenso MüHbGesR-III/*Marsch-Barner/Diekmann*, § 42 III. 1; *Reuter* in FS Zöllner, Band I, 487, 492.

900 BAG, Urteil vom 26.05.1999 – 5 AZR 664/98 – AP Nr. 10 zu § 35 GmbHG unter III. 1. der Gründe; BAG, Urteil vom 16.09.1998 – 5 AZR 181/97 – AP Nr. 56 zu § 611 BGB Direktionsrecht unter III. 2. b) cc) der Gründe.

Von der *Be*stellung ist die *An*stellung bzw. der Abschluss des Anstellungsvertrags zu unterscheiden[901]. Der Anstellungsvertrag zum Zweck des Tätigwerdens als Vertretungsorgan ist ein schuldrechtlicher, gegenseitiger Vertrag[902]. Bei entgeltlicher Tätigkeit, wie es bei der der des GmbH-Geschäftsführers ganz überwiegend der Fall ist, kommt neben der Organstellung ein dienstvertragliches Rechtsverhältnis zustande[903]. Die Regelung des Dienstverhältnisses obliegt den Gesellschaftern[904], die die Gesellschaft bei Abschluss des Anstellungsvertrags vertreten[905].

b) Organverhältnis und Anstellungsverhältnis

aa) Organverhältnis

Das Organverhältnis ist das durch die Bestellung begründete Rechtsverhältnis zwischen dem Geschäftsführer und der Gesellschaft[906]. Es ist von den Befugnissen und Pflichten eines Geschäftsleiters geprägt, wie sie sich aus der Verfassung der GmbH als Gesellschaftsform ergeben[907]. Das Organverhältnis begründet die (nach außen gerichtete) Vertretungsmacht des Geschäftsführers sowie die (nach innen gerichtete) Befugnis zur Geschäftsführung[908]. Das Organverhältnis enthält aber keine Regelungen etwa über den Umfang der Leistungspflichten des Geschäftsführers, über die Gegenleistung der Gesellschaft, den Schutz sozialer Interessen des Geschäftsführers, Aufwendungsersatz und Herausgabepflichten[909].

bb) Anstellungsverhältnis

Neben das Organverhältnis tritt zumeist das Anstellungsverhältnis.

---

901 BAG, Urteil vom 16.09.1998 – 5 AZR 181/97 – AP Nr. 56 zu § 611 BGB Direktionsrecht unter III. 2. b) cc) der Gründe; BGH, Urteil vom 04.11.1968 – II ZR 63/67 – LM Nr. 9 zu § 46 GmbHG unter 2. der Gründe; BGH, Urteil vom 17.04.1958 – II ZR 222/56 – LM Nr. 3 zu § 46 GmbHG unter II. der Gründe. – Für den Vorstand einer AG s. BGH, Urteil vom 07.12.1961 – II ZR 117/60 – BGHZ 36, 142, 143; *Baums*, § 2 ff.; *Schmidt*, GesellschaftsR, § 14 III. 2. b).

902 BAG, Urteil vom 26.05.1999 – 5 AZR 664/98 – AP Nr. 10 zu § 35 GmbHG unter III. 1. der Gründe.

903 *Flume*, Juristische Person, § 10 I. 2.; *Schmidt*, GesellschaftsR, § 14 III.2. b); *Hümmerich*, NJW 1995, 1177, 1178. – Für den Vorstand einer AG s. BGH, Urteil vom 07.12.1961 – II ZR 117/60 – BGHZ 36, 142, 143. – Ausführlicher hierzu unten § 9 II. 4. b).

904 BGH, Urteil vom 03.07.2000 – II ZR 282/98 – LM Nr. 38 zu § 46 GmbHG unter 1. a) der Gründe; BGH, Urteil vom 17.04.1958 – II ZR 222/56 – LM Nr. 3 zu § 46 GmbHG unter II. der Gründe; *Flume*, Juristische Person, § 10 I. 2.. – Vgl. Heckschen/Heidinger/*Heidinger*, § 6 Rn. 12.

905 *Schmidt*, GesellschaftsR, § 36 II. 2. c).

906 Vgl. *Baums*, § 4 II. 1. e) aa).

907 Vgl. *Baums*, § 4 II. 1. e) aa).

908 Vgl. Baumbach/Hueck/*Zöllner/Noack*, GmbHG, § 35 Rn. 12. – Ausführlich zu den Pflichten *Mildenberger*, § 6 A.

909 Baumbach/Hueck/*Zöllner/Noack*, GmbHG, § 35 Rn. 12.

(1) Notwendigkeit eines Anstellungsverhältnisses

(a) Entbehrlichkeit des Anstellungsverhältnisses im Einzelfall?

Ob es zwingend eines Anstellungsverhältnisses bedarf, ist umstritten. Die wohl überwiegende Ansicht erachtet ein Anstellungsverhältnis jedenfalls für ganz bestimmte Erscheinungsformen der Geschäftsführerstellung als entbehrlich.

So führen *Zöllner* und *Noack* zum Verhältnis zwischen Gesellschaft und Geschäftsführer aus, es könne bereits durch die Satzung näher geregelt sein[910]. Seien dies echte Satzungsbestandteile[911] aus denen hervorgehe, dass die Geschäftsführung Teil des Mitgliedschaftsrechts des selbst an der Gesellschaft beteiligten Geschäftsführers sein soll, sei ein daneben abzuschließender Anstellungsvertrag nicht erforderlich[912]. Auch *Schmidt* führt mit Verweis auf die §§ 27 Abs. 3, 713 BGB aus, wo unentgeltliche Tätigkeit vom Gesetzgeber als Normalität angesehen sei – also im Fall des Vereins und der Personengesellschaften – sei die Anwendung von Auftragsregeln auf das organschaftliche Rechtsverhältnis auch ohne Vereinbarung eines besonderen Auftragsverhältnisses vorgesehen, wodurch aber das organschaftliche Rechtsverhältnis nicht zum Auftrag werde[913]. Er überträgt diese Aussage aber nicht ausdrücklich auch auf die GmbH. Insoweit weitergehend führt *Flume* aus, zwischen einem Vorstandsmitglied und der Gesellschaft bestehe ein organschaftliches Rechtsverhältnis sui generis, auf das die Auftragsregeln Anwendung fänden, ohne dass es selbst Auftrag sei. Bei einem unentgeltlich tätigen Vorstand bestehe allgemein nur dieses organschaftliche Rechtsverhältnis. Ausdrücklich könne dies auch für juristische Personen des Handelsrechts gelten.[914] Auch *Schneider* und *Hohenstatt* gehen davon aus, die Übernahme der Geschäftsführerstellung könne ohne jeglichen Anstellungsvertrag erfolgen[915].

Dagegen geht *Altmeppen* offenbar davon aus, dass immer ein Anstellungsverhältnis begründet wird, welches aber „von rein gesellschaftsrechtlicher Art“ sein könne[916]. Dem entspricht auch die Ansicht *Reuters*, demzufolge zwar die Vergütung ihren Rechtsgrund im Falle der „Amtsinhaberschaft kraft mitgliedschaftlichen Sonderrechts“ finden kann[917]. Insoweit ist also auch nach seiner Auffassung für eine Vergütung nicht maßgeblich, ob ein Anstellungsvertrag besteht. Im Übrigen regt er aber ein Verständnis des Anstellungsvertrags als Verpflichtungs- und der Bestellung

---

910 Baumbach/Hueck/*Zöllner/Noack*, GmbHG, § 35 Rn. 13.

911 Also Satzungsbestandteile im Sinne des § 53 GmbHG im Unterschied zu solchen, die nicht unter diese Norm fallen, Baumbach/Hueck/*Zöllner*, GmbHG, § 53 Rn. 5.

912 Baumbach/Hueck/*Zöllner/Noack*, GmbHG, § 35 Rn. 13.

913 *Schmidt*, GesellschaftsR, § 14 III. 2. b).

914 *Flume*, Juristische Person, § 10 I. 2.

915 Scholz/*Schneider/Hohenstatt*, GmbHG, § 35 Rn. 251.

916 Roth/Altmeppen/*Altmeppen*, GmbHG, § 6 Rn. 73.

917 Vgl. im Umkehrschluss *Reuter* in FS Zöllner, Band I, 487, 492.

als Erfüllungsgeschäft an[918], was die Unverzichtbarkeit des Anstellungsverhältnisses impliziert[919].

(b) Dogmatische Verbundenheit: Anstellung als Kausalgeschäft?

Hieran schließt sich die Frage nach der dogmatischen Verbundenheit von Anstellungs- und Organverhältnis an.

Die ganz herrschende Ansicht lautet, das Anstellungsverhältnis ergänze zwar das Organverhältnis[920] bzw. sie ergänzten sich gegenseitig[921]. Im Übrigen stünden sie rechtlich selbständig nebeneinander[922] und könnten höchstens durch Vereinbarung aneinander gekoppelt werden[923].

Wie schon erwähnt lässt sich der Anstellungsvertrag nach Ansicht von *Reuter* als das Verpflichtungsgeschäft für die Bestellung ansehen[924]. Der Anstellungsvertrag bringe den Zweck zum Ausdruck, den das (künftige) Organmitglied mit der Übernahme des Amts verfolge. Insbesondere dann, wenn der Bewerber mit der Anstellung eine berufliche Tätigkeit, sprich die Schaffung einer Existenzgrundlage anstrebe, bedürfe es eines Rechtsgrunds für die Amtsübernahme in Gestalt eines Vertrags, der das Amt in rechtlich abgesicherter Weise zur beruflichen Existenzgrundlage mache.[925] Die Rechtsgrundlage könne, wenn nicht bereits in der Satzung der Körperschaft geregelt, im Anstellungsvertrag gesehen werden, dessen Erfüllung unter anderem in der Wahrnehmung des Amts bestehe[926]. Auch *Stephan* und *Thieves* sehen das Anstellungsverhältnis als das der Übernahme der Organstellung durch den Geschäftsführer zugrundeliegende Schuldverhältnis. Aus dem Anstellungsverhältnis könne sich der Grund dafür ergeben, warum der Geschäftsführer die Organstellung übernehme. Sie vertreten diese Ansicht aber nicht in letzter Konsequenz,

---

918 *Reuter* in FS Zöllner, Band I, 487, 488.

919 Vgl. auch *Reuter* in FS Zöllner, Band I, 487, 493: Notwendigkeit des Anstellungsvertrags.

920 *Flume*, Juristische Person, § 10 I. 2.; *Säcker*, BB 1979, 1321, 1321.

921 Scholz/*Schneider/Hohenstatt*, GmbHG, § 35 Rn. 252; Baumbach/Hueck/*Zöllner/Noack*, GmbHG, § 35 Rn. 16.

922 BAG, Urteil vom 25.10.2007 – 6 AZR 1045/06 – AP Nr. 11 zu § 14 KSchG 1969 unter I. 1. a) der Gründe. – Vgl. Scholz/*Schneider/Hohenstatt*, GmbHG, § 35 Rn. 252; Baumbach/Hueck/*Zöllner/Noack*, GmbHG, § 35 Rn. 16.

923 Altmeppen/Roth/*Altmeppen*, GmbHG, § 6 Rn. 45; MüKo-GmbHG/*Jaeger*, GmbHG, § 35 Rn. 248 f.; *Boemke*, ZfA 1998, 209, 230. – Für den Fall einer Vereinbarung zur Bindung der Anstellung an den Widerruf der Organbestellung so BGH, Urteil vom 21.06.1999 – II ZR 27/98 – NJW 1999, 3263, 3264.

924 So *Reuter* in FS Zöllner, Band I, 487, 488. – Ausdrücklich ablehnend Scholz/*Schneider/Hohenstatt*, GmbHG, § 35 Rn. 306 sowie Baumbach/Hueck/*Zöllner/Noack*, GmbHG, § 35 Rn. 16.

925 *Reuter* in FS Zöllner, Band I, 487, 488.

926 *Reuter* in FS Zöllner, Band I, 487, 488 f..

denn dies gelte nur „in der Regel“, die Bestellung sei auch ohne Anstellung denkbar und umgekehrt.[927]

(c) Stellungnahme

Mit der herrschenden Ansicht ist zunächst festzustellen, dass schon das Gesetz nach § 38 Abs. 1 Hs. 2 GmbHG davon ausgeht, dass Organ- und Anstellungsverhältnis voneinander getrennt zu betrachten sind[928].

Zweifel bestehen aber bezüglich der Ansicht, auf das Anstellungsverhältnis könne im Einzelfall verzichtet werden. Der Grund für diese Auffassung liegt neben dem Umstand, § 38 Abs. 1 Hs. 2 GmbHG setze das Bestehen eines Anstellungsvertrags nicht voraus[929], insbesondere darin, dass der in der Regel von den Gesellschaftern zu fassende Organbestellungsbeschluss, der die Grundlage für den Organbestellungsakt bildet[930], als Ermessensentscheidung im Rahmen der gesetzlichen und satzungsmäßigen Vorgaben gefasst werden kann[931]. So kann zwar sogar eine in der Satzung bereits vorgesehene Vergütungspflicht für die Körperschaft gegenüber an der Gesellschaft beteiligten Geschäftsführern begründet werden[932]. Satzung und Gesetz müssten aber auch sonst alle im Rahmen der organschaftlichen Tätigkeit entstehenden Rechte und Pflichten vorwegnehmen können. Nach herrschender Meinung kann das Anstellungsverhältnis, über das insbesondere keine Vergütungsabsprachen getroffen wurden, wenigstens ein Auftragsverhältnis sein. In jedem Fall ist der Geschäftsführer nach den Regeln des Auftragsverhältnisses gem. §§ 666, 667 BGB, ggf. in Verbindung mit §§ 675, 611 BGB, zu Auskunft und Rechenschaft gegenüber den Gesellschaftern sowie zur Herausgabe von Vorteilen, die er im Zusammenhang mit seiner Amtsführung erlangt, verpflichtet[933]. Diese Verpflichtung, die nicht Gegenstand der gesellschaftsrechtlichen Bestimmungen ist[934], kann ihm gegenüber nicht einseitig durch die Satzung festgelegt werden. Sie gestaltet vielmehr das Anstellungsverhältnis aus[935]. Wird demnach in jedem Fall ein Anstellungsverhältnis

927 MüKo-GmbHG/*Stephan/Thieves*, GmbHG, § 35 Rn. 39.
928 Vgl. GroßkommGmbHG/*Paefgen*, GmbHG, § 38 Rn. 18; *Schmidt*, GesellschaftsR, § 14 III. 2. b).
929 GroßkommGmbHG/*Paefgen*, GmbHG, § 35 Rn. 18.
930 Zur Trennung zwischen Bestellungsbeschluss und Bestellungserklärung s. BGH, Urteil vom 22.09.1969 – II ZR 144/68 – BGHZ 52, 316, 321.
931 MüKo-GmbHG/*Liebscher*, GmbHG; § 46 Rn. 107.
932 Nicht aber gegenüber an der Gesellschaft nicht beteiligten Dritten, da die Gesellschaft insoweit auf einen Vertragsschluss mit dem Berechtigten angewiesen ist, *Reuter* in FS Zöllner, 487, 492.
933 Vgl. Lutter/Hommelhoff/*Kleindiek*, GmbHG, Anh. zu § 6 Rn. 18; Scholz/*Schneider/Hohenstatt*, GmbHG, § 35 Rn. 512; *Boemke*, ZfA 1998, 209, 225.
934 A. A. offenbar Baumbach/Hueck/*Zöllner/Noack*, GmbHG, § 35 Rn. 51, die die Auskunftspflicht ohne Nennung konkreter Normen als Pflicht aus der Organstellung ansehen.
935 Lutter/Hommelhoff/*Kleindiek*, GmbHG, Anh zu § 6 Rn. 18.

begründet, spricht viel für die Ansicht von *Reuter*, der Anstellungsvertrag stelle das Kausalgeschäft für die Übernahme der Organstellung dar[936]. Dieser letzte Punkt braucht hier allerdings nicht abschließend behandelt zu werden.

(2) Inhalt des Anstellungsverhältnisses

Im Anstellungsverhältnis sind diejenigen Rechtsbeziehungen zwischen Geschäftsführer und Gesellschaft geregelt, die sich nicht unmittelbar aus dem Organverhältnis ergeben, wie etwa Fragen der Vergütung oder der Altersversorgung[937].

(3) Art des Anstellungsverhältnisses

Nach herrschender Auffassung hat ein entgeltlichen Anstellungsverhältnis nicht den Charakter eines (abhängigen) Arbeits-, sondern den eines (freien) Dienstverhältnisses[938]. Daraus folgt, dass die allgemeinen bürgerlich-rechtlichen Regelungen des Dienstvertragsrechts hierauf Anwendung finden[939].

Der Vollständigkeit halber soll an dieser Stelle auch eine weitere Ansicht erwähnt werden, die in dem Rechtsverhältnis einen sog. Amtswahrnehmungsvertrag sieht[940]. Hierin sollen die in Abweichung zum Dienstvertrag bestehenden Besonderheiten des mit einem Organwalter geschlossenen Anstellungsverhältnisses zum Ausdruck kommen[941]. Diese ergeben sich im Wesentlichen aus dem Verhältnis des Anstellungs- zum Organverhältnis[942]. Bis auf vereinzelte Erwähnungen[943] hat sich diese Auffassung bislang aber nicht durchgesetzt.

(4) Gesellschaftsrechtliche Prägung

Weitgehende Einigkeit besteht auch hinsichtlich der Frage nach der dogmatischen Verbundenheit der beiden Rechtsverhältnisse[944] dahingehend, dass von dem Organverhältnis eine prägende Wirkung ausgeht und das Anstellungsverhältnis diesem nachgebildet wird. *Mülbert* spricht von einer korporativen Überlagerung des Anstellungsvertrags im Sinne eines Vorrangs von Satzung und Gesellschafterbeschlüssen[945].

---

936 A. A. GroßkommGmbHG/*Paefgen*, GmbHG, § 35 Rn. 18.

937 *Boemke*, ZfA 1998, 209, 210. – Vgl. auch BGH, Urteil vom 10.05.2010 – II ZR 70/09 – NJW 2010, 2343, 2343; BAG, Urteil vom 16.09.1998 – 5 AZR 181/97 – AP Nr. 56 zu § 611 BGB Direktionsrecht unter III. 2. b) cc) der Gründe; MüKo-GmbHG/*Jaeger*, GmbHG, § 35 Rn. 248; Baumbach/Hueck/*Zöllner/Noack*, GmbHG, § 35 Rn. 171.

938 S. oben § 2 II. 3. d) aa).

939 *Boemke*, ZfA 1998, 209, 215.

940 Grundlegend *Reuter* in FS Zöllner, Band I, 487, 494. – Zustimmend *Mülbert* in FS Goette, 333, 339.

941 Vgl. *Mülbert* in FS Goette, 333, 339.

942 S. dazu oben § 9 II 4. b).

943 Vgl. Roth/Altmeppen/*Altmeppen*, GmbHG, § 6 Rn. 73.

944 S. oben § 9 II. 4. b) bb).

945 *Mülbert* in FS Goette, 333, 339.

Reuter führt aus, die Organstellung als solche sei dem Anstellungsvertrag vorgegeben, sodass der Anstellungsvertrag weder das Verhältnis der Organe zueinander, noch ihre wesensbestimmenden Merkmale verändern könne[946]. *Goette* führt an, dass sich die Rechtsbeziehungen des Geschäftsführers nicht in den dienstrechtlichen Rechten und Pflichten erschöpfen, sondern dass im Gegenteil die Funktion des Geschäftsführers als des für die Handlungsfähigkeit der GmbH notwendigen Organs im Vordergrund stehe[947]. Differenzierend bemerkt *Boemke*, dass die Regelungen des Dienstvertragsrechts auf das Anstellungsverhältnis Anwendung finden, während das Anstellungsverhältnis nicht unmittelbar vom Gesellschaftsrecht beeinflusst werde, dessen unmittelbarer Einfluss sich auf das Organverhältnis beschränke[948]. Die Prägung folge vielmehr daraus, dass das Gesellschaftsrecht als Teil der auch die Dienstverhältnisse normierenden Rechtsordnung ebenfalls Schranken für privatautonome Regelungen setze[949]. Auch in der Rechtsprechung des BGH wird das Anstellungsverhältnis ausdrücklich als gegenüber dem Organverhältnis nachrangig bezeichnet[950].

Konkret bedeutet dies für die Ausgestaltung des Anstellungsverhältnisses, dass seine Regelungen nicht in Widerspruch zu den gesellschaftsrechtlichen Regelungen gesetzt werden dürfen, wie sie sich aus den (zwingenden) gesellschaftsrechtlichen Vorgaben einerseits und der jeweiligen Satzung der Körperschaft andererseits ergibt[951].

5. *Zwischenfazit*

Hier kommt die unterschiedliche Materie, über die BGH und BAG zu entscheiden hatten, zum Tragen. Während der BGH überwiegend Sicherungsgeschäfte des Geschäftsführers zu Gunsten der Gesellschaft behandelte, befasste sich das BAG mit dem Anstellungsvertrag des Geschäftsführers selbst[952]. Da schon die Tätigkeit des Geschäftsführers keine selbständig berufliche sei, gelte dies erst Recht für den

---

946 *Reuter* in FS Zöllner, Band I, 487, 492.

947 *Goette* in FS Wiedemann, 873, 874, der damit die Sichtweise des BGH zur generellen Ablehnung der Einordnung des Geschäftsführeranstellungsverhältnisses als Arbeitsverhältnis unterstützt. – Vgl. BGH, Urteil vom 09.11.1967 – II ZR 64/67 – BGHZ 49, 30, 32, wonach arbeitnehmerschützende Vorschriften auch auf den GmbH-Geschäftsführer anwendbar seien, wenn sein Anstellungsverhältnis dies erfordere und seine Organstellung es nicht verbiete.

948 *Boemke*, ZfA 1998, 209, 215.

949 *Boemke*, ZfA 1998, 209, 215 f.

950 So etwa in BGH, Urteil vom 10.05.2010 – II ZR 70/09 – NJW 2010, 2343, 2343 unter zustimmendem Verweis auf *Goette* in FS Wiedemann, 873, 881.

951 Ausführlich hierzu GroßkommGmbHG/*Paefgen*, GmbHG, § 35 Rn. 139 ff. – Zu den Rechtsfolgen vgl. Roth/Altmeppen/*Altmeppen*, GmbHG, § 6 Rn. 46 f. sowie *Boemke*, ZfA 1998, 209, 216.

952 S. oben unter § 2 I.

Abschluss des Anstellungsvertrags[953]. Vor den soeben dargestellten Hintergründen und den Ergebnissen zum Verbraucherbegriff bestehen Zweifel an der Auffassung des BAG.

Unerheblich ist dabei, dass das BAG generell am Bestehen des Anstellungsverhältnisses ansetzt. Denn nach der hier vertretenen Auffassung ist dieses in jedem Fall mit der Bestellung zum Geschäftsführer verbunden[954].

Die Zweifel an der Sicht des BAG bestehen aber mit Hinsicht auf die europäischen Verbraucherschutzbestimmungen. Denn wie bereits erwähnt[955], sollen die europarechtlichen Verbraucherschutzvorgaben innerstaatliche Rechtsvorschriften auch auf dem Gebiet des Gesellschaftsrechts unberührt lassen[956]. Der Verbraucherschutz könnte daher nach den europäischen Vorgaben schon deswegen ausgeschlossen sein, weil der Anstellungsvertrag und das Anstellungsverhältnis auf der Grundlage des Gesellschaftsrechts bestehen. Allerdings finden auf das Anstellungsverhältnis die Regelungen des Dienstvertragsrechts Anwendung[957]. Nichts anderes gilt, wenn das Anstellungsverhältnis ausnahmsweise ein Auftragsverhältnis darstellt. Insofern sind das Anstellungsverhältnis und damit auch der Anstellungsvertrag nicht von Anwendungsbereich der europäischen Verbraucherschutzvorgaben ausgenommen.

Für den weiteren Verlauf der Betrachtung bleibt noch festzuhalten, dass mit Organ- und Anstellungsverhältnis zwei separate Rechtsverhältnisse bestehen, die für das Bestehen einer Weisungsgebundenheit des GmbH-Geschäftsführers näher zu untersuchen sind.

III. Tragen eines wirtschaftlichen Risikos

Für die Unselbständigkeit der Tätigkeit knüpft der BGH zwar nicht unmittelbar an dem Merkmal des Tragens eines wirtschaftlichen Risikos an, wie es das BAG tut. Er setzt sich aber mit den Auswirkungen der gleichzeitigen Beteiligung an der GmbH als Gesellschafter auseinander. In diesem Zusammenhang verweist der BGH auf § 13 GmbHG und die darin liegenden Prinzipien der Unternehmensleitung und der persönlichen Haftung[958].

Wie sich diese vom BGH angeführten Prinzipien auswirken bzw. wie die wirtschaftliche Risikoverteilung in der GmbH generell ausgestaltet ist, soll hier kurz dargestellt werden. Dabei muss eine Unterscheidung berücksichtigt werden: Das Handeln als Geschäftsführer und das Halten von Geschäftsanteilen sind getrennt zu betrachten.

---

953 BAG, Urteil vom 19.05.2010 – 5 AZR 253/09 – NZA 2010, 939, 940.

954 S. oben § 9 II. 4. b) bb) (1) (c).

955 Vgl. oben § 6 IV. 1. a).

956 S. den achten Erwägungsgrund der Verbraucherrechterichtlinie 2011/83/EU, ABl. Nr. L vom 22.11.2011, 64, 65.

957 S. oben § 9 II. 4. b) bb) (3).

958 Vgl. oben § 2 I. 1. a) dd).

1. Handeln des Geschäftsführers und Tragen des wirtschaftlichen Risikos

Geschäftsführer sind organschaftliche Vertreter der Gesellschaft[959]. Die Vertretungsmacht ist Folge der Berufung in die Organstellung[960]. Die Ausübung organschaftlicher Vertretungsmacht ist Eigenhandeln des Verbands selbst[961]. Neben Willenserklärungen werden der juristischen Person auch andere Handlungen der Organe zugerechnet[962]. Die Regelungen der §§ 164 ff. BGB finden hierauf analoge Anwendung[963]. Ein Handeln des Gesellschaftsorgans im Namen der Gesellschaft und im Rahmen der Organvertretungsmacht wird nur dem Verband zugerechnet[964]. Insofern trägt der Geschäftsführer selbst kein wirtschaftliches Risiko, solange er seine Vertretungsmacht nicht überschreitet.

Zwar kann die Verletzung von Geschäftsführerpflichten auch zu einer persönlichen Haftung gegenüber den Gesellschaftsgläubigern führen[965]. Dazu zählen besonders Fälle der schuldhaft verspäteten Konkursanmeldung[966] oder der Spekulation auf Kosten der Gläubiger[967]. Vor Eintragung der Gesellschaft kann den Geschäftsführer außerdem die Handelndenhaftung gem. § 11 Abs. 2 GmbHG treffen. Und auch im Innenverhältnis ist der Geschäftsführer Gefahren ausgesetzt. So kann er sich wegen Verletzung seiner Organpflichten gem. § 43 Abs. 2 und Abs. 3 GmbHG oder wegen Insolvenzverschleppung gegenüber den Gesellschaftern haftbar machen. Konkret lassen sich diese Risiken an der zunehmenden Bedeutung der D&O-Versicherungen festmachen. So wird ein Trend beobachtet, wonach die Inanspruchnahme von Organmitgliedern (insbesondere durch die Gesellschafter selbst) zunimmt[968]. In diesen Fällen sind regelmäßig hohe Haftungssummen zu erwarten, die mit Hilfe einer D&O[969] -Versicherung abgesichert werden sollen. Bei der Feststellung der

---

959 *Schmidt*, GesellschaftsR, § 36 II. 3. a).

960 Staudinger/*Schilken*, BGB, Vorbem. zu §§ 164 ff. Rn. 25.

961 *Schmidt*, GesellschaftsR, § 10 II. 1; *Mülbert* in FS Goette, 333, 339. – Kritisch *Beuthien*, NJW 2005, 855, 857. – A. A. *Flume*, Juristische Person, § 11 I., der die Übertragung der Organtheorie auf diesen Zusammenhang ablehnt und das Handeln als Eigenhandeln der für die juristische Person handelnden Organe einstuft, das der juristischen Person lediglich „angerechnet" wird.

962 Staudinger/*Schilken*, BGB, Vorbem. zu §§ 164 ff. Rn. 25. – Zur Kritik an dem schon begrifflich bestehenden Widerspruch zwischen Zurechnung und Eigenhandeln sowie insgesamt zur Kritik an der Dogmatik des organschaftlichen Vertreterhandelns s. *Beuthien*, NJW 2005, 855, 857.

963 MüKo-BGB/*Schubert*, BGB, § 164 Rn. 12; *Schmidt*, GesellschaftsR, § 10 II. 1.

964 *Schmidt*, GesellschaftsR, § 10 II. 1.

965 Vgl. zur deliktischen Haftung des GmbH-Geschäftsführers Roth/Altmeppen/*Altmeppen*, GmbHG, § 43 Rn. 57 ff.; Baumbach/Hueck/*Zöllner/Noack*, GmbHG, § 43 Rn. 75 ff.

966 BGH, Urteil vom 13.04.1994 – II ZR 16/93 – BGHZ 125, 366, 370.

967 *Drescher*, § 2 G. II.

968 Vgl. *v. Schenck*, NZG 2015, 494, 494.

969 Engl. für directors and officers.

Bedeutungszunahme von D&O-Versicherungen ist aber auch zu beachten, dass sie von den Gesellschaften gerade auch mit Blick auf die Inanspruchnahme durch Dritte und mit dem Interesse an der Freistellung von diesen Schadensersatzansprüchen abgeschlossen werden[970], die Interessen der Geschäftsführer also nicht allein ausschlaggebend sind.

So folgen aus diesen Haftungstatbeständen zwar durchaus Risiken für die Organvertreter. Dies ändert aber nichts an der gesetzlichen Konzeption, wonach die Pflichten gerade nicht das Handelnde Organmitglied treffen. Hierbei handelt es sich vielmehr um eng begrenzte Ausnahmetatbestände, die allerdings im Einzelfall zu hohen Haftungssummen führen können.

2. Beurteilung bei eigener Beteiligung des Geschäftsführers

In § 13 Abs. 2 GmbHG wird die Freistellung der Gesellschafter von den Verbindlichkeiten der Gesellschaft, das sog. Trennungsprinzip, betont[971]. Dies ist neben der eigenständigen Rechtspersönlichkeit als juristische Person[972] eines der entscheidenden Wesensmerkmale der GmbH[973].

a) Grundsatz: keine Haftung der Gesellschafter für Verbindlichkeiten der Gesellschaft

Das GmbHG gewährt dem Gesellschafter die Befreiung von der persönlichen Haftung gegen einen finanziellen Einsatz eines Mindeststammkapitals[974]. Auf der anderen Seite berücksichtigt es die Interessen der Gläubiger der GmbH an der Befriedigung ihrer Forderungen, indem es die Aufbringung des Kapitals und dessen Erhalt sicherstellt[975]. Unter besonderen Voraussetzungen sind die Gesellschafter zur Leistung von Nachschüssen verpflichtet[976], §§ 26, 27 GmbHG. Darüber hinaus sind die Gesellschafter insbesondere selbst dann nicht verpflichtet, der GmbH zusätzliche finanzielle Mittel zuzuführen, wenn sich herausstellt, dass sie gemessen am von ihr bewältigten Geschäftsumfang finanziell zu niedrig ausgestattet ist[977]. So wird durch

970 Vgl. *Armbrüster*, NJW 2016, 897, 897.
971 Lutter/Hommelhoff/*Lutter/Bayer*, GmbHG, § 13 Rn. 5.
972 Hierzu ausführlich MüKo-GmbHG/*Fleischer*, GmbHG, Einl. Rn. 5.
973 Heckschen/Heidinger/*Heckschen*, § 1 Rn. 2.
974 BGH, Urteil vom 28.04.2008 – II ZR 264/06 – BGHZ 176, 204, 215.
975 BGH, Urteil vom 28.04.2008 – II ZR 264/06 – BGHZ 176, 204, 215. – Vgl. Heckschen/Heidinger/*Heckschen*, § 1 Rn. 3.
976 MüKo-GmbHG/*Fleischer*, GmbHG, Einl. Rn. 18.
977 BGH, Urteil vom 28.04.2008 – II ZR 264/06 – BGHZ 176, 204, 215. – A. A. Lutter/Hommelhoff/*Lutter/Bayer*, GmbHG, § 13 Rn. 20 ff., die aus teleologischen Erwägungen sowohl ein Verbot völlig unzureichender Kapitalausstattung sowie ein Gebot zur Gewährleistung eines bei Vergrößerung der von der Gesellschaft vorgenommenen Geschäfte mitwachsenden Kapitalpolsters befürworten.

das Trennungsprinzip das wirtschaftliche Risiko des Gesellschafters beschränkt[978]: der Gesellschafter kann nur die durch die begrenzte Einlagepflicht begründete Vermögensbeteiligung verlieren[979]. Er trägt darüber hinaus kein mit dem Halten von Geschäftsanteilen verbundenes, wirtschaftliches Risiko.

b) Ausnahmsweise: Durchgriffshaftung

Trotz des Trennungsprinzips können auch Gesellschafter in Ausnahmefällen für Verbindlichkeiten der Gesellschaft in Anspruch genommen werden[980]. Dies sind die Fälle der sog. Durchgriffshaftung. Ohne, dass sich hierzu ein allgemein anerkanntes Rechtsinstitut herausgebildet hätte[981], sind bestimmte Fallgruppen anerkannt.

Die Gesellschafter können etwa in Fällen der Vermögensvermischung (dann allerdings nur, sofern es sich um Gesellschafter mit beherrschendem Einfluss auf die Gesellschaft handelt[982])[983], der Sphärenvermischung und der Unterkapitalisierung[984] für Verbindlichkeiten der Gesellschaft in Anspruch genommen werden[985].

c) Fazit

Gesellschafter tragen damit nach der gesetzlichen Ausgestaltung kein über den Verlust ihrer Einlage hinausgehendes wirtschaftliches Risiko. Lediglich in den Fällen der Durchgriffshaftung müssen sie unmittelbar mit ihrem Vermögen für Gesellschaftsverbindlichkeiten haften.

---

978 Zur insoweit irreführenden Begrifflichkeit der „Gesellschaft mit beschränkter Haftung" vgl. *Wilhelm*, Rn. 8: Tatsächlich wird nicht die (rechtliche) Haftung beschränkt. Die Gesellschaft haftet für ihre Verbindlichkeiten unbeschränkt, der Gesellschafter gar nicht.

979 Vgl. MüKo-GmbHG/*Fleischer*, GmbHG, Einl. Rn. 18; *Wilhelm*, Rn. 8.

980 Baumbach/Hueck/*Fastrich*, GmbHG, § 13 Rn. 10. – Vgl. Lutter/Hommelhoff/*Lutter/Hommelhoff*, GmbHG, § 13 Rn. 6.

981 Ausführlich hierzu Baumbach/Hueck/*Fastrich*, GmbHG, § 13 Rn. 10 ff.

982 BGH, Urteil vom 13.04.1994 – II ZR 16/93 – BGHZ 125, 366, 368 f.; *Drescher*, § 2 D.

983 BGH, Urteil vom 13.04.1994 – II ZR 16/93 – BGHZ 125, 366, 368; *Schwab*, GmbHR 2012, 1213, 1214.

984 Vgl. aber auch BGH, Urteil vom 28.04.2008 – II ZR 264/06 – BGHZ 176, 204, 216 sowie Baumbach/Hueck/*Fastrich*, GmbHG, § 13 Rn. 50 zur Unterkapitalisierung als Fall deliktischer Außenhaftung. – Die Unterkapitalisierung als Ausgangspunkt für eine Durchgriffshaftung ablehnend BAG, Urteil vom 03.09.1998 – 8 AZR 189/97 – BAGE 89, 349, 356.

985 Zu den Fallgruppen s. Baumbach/Hueck/*Fastrich*, GmbHG, § 13 Rn. 45 ff.; Lutter/Hommelhoff/*Lutter/Hommelhoff*, GmbHG, § 13 Rn. 6 ff.; *Drescher*, § 2 D. – Differenzierend Scholz/*Bitter*, GmbHG, § 13 Rn. 69 ff.

3. *Fazit*

In Ausnahmefällen kommen zwei Anknüpfungspunkte für eine persönliche Haftung des GmbH-Geschäftsführers in Zusammenhang mit seiner Tätigkeit für die Gesellschaft in Betracht: so kann der Geschäftsführer einerseits wegen der Verletzung bestimmter Geschäftsführerpflichten haften. Andererseits kann ihn als Gesellschafter der GmbH eine persönliche Haftung nach den Fällen der Durchgriffshaftung treffen. Hier kann es gesondert darauf ankommen, ob er beherrschenden Einfluss auf die Gesellschaft ausüben kann. Diese Ausnahmefälle entsprechen aber nicht dem gesetzlichen Leitbild des GmbH-Geschäftsführers. Auf Grund des organschaftlichen Handelns und des Trennungsprinzips trägt der Gesellschafter-Geschäftsführer grundsätzlich kein (über den Verlust seiner Einlage hinausgehendes) wirtschaftliches Risiko.

IV. Fehlende Selbständigkeit wegen Weisungsgebundenheit

Wie bereits erwähnt, erachtet das BAG die Tätigkeit des GmbH-Geschäftsführers auch deshalb als unselbständig, weil er im Innenverhältnis den Weisungen der Gesellschafter unterliegt[986].

1. *Vorbemerkung*

Als ein möglicher Anknüpfungspunkt für die mangelnde Selbständigkeit kommt neben dem Organverhältnis das Anstellungsverhältnis in Betracht[987]. In der Frage der im Einzelfall bestehenden Arbeitnehmereigenschaft des Geschäftsführers stellt das BAG ausdrücklich auf das letztere Rechtsverhältnis ab[988]. Zwar wird hier mit der herrschenden Ansicht davon ausgegangen, dass das Anstellungsverhältnis in keinem Fall ein Arbeitsverhältnis sein kann[989]. Daher scheidet jedenfalls das arbeitsrechtliche Weisungsrecht, das für das Arbeitsverhältnis kennzeichnend ist, als Begründung für die mangelnde Selbständigkeit des Geschäftsführers aus. Weisungsbefugnisse sind aber nicht auf Arbeitsverhältnisse beschränkt. Sie lassen sich als Bestandteil verschiedenster Schuldverhältnisse ausmachen[990]. Auch freie

986 BAG, Urteil vom 19.05.2010 – 5 AZR 253/09 – NZA 2010, 939, 940.

987 Vgl. OLG Düsseldorf, Urteil vom 15.11.1984 – 8 U 22/84 – ZIP 1984, 1476, 1478, das sich mit dem Verhältnis der im Anstellungsvertrag geregelten Weisungsbindung zu derjenigen aus dem Organverhältnis auseinandersetzt.

988 BAG, Urteil vom 26.05.1999 – 5 AZR 664/98 – AP Nr. 10 zu § 35 GmbHG unter III. 1. der Gründe.

989 Vgl. oben § 2 II. 3. d) aa).

990 S. etwa ErfK/*Preis*, BGB, § 611 Rn. 14 für die Unterscheidung zwischen arbeitsrechtlichem und werkvertraglichem Weisungsrecht sowie ausführlich zu Weisungen im Werkvertragsrecht Staudinger/*Peters/Jacoby*, Vorbem. zu § 631 ff. Rn. 53.

Dienstnehmer unterliegen Weisungen ihrer Dienstgeber[991], was für Dienstverträge mit dem Ziel einer Geschäftsbesorgung in § 675 Abs. 1 BGB in Verbindung mit § 665 BGB zwingend vorausgesetzt wird. Daher besteht durchaus ein Anlass, das Anstellungsverhältnis als Anknüpfungspunkt für die fehlende Selbständigkeit auf Grund der Weisungsabhängigkeit des Geschäftsführers gegenüber den Gesellschaftern zu untersuchen.

Im Anschluss wird daher die gesellschaftsrechtliche (unten 2.) und die dienstvertragliche (unten 3.) Weisungsgebundenheit des Geschäftsführers dargestellt.

2. *Gesellschaftsrechtliche Weisungsgebundenheit des GmbH-Geschäftsführers*

Auf gesellschaftsrechtlicher Ebene findet die Weisungsgebundenheit einerseits in der gesetzlich vorgesehenen Verfassung der GmbH (unten a.) sowie in § 37 GmbHG (unten b.) Ausdruck.

a) Gesellschafterversammlung als oberstes Organ

Nach der gesetzlichen Ausgestaltung der GmbH bildet die Gesellschafterversammlung in ihrer Verfassung das oberste Organ[992]. Als Willensbildungsorgan bringt sie den leitenden Willen der Körperschaft zum Ausdruck[993]. Für die Durchführung des Willens bedient sie sich der von ihr bestellten Geschäftsführer[994]. Dies findet seinen Ausdruck unter anderem darin, dass die Gesellschafter nach § 46 Nr. 5 GmbHG mit der Bestellung, Abberufung und Entlastung der Geschäftsführer betraut sind und sie diese nach § 46 Nr. 6 GmbHG zu überwachen haben[995].

b) Regelung des § 37 GmbHG

Ein weiterer, gesetzlicher Ausdruck dieser Machtverteilung ist § 37 Abs. 1 GmbHG.

aa) Zuweisung der Geschäftsführungsbefugnis

§ 37 Abs. 1 GmbHG stellt klar, dass die Gesellschafter die Geschäfte im Normalfall nicht selbst führen[996]. Die Regelung ist insoweit eine allgemeine Zuweisung der gesetzlich nicht ausdrücklich zugewiesenen[997] Geschäftsführungsbefugnis an die Geschäftsführer[998]. In diesem Zusammenhang meint der Begriff der Geschäftsführung

---

991 Ausführlich zu dem Steuerungsrecht als Merkmal von Dienst- und Arbeitsvertrag im Unterschied zum Erfolgversprechen als Merkmal des Auftrags *Tillmanns*, § 2.
992 Vgl. *Schmidt*, GesellschaftsR, § 36 I. 2. a); *Boesebeck*, GmbHR 1960, 118, 118.
993 *Boesebeck*, GmbHR 1960, 118, 118.
994 *Boesebeck*, GmbHR 1960, 118, 118.
995 *Schmidt*, GesellschaftsR, § 36 I. 2. a).
996 Rowedder/Schmidt-Leithoff/*Koppensteiner*, GmbHG, § 37 Rn. 3.
997 Vgl. Roth/Altmeppen/*Altmeppen*, GmbHG, § 37 Rn. 2.
998 Rowedder/Schmidt-Leithoff/*Koppensteiner*, GmbHG, § 37 Rn. 2.

alle zur Verfolgung des Gesellschaftszwecks erforderlichen Maßnahmen, nicht aber die Ausgestaltung der körperschaftlichen Organisation der Gesellschaft, die Änderung des Gesellschaftsvertrags und die Wahrnehmung von Gesellschafterrechten[999]. Als von § 37 Abs. 1 GmbHG vorausgesetzte Ausgestaltung des Gesellschaftsorgans des Geschäftsführers ist die Geschäftsführung Teil des Organverhältnisses des Geschäftsführers.

bb) Weisungsrecht der Gesellschafter

Gleichzeitig drückt § 37 Abs. 1 GmbHG die Unterwerfung der Geschäftsführer gegenüber den Gesellschaftern aus[1000].

(1) Gesetzliche Anbindung des Weisungsrechts

Die Geschäftsführer haben sich im Innenverhältnis (vgl. § 37 Abs. 2 GmbHG) an die Beschränkungen zu halten, die ihnen durch Satzung oder Gesellschafterbeschlüsse gesetzt sind[1001]. Vom Wortlaut des § 37 Abs. 1 GmbHG sind demnach nur negativ-verbietende Schranken der Handlungsmöglichkeiten erfasst[1002].

Es entspricht allerdings ganz herrschender Meinung, dass die Gesellschafter gegenüber dem Geschäftsführer auch positiv-gebietende Anordnungen, also Weisungen treffen dürfen[1003]. Dies folgt nach überzeugender Ansicht weder unmittelbar aus § 37 GmbHG selbst[1004], noch aus der Treue- und Förderungspflicht gegenüber der Gesellschaft[1005], sondern unmittelbar aus der dominierenden Stellung der Gesellschafter in der Verfassung der GmbH[1006]. Daher steht das Weisungsrecht grundsätzlich

999 Hachenburg/*Mertens*, GmbHG, 35 Rn. 3. – Ebenso Baumbach/Hueck/*Zöllner/Noack*, GmbHG, § 37 Rn. 2. – Differenzierend Scholz/*Schneider/Schneider*, GmbHG, § 37 Rn. 2 f., die zwischen Geschäftsführung im weiteren und im engeren Sinn unterscheiden.

1000 Rowedder/Schmidt-Leithoff/*Koppensteiner*, GmbHG, § 37 Rn. 3.

1001 Vgl. *Schmidt*, GesellschaftsR, § 36 II. 3. c).

1002 Baumbach/Hueck/*Zöllner/Noack*, GmbHG, § 37 Rn. 20.

1003 Vgl. BGH, Urteil vom 14.12.1959 – II ZR 187/57 – BGHZ 31, 259, 278; OLG Düsseldorf, Urteil vom 15.11.1984 – 8 U 22/84 – ZIP 1984, 1476, 1478; Rowedder/Schmidt-Leithoff/*Koppensteiner*, GmbHG, § 37 Rn. 26; Hachenburg/*Mertens*, GmbHG, § 37 Rn. 14; Scholz/*Schneider/Schneider*, GmbHG, § 37 Rn. 37; Baumbach/Hueck/*Zöllner/Noack*, GmbHG, § 37 Rn. 20; Heckschen/Heidinger/*Heidinger*, § 6 Rn. 4; *Schmidt*, GesellschaftsR, § 36 I. 2. a); *Eisenhardt* in FS Pfeiffer, 839, 839; *Boesebeck*, GmbHR 1960, 118, 118; *Mennicke*, NZG 2000, 622, 622.

1004 So aber *Eisenhardt*, der nur die bindende Wirkung der Weisungen aus der dominierenden Stellung der Gesellschafter folgert, *Eisenhardt* in FS Pfeiffer, 839, 839, 840. – S. ausgehend von § 37 GmbHG als Rechtsgrundlage auch *Konzen*, NJW 1989, 2977, 2979 sowie *Mennicke*. NZG 2000, 622, 622.

1005 So aber *Gieseke*, GmbHR 1996, 486, 487.

1006 Baumbach/Hueck/*Zöllner/Noack*, GmbHG, § 37 Rn. 20. – So wohl auch *Schmidt*, GesellschaftsR, § 36 I. 2. a). – Ähnlich *Eisenhardt* in FS Pfeiffer, 839, 846, der aber

nicht einzelnen Gesellschaftern, sondern der Gesellschafterversammlung zu[1007], die die Weisung durch Gesellschafterbeschluss bildet[1008]. Hiervon kann allerdings im Gesellschaftsvertrag abgewichen werden[1009]. Inhaltlich können die Weisungen genereller Natur (also etwa als Richtlinie formuliert) oder auf bestimmte Geschäfte bezogen sein[1010]. Da sich die Weisungsbefugnis einerseits aus der körperschaftlichen Kompetenzverteilung ergibt, andererseits die organschaftlichen Rechte und Pflichten des Geschäftsführers betrifft, ist die Weisungsabhängigkeit Teil der Organstellung des Geschäftsführers.

(2) Grenzen des Weisungsrechts

Der Geschäftsführer einer GmbH ist den Weisungen der Gesellschafter im Rahmen von Gesetz, Satzung und guten Sitten unterworfen[1011].

Einigkeit besteht darüber, dass bestimmte Weisungen ihrem Inhalt nach durch die Satzung ausgeschlossen sein dürfen[1012]. So können die Gesellschafter auch in dem Gesellschaftsvertrag vorsehen, dass die Geschäftsführungsbefugnis der Geschäftsführer nicht zur Disposition der Gesellschafter steht[1013]. Dies kann sich generell auf die Geschäftsführungsbefugnis oder auf einzelne Bereiche von ihr erstrecken, sodass den Gesellschaftern insoweit kein Weisungsrecht zusteht[1014]. Dies folgt aus der organisationsrechtlichen Dispositionsfreiheit der Gesellschafter[1015], vgl. § 45 GmbHG. Darüber hinaus können sie eine entsprechende Unabhängigkeit des

---

sowohl auf die dominierende Stellung als auch auf § 37 GmbHG als Rechtsgrundlage abstellt.

1007 Scholz/*Schneider/Schneider*, GmbHG, § 37 Rn. 38.

1008 Vgl. Roth/Altmeppen/*Altmeppen*, GmbHG, § 37 Rn. 15; Hachenburg/*Mertens*. GmbHG, § 37 Rn. 19; *Eisenhardt* in FS Pfeiffer, 839, 839; *Ebert*, GmbHR 2003, 444, 444.

1009 Roth/Altmeppen/*Altmeppen*, GmbHG, § 37 Rn. 15.

1010 H. M., vgl. OLG Düsseldorf, Urteil vom 15.11.1984 – 8 U 22/84 – ZIP 1984, 1476, 1478; Roth/Altmeppen/*Altmeppen*, GmbHG, § 37 Rn. 14; Rowedder/Schmidt-Leithoff/*Koppensteiner*, GmbHG, § 37 Rn. 26; Scholz/*Schneider/Schneider*, GmbHG, § 37 Rn. 37; *Eisenhardt* in FS Pfeiffer, 839, 840; *Konzen*, NJW 1989, 2977, 2979; *Mennicke*, NZG 2000, 622, 622. – A. A. *Wiedemann*, § 6 III. 2. a) bb): Aus dem Zuständigkeitskatalog des § 46 GmbHG und der Einberufungspflicht bei außergewöhnlichen Geschäftslagen in § 49 Abs. 2 GmbHG folge, dass der Gesellschafterversammlung zwar eine Richtlinienkompetenz zukomme. Über einzelne Geschäftsführungsfragen könne sie aber nur entscheiden, wenn diese durch die Geschäftsführer an sie herangetragen werden.

1011 BGH, Urteil vom 14.12.1959 – II ZR 187/57 – BGHZ 31, 258, 278.

1012 Roth/Altmeppen/*Altmeppen*, GmbHG, § 37 Rn. 14. – Ebenso *Eisenhardt* in FS Pfeiffer, 839, 839; *Boesebeck*, GmbHR 1960, 118,119; *Ebert*, GmbHR 2003, 444, 445.

1013 Hachenburg/*Mertens*, GmbHG, § 37 Rn. 24; GroßkommGmbHG/*Paefgen*, GmbHG, § 37 Rn. 23.

1014 Hachenburg/*Mertens*, GmbHG, § 37 Rn. 24. – Sehr weitgehend GroßkommGmbHG/*Paefgen*, GmbHG, § 37 Rn. 23.

1015 GroßkommGmbHG/*Paefgen*, GmbHG, § 37 Rn. 23.

Geschäftsführers selbst bei einer fehlenden Satzungsregelung, wenn nicht schon durch Mehrheitsbeschluss[1016], dann aber jedenfalls durch eine satzungsändernde Mehrheit einführen[1017].

Außerdem dürfen die Weisungen nicht gegen zwingende, im Interesse der Öffentlichkeit oder zum Schutz der Gläubiger erlassene Vorschriften verstoßen[1018].

Umstritten ist aber, wie weit die Gesellschafter durch Erteilung von Weisungen in die Geschäftsführungsbefugnis der Geschäftsführer eingreifen dürfen.

(a) Verbleiben eines Kernbereichs?

Eine weit verbreitete Ansicht vertritt, dass dem Geschäftsführer stets ein Kernbereich der Geschäftsführung verbleiben müsse, der das Weisungsrecht begrenze. Konkret kann dieser Kernbereich etwa die laufenden Tagesgeschäfte des Unternehmens betreffen[1019].

Wäre dem Geschäftsführer jede Geschäftsführungsentscheidung genommen, würde er zu reinen Vertretungsmarionetten ohne jede Autorität gegenüber dem Personal des Unternehmens[1020]. Verbleibt dem Geschäftsführer kein eigener Entscheidungsspielraum mehr, werde die Erfüllung seiner zwingenden Aufgaben schwer gefährdet und die vom Gesetz zu Grunde gelegte Verfassung der GmbH pervertiert[1021]. Aus dem Zuständigkeitskatalog des § 46 GmbHG sowie aus der Einberufungspflicht bei außergewöhnlichen Geschäftslagen nach § 49 Abs. 2 GmbHG folge eine im Gesetz vorgesehene Trennung der Aufgabenbereiche[1022]. Die dem gesetzlichen Normalstatut der GmbH widersprechende Übernahme aller unternehmerischen Entscheidungen könne nur durch eine entsprechende Bestimmung in der Satzung herbeigeführt werden[1023]. Dafür spreche auch die Publizität der Satzung, die es Dritten ermögliche, von der Verlagerung der Zuständigkeit zu erfahren[1024]. Vereinzelt wird aus § 43 Abs. 1 GmbHG gefolgert, die Weisungsautorität

1016 So etwa Hachenburg/*Mertens*, GmbHG, § 37 Rn. 25; GroßkommGmbHG/*Paefgen*, GmbHG, § 37 Rn. 23.

1017 So wohl Scholz/*Schneider/Schneider*, GmbHG, § 37 Rn. 66, die für die Vereinbarung der Weisungsfreiheit eines Geschäftsführers im Anstellungsvertrag eine Satzungsänderung verlangen.

1018 BGH, Urteil vom 18.03.1974 – II ZR 2/72 – GmbHR 1974, 131, 132. – Vgl. auch *Boesebeck*, GmbHR 1960, 118, 119.

1019 So bei *Hommelhoff*, ZGR 1978, 119, 129.

1020 Baumbach/Hueck/*Zöllner/Noack*, GmbHG, § 37 Rn. 18.

1021 Baumbach/Hueck/*Zöllner/Noack*, GmbHG, § 37 Rn. 18. – Ähnlich *Hommelhoff*, ZGR 1978, 119, 127 ff.

1022 *Wiedemann*, § 6 III. 2. a) bb).

1023 *Hommelhoff*, ZGR 1978, 119, 129. – In diesem Sinne auch *Wiedemann*, § 6 III. 2. a) bb).

1024 *Hommelhoff*, ZGR 1978, 119, 129, der sich dabei insbesondere auf das Tagesgeschäft des Unternehmens bezieht.

der Gesellschafter müsse durch einen Kernbereich der der Geschäftsleitung allein obliegenden Sorgfalt eines ordentlichen Kaufmanns begrenzt werden[1025].

(b) Vollständige Übernahme der Geschäftsführung?

Die ebenfalls stark vertretene Gegenauffassung lehnt eine Beschränkung des Weisungsrechts durch einen Kernbereich ab. Nach der Organisationsverfassung der GmbH sei den Gesellschaftern die Möglichkeit gegeben, die Geschicke der Gesellschaft selbst zu bestimmen[1026]. Es bestünden keine inhaltlichen Grenzen für das Weisungsrecht, sodass es an einem weisungsimmunen Bereich fehle[1027]. Auch durch eine breit gestreute Erteilung von Weisungen würden die Interessen Dritter nicht berührt[1028]. Bei den Zuständigkeiten nach § 46 GmbHG handele es sich lediglich um eine Liste zwingender Zuständigkeiten, die nicht dem Geschäftsführer überlassen sind, nicht aber um eine (abschließende) Beschränkung der Zuständigkeit[1029]. Auch seien die Schwierigkeiten, die bei der Abgrenzung des nicht entziehbaren Bereichs vom entziehbaren entstehen, aus Gründen der Rechtssicherheit zu vermeiden[1030].

(c) Stellungnahme

Soweit der Geschäftsführer der Kompetenzen zur Wahrnehmung seiner gesetzlichen Pflichten bedarf, kann ihm diese nicht durch Weisungen entzogen werden. Die zwingenden Amtspflichten des Geschäftsführers unterliegen nicht der Disposition der Gesellschafter[1031]. Hiervon sind diejenigen Pflichten des Geschäftsführers betroffen, die ihm im öffentlichen Interesse auferlegt sind[1032]. Hierzu zählen insbesondere diejenigen Kompetenzen, auf die der Geschäftsführer zur Wahrung seiner Pflichten im Hinblick auf die Erhaltung des Stammkapitals bedarf[1033]. Hierzu zählen auch die Kompetenzen zur Erfüllung der Handelsregisterpflichten (vgl. §§ 40, 78 GmbHG), der Buchführungspflicht und der Pflicht zur Aufstellung eines Jahresabschlusses (vgl. §§ 41, 42 GmbHG), der Pflicht zum Stellen eines Insolvenzantrags (vgl. § 64

1025 *Gieseke*, GmbHG, 487, 490 f.

1026 Roth/Altmeppen/*Altmeppen*, GmbHG, § 37 Rn. 5. – Ebenso *Eisenhardt* in FS Pfeiffer, 839, 846.

1027 Vgl. OLG Düsseldorf, Urteil vom 15.11.1984 – 8 U 22/84 – ZIP 1984, 1476, 1478; Scholz/*Schneider/Schneider*, GmbHG, § 37 Rn. 46; *Drygala/Staake/Szalai*, § 11 Rn. 122; *Konzen*, NJW 1989, 2977, 2979.

1028 Scholz/*Schneider/Schneider*, GmbHG, § 37 Rn. 46.

1029 Scholz/*Schneider/Schneider*, GmbHG, § 37 Rn. 46. – Im Ergebnis ebenso *Ebert*, GmbHR 2003, 444, 445.

1030 GroßkommGmbHG/*Paefgen*, GmbHG, § 37 Rn. 14.

1031 Hachenburg/*Mertens*, GmbHG, § 37 Rn. 15. – Weitgehend *Gieseke*, GmbHR 1996, 486, 491.

1032 Hachenburg/*Mertens*, GmbHG, § 37 Rn. 15.

1033 Hachenburg/*Mertens*, GmbHG, § 37 Rn. 15; Baumbach/Hueck/*Zöllner/Noack*, GmbHG, § 37 Rn. 18.

GmbHG) und der steuer- und sozialversicherungsrechtsbezogenen Pflichten[1034]. In der Erfüllung dieser Pflichten darf der Geschäftsführer nicht behindert werden[1035]. Diese Kompetenzen einschränkende Weisungen sind unwirksam[1036], auf die Erhebung einer Anfechtungs- oder Nichtigkeitsklage kommt es nicht an[1037]. Von diesen im öffentlichen Interesse zwingenden Regelungen abgesehen, können die Gesellschafter die Geschäftsführungsbefugnis aber unbeschränkt an sich ziehen[1038].

(3) Zwischenfazit

Es besteht eine Weisungsabhängigkeit des Geschäftsführers gegenüber den Gesellschaftern. Diese begründet sich in der gesetzlichen Kompetenzverteilung der Organe und betrifft die mit der Organstellung einhergehende Berechtigung zur Geschäftsführung. Sie ist also Teil der Organstellung des Geschäftsführers.

Die Weisungsabhängigkeit kann sich umfassend auf alle Bereiche der Geschäftsführung erstrecken. Demnach ist die Tätigkeit des Geschäftsführers vollständig von der Weisungsabhängigkeit erfasst.

Zwar können die Gesellschafter in der Satzung, ggf. sogar per Mehrheitsbeschluss über ihre Weisungsbefugnis disponieren. Hierbei handelt es sich aber um Einzelfallgestaltungen. Diese ändern nichts an der grundsätzlichen Unselbständigkeit der Tätigkeit des Geschäftsführers.

3. Dienstvertragsrechtliche Weisungsgebundenheit

Aus der Qualifizierung des Anstellungsvertrags als Dienstvertrag mit Geschäftsbesorgungselementen[1039] folgt, dass auf das Anstellungsverhältnis des Geschäftsführers über § 675 Abs. 1 BGB auch die auftragsrechtliche Norm des § 665 BGB Anwendung findet.

1034 Vgl. OLG Düsseldorf, Urteil vom 15.11.1984 – 8 U 22/84 – ZIP 1984, 1476, 1478; Baumbach/Hueck/*Zöllner/Noack*, GmbHG, § 37 Rn. 18; *Eisenhardt* in FS Pfeiffer, 839, 844; *Mennicke*, NZG 2000, 622, 623.

1035 OLG Düsseldorf, Urteil vom 15.11.1984 – 8 U 22/84 – ZIP 1984, 1476, 1478.

1036 Für die Unwirksamkeit als Rechtsfolge rechtswidriger Weisungen bezogen auf das Direktionsrecht im Arbeitsverhältnis s. Boemke, Studienbuch Arbeitsrecht, § 9 Rn. 32.

1037 So aber *Mennicke*, NZG 2000, 622, 623.

1038 Wie hier im Ergebnis OLG Nürnberg, Urteil vom 09.06.1999 – 12 U 4408/98 – NZG 2000, 154, 155; Hachenburg/*Mertens*, GmbHG, § 37 Rn. 16; GroßkommGmbHG/*Paefgen*, GmbHG, § 37 Rn. 14; Scholz/*Schneider/Schneider*, GmbHG, § 37 Rn. 44 ff. – Vgl. auch BGH, Urteil vom 14.12.1959 – II ZR 187/57 – BGHZ 31, 258, 278: der Geschäftsführer sei den im Rahmen von Gesetz, Satzung und guten Sitten bleibenden Weisungen der Gesellschafter unterworfen. Eine eingehendere Beschäftigung mit dem Umfang des Weisungsrechts findet dort allerdings nicht statt.

1039 S. oben § 9 II. 4. b) bb) (3).

a) Grundlagen zu § 665 BGB

§ 665 BGB trifft eine Regelung innerhalb des Spannungsverhältnisses zwischen der Selbständigkeit, die der Auftragnehmer zur Ausführung seines Auftrags benötigt, und der Wahrnehmung der Interessen des Auftraggebers, der auch während der Ausführung Herr des Geschäfts bleiben soll[1040]. Hierin regelt die Norm die Zulässigkeit von Abweichungen des Auftragnehmers von Weisungen des Auftraggebers. Dass der Auftragnehmer überhaupt weisungsabhängig ist, wird von ihr unausgesprochen vorausgesetzt[1041]. Die nicht positiv normierte Weisungsabhängigkeit wird im Rahmen des Auftragsrechts als zwingender Bestandteil der Interessenwahrnehmungspflicht des Auftragnehmers gegenüber dem Auftraggeber angesehen[1042], die ihrerseits aus § 662 BGB folgt[1043]. Obwohl § 675 Abs. 1 BGB nicht auf § 662 BGB verweist, findet die Weisungsabhängigkeit als unausgesprochene Voraussetzung des § 665 BGB auch im Rahmen des Geschäftsbesorgungsvertrags im Sinne des § 675 BGB Anwendung.

b) Umfang des Weisungsrechts

Nach dem soeben Gesagten sind für den Umfang des Weisungsrechts im Rahmen des Geschäftsbesorgungsvertrags die auftragsrechtlichen Grundlagen zum Weisungsrecht heranzuziehen.

aa) Inhalt des Weisungsrechts

Für den Begriff der Weisung besteht keine gesetzliche Definition, sodass er nach dem allgemeinen Sprachgebrauch zu bestimmen ist[1044]. Weisungen im Rahmen des § 665 BGB dienen der Konkretisierung oder Aktualisierung der Interessenwahrungs- und -förderungspflicht des Beauftragten[1045]. Sie beziehen sich also auf einen konkreten Auftrag[1046]. Durch sie soll dem Beauftragten Gegenstand, Art und Weise seines Tuns vorgeschrieben werden[1047]. Dabei muss dem Auftragnehmer ein eigens eingeräumter oder je nach Art des Auftrags notwendiger Ermessensspielraum verbleiben[1048].

Die Grenze der Selbständigkeit wird jedenfalls dann überschritten, wenn es sich um Weisungen im Sinne des arbeitsrechtlichen Direktionsrechts handelt. Dies sind solche Weisungen, die Inhalt, Durchführung, Zeit, Dauer und Ort der Tätigkeit

---

1040 Palandt/*Sprau*, BGB, § 665 Rn. 1. – Vgl. auch Staudinger/*Martinek*, BGB, § 665 Rn. 1.
1041 Vgl. Staudinger/*Martinek*, BGB, § 665 Rn. 1; *Knütel*, ZHR 137 (1973), 285, 286.
1042 Staudinger/*Martinek*, BGB, § 665 Rn. 1. – Vgl. Mot. II, 535.
1043 Vgl. Staudinger/*Martinek*, BGB, § 662 Rn. 25.
1044 MüKo-BGB/*Seiler* (6. A.), BGB, § 665 Rn. 3. – A. A. *Knütel*, ZHR 137 (1973), 285, 289: Entscheidend seien die jeweiligen sachlichen Gegebenheiten.
1045 jurisPK-BGB/*Hönn*, BGB, § 665 Rn. 4; Staudinger/*Martinek*, BGB, § 665 Rn. 6.
1046 BAG, Urteil vom 29.08.2012 – 10 AZR 499/11 – NZA 2012, 1433, 1435 in Abgrenzung des Weisungsrechts nach § 665 BGB zu demjenigen des § 106 GewO.
1047 MüKo-BGB/*Seiler* (6. A.), BGB, § 665 Rn. 3.
1048 Soergel/*Beuthien*, BGB, § 665 Rn. 6.

betreffen[1049]. Arbeitnehmer ist derjenige Mitarbeiter, der nicht im Wesentlichen frei seine Tätigkeit gestalten und seine Arbeitszeit bestimmen kann[1050]. Für die Selbständigkeit kommt es dagegen darauf an, die eigene Tätigkeit im Wesentlichen frei zu gestalten und seine Arbeitszeit bestimmen zu können, vgl. § 84 Abs. 1 Satz 2 HGB[1051].

Somit gehört es sowohl zum auftragsrechtlichen als auch zum arbeitsrechtlichen Weisungsrecht, die Art und Weise der Tätigkeit bestimmen zu können. Dies sind die Merkmale, die das BAG maßgeblich zur Abgrenzung freier von abhängiger Arbeit heranzieht[1052]. Unterschiede ergeben sich dagegen bei dem Element der Bestimmung der Arbeitszeit. Selbst bei weitgehend vorgegebenen Arbeitsinhalten kann die freie Einteilung der vereinbarten Arbeitszeit noch für eine selbständige Tätigkeit sprechen[1053].

bb) Rechtscharakter des Weisungsrechts

Der Rechtscharakter wird nicht einheitlich beurteilt: Teilweise wird vertreten, sie soll bereits im Zeitpunkt des Auftragsvertragsabschlusses erteilt werden können[1054]. Weisungen sollen sogar zweiseitiges Rechtsgeschäft sein können[1055]. Überzeugend ist dagegen, nur nachträgliche und einseitige Einwirkungen auf den Auftragnehmer als Weisungen zu anzusehen[1056]. Denn das Weisungsrecht basiert auf dem an dem Auftragsvertrag anknüpfenden Auftragsverhältnis und der Auftragnehmer muss Weisungen nur nach Zustandekommen des Vertrags befolgen[1057]. Die Weisung ist demnach eine einseitige, empfangsbedürftige Willenserklärung des Auftraggebers, durch die er einzelne Pflichten des Auftragnehmers bei Ausführung des Auftrags konkretisiert[1058].

1049 BAG, Urteil vom 29.08.2012 – 10 AZR 499/11 – NZA 2012, 1433, 1434.

1050 BAG, Urteil vom 29.08.2012 – 10 AZR 499/11 – NZA 2012, 1433, 1434; BAG, Urteil vom 25.05.2005 – 5 AZR 347/04 – BAGE 115, 1, 7.

1051 BAG, Urteil vom 25.05.2005 – 5 AZR 347/04 – BAGE 115, 1, 7 f.

1052 Vgl. *Boemke*, Studienbuch Arbeitsrecht, § 2 Rn. 38.

1053 Vgl. BAG, Urteil vom 29.08.2012 – 10 AZR 499/11 – NZA 2012, 1433, 1435.

1054 Vgl. Staudinger/*Martinek*, BGB, § 665 Rn. 6 (begleitende Instruktionen) sowie ausführlich *Knütel*, ZHR 137 (1973), 285, 287 ff. – Nicht eindeutig sind insoweit die Motive, vgl. Mot. II, 535: Zwar wird dort in der Weise unterschieden, dass sich der Auftragnehmer nach den Anweisungen des Auftraggebers richten muss und auch nachträgliche Anweisungen des Auftraggebers zu befolgen hat. Daraus lässt sich aber nicht mehr entnehmen, dass der Auftragnehmer sowohl entsprechend seiner vertraglichen Verpflichtung handeln als auch spätere Einwirkungen des Auftraggebers auf seine Ausführung dulden und befolgen muss.

1055 Staudinger/*Martinek*, BGB, § 665 Rn. 6.

1056 So etwa BeckOK-BGB/*Fischer*, BGB, § 665 Rn. 4; jurisPK-BGB/*Hönn*, BGB, § 665 Rn. 4; MüKo-BGB/*Seiler* (6. A.), BGB, § 665 Rn. 9.

1057 jurisPK-BGB/*Hönn*, BGB, § 665 Rn. 4; MüKo-BGB/*Seiler* (6. A.), BGB, § 665 Rn. 9.

1058 Erman/*K. P. Berger*, BGB, § 665 Rn. 2; Palandt/*Sprau*, BGB, § 665 Rn. 2. – Ähnlich jurisPK-BGB/*Hönn*, BGB, § 665 Rn. 5. – A. A. Staudinger/*Martinek*, BGB, § 665

Begrenzt wird das Weisungsrecht durch die vertraglichen Absprachen[1059] sowie das dem Beauftragten Zumutbare im Sinne des § 242 BGB[1060]. So können auch aus der Art der übernommenen Tätigkeit Grenzen des Weisungsrechts folgen[1061]. Eine interessengerechte Geschäftsbesorgung kann Freiräume des Auftragnehmers voraussetzen[1062]. *Knütel* hat hierfür eine Abgrenzung nach dem Ziel des Auftrags, dessen Bestimmung dem Auftraggeber obliegt, und der Art der Durchführung, die vom Auftragnehmer zu bestimmen ist, vorgeschlagen[1063]. Darüber hinaus können Weisungen durch den Kerngehalt der Geschäftsbesorgung beschränkt sein[1064].

c) Zwischenfazit

Nach der hier vertretenen Auffassung besteht bereits im Organverhältnis abgesehen von den Pflichten im Interesse Dritter kein Bereich der Geschäftsführungstätigkeit, innerhalb dessen die Gesellschafter keine Weisung erteilen dürften[1065]. Daher sind auch Weisungen innerhalb des Anstellungsverhältnisses nicht über diese Grundsätze hinaus durch den Kerngehalt der Geschäftsbesorgung beschränkt. Für die Weisungen bestehen daher nur die Grenzen der Generalklauseln sowie die von den Parteien vereinbarten Grenzen. Als Maßstab ist dabei zu beachten, dass das Auftragsverhältnis eine Selbständigkeit bzw. einen eigenen Ermessensspielraum des Beauftragten erfordert. Jedenfalls bei einer persönlich abhängigen Tätigkeit im Sinne der Arbeitnehmereigenschaft fehlt es an einer selbständigen Tätigkeit, was maßgeblich anhand der freien Zeitbestimmung zu beurteilen ist.

d) Gesellschaftsrechtliche Beschränkungen der Regelungsfreiheit im Anstellungsverhältnis

Wie bereits erwähnt, geht nach überwiegender Ansicht im Verhältnis von Organ- und Anstellungsverhältnis zueinander eine prägende Wirkung des Organverhältnisses auf das Anstellungsverhältnis aus bzw. wird nach Ansicht *Boemkes* die privatautonome Regelungsmacht der Parteien des Anstellungsvertrags durch die zwingenden Normen des Gesellschaftsrechts beschränkt[1066]. Die Vertragspartner

---

Rn. 6: einseitiges oder zweiseitiges Rechtsgeschäft, geschäftsähnliche Handlung oder Realakt.

1059 Vgl. jurisPK-BGB/*Hönn*, BGB, § 665 Rn. 4; Mot. II, 535.

1060 MüKo-BGB/*Seiler* (6. A.), BGB, § 665 Rn. 12. – Vgl. auch jurisPK-BGB/*Hönn*, BGB, § 665 Rn. 5; *Knütel*, ZHR 137 (1973), 285, 293.

1061 MüKo-BGB/*Seiler* (6. A.), BGB, § 665 Rn. 12.

1062 So am Beispiel des Anwaltsvertrags *Knütel*, ZHR 173 (1973), 285, 292 f.

1063 *Knütel*, ZHR 173 (1973), 285, 292 f. – Zustimmend MüKo-BGB/*Seiler* (6. A.), BGB, § 665 Rn. 12.

1064 BGH, Urteil vom 13.01.1966 – VII ZR 9/64 – BB 1966, 265, 265 anhand der Unselbständigkeit eines Handelsvertreters i. S. d. § 84 HGB.

1065 S. oben § 9 IV. 2. b) bb) (2).

1066 S. oben unter § 9 II. 4. b) bb) (4).

(designierter Geschäftsführer und Gesellschaft) können daher nur insoweit eigene, privatautonome Regelungen im Anstellungsvertrag treffen, als dem nicht zwingende gesellschaftsrechtliche Bestimmungen entgegenstehen.

Die Gesellschafter können die Stellung der Geschäftsführer und ihr Verhältnis zu der Gesellschafterversammlung in der Satzung weitgehend nach ihren Vorstellungen regeln[1067]. Dies ist Ausdruck des sog. Grundsatzes der Satzungsfreiheit. Diese Freiheit gilt allerdings nicht unbegrenzt[1068]. Zuständigkeiten der Gesellschafter können nicht entgegen zwingendem GmbH-Recht auf andere Organe übertragen werden[1069]. Die Allgemeine Grenze der Zuständigkeitsverlagerung ist die Selbstentmündigung der Gesellschafter[1070]. Eine Satzungsregelung, die die grundsätzlich allumfassende Gesellschafterzuständigkeit[1071] im Kern beseitigt, ist nichtig[1072]. Daher kann auch die Trennung zwischen den Gesellschaftern als Willensbildungsorgan und dem Geschäftsführer als Leitungsorgan nicht völlig aufgehoben werden und die Gesellschafter müssen oberstes Organ bleiben[1073]. Die Weisungsbindung der Geschäftsführer lässt sich also vertraglich nicht vollkommen aufheben[1074].

e) Fazit

Damit ist auch der Geschäftsführer als Dienstnehmer gegenüber der GmbH als Dienstgeber im Grundsatz weisungsgebunden. Dies bezieht sich auf seine Tätigkeit der Wahrnehmung der Geschäftsführeraufgaben, innerhalb derer ihm die Gesellschaft hinsichtlich Gegenstand sowie Art und Weise der Ausführung Weisungen erteilen kann. Zwar schließt diese Weisungsgebundenheit eine Selbständigkeit des

1067 Scholz/*Schneider/Schneider*, GmbHG, § 37 Rn. 24.

1068 Baumbach/Hueck/*Zöllner*, GmbHG, § 45 Rn. 6. – Anders wohl Scholz/*Schneider/Schneider*, GmbHG, § 37 Rn. 24 mit Verweis auf das Fehlen einer § 23 Abs. 5 AktG entsprechenden Regelung im GmbH-Recht.

1069 Scholz/*Schmidt*, GmbHG, § 45 Rn. 8.

1070 Scholz/*Schmidt*, GmbHG, § 45 Rn. 10. – Grundlegend hierzu *Weber*, § 10 B. I. – Kritisch Rowedder/Schmidt-Leithoff/*Koppensteiner/Gruber*, GmbHG, § 45 Rn. 14, die darauf verweisen, die Stellung der Gesellschafter als „oberstes Organ" stehe der Zuständigkeitsverlagerung wegen der Möglichkeit einer Rückübertragung durch Änderung des Gesellschaftsvertrags nicht entgegen.

1071 Vgl. *Schmidt*, GesellschaftsR, § 36 III. 2. a).

1072 Scholz/*Schmidt*, GmbHG, § 45 Rn. 10.

1073 GroßkommGmbHG/*Hüffer*, GmbHG, § 46 Rn. 4; Scholz/*Schmidt*, GmbHG, § 46 Rn. 2; Baumbach/Hueck/*Zöllner*, GmbHG, § 45 Rn. 7. – Vgl. zum Grundsatz der Überordnung der Gesellschafterversammlung im Rahmen der Inhaltsfreiheit von Gesellschaftsverträgen *Zöllner* in FS GmbHG, 85, 120.

1074 A. A. Lutter/Hommelhoff/*Kleindiek*, GmbHG, § 37 Rn. 25 sowie GroßkommGmbHG/*Paefgen*, GmbHG, § 37 Rn. 23: der Gesellschaftsvertrag kann eine gegenüber dem Normalstatut in der Weise ausgebaute Stellung der Geschäftsführer vorsehen, dass ihnen eine eigenverantwortliche Leitungsmacht oder Gesellschafterkompetenzen zustehen.

Weisungsunterworfenen nicht aus[1075]. Allerdings fehlt es hier an einer generellen Bestimmung, die die Selbständigkeit des GmbH-Geschäftsführers anordnet, wie das etwa im Fall des Handelsvertreters nach § 84 Abs. 1 HGB der Fall ist. Damit bleibt es bei der grundsätzlichen Weisungsgebundenheit des Geschäftsführers hinsichtlich Gegenstand, Art und Weise der Wahrnehmung der Geschäftsführeraufgaben.

4. Einfluss auf Weisungserteilung durch Halten von Geschäftsanteilen

a) Einleitung

Die oben dargestellten Grundsätze gehen von der strikten Trennung der Organe voneinander aus. Allerdings ist es nicht ausgeschlossen und auch nicht unüblich, dass eine Person gleichzeitig die Stellung als Geschäftsführer und als Gesellschafter an der GmbH auf sich vereinigt. Im Fall eines solchen Gesellschafter-Geschäftsführers stellt sich die Frage, ob und inwieweit sich dieser Umstand auf die Weisungsbindung des Geschäftsführers und damit auf die Unselbständigkeit seiner Tätigkeit auswirkt.

Diese Frage wird zwar nicht durch den BGH problematisiert. Dieser befasst sich mit der Beteiligung des Gesellschafter-Geschäftsführers nur in Hinblick auf die Kaufmannseigenschaft, ohne die Auswirkung auf die Unselbständigkeit der Geschäftsführertätigkeit zu prüfen[1076]. Auch das BAG hat hierzu nicht Stellung bezogen, da es sich in dem von ihm zu entscheidenden Fall um einen nicht an der Gesellschaft beteiligten Geschäftsführer handelte[1077]. Dieser Aspekt wird aber vielfach in der Literatur diskutiert, die je nach prozentualer Beteiligung und eventuell vorhandenen Sperrminoritäten auch die Annahme einer selbständigen beruflichen Tätigkeit befürwortet[1078].

b) Gesellschafterbeschluss als Grundlage für Weisung

Wie bereits erwähnt[1079] steht das Weisungsrecht nicht einzelnen Gesellschaftern, sondern der Gesellschafterversammlung als Gesamtheit der Gesellschafter[1080] zu[1081]. Die Weisung muss daher auf einen Gesellschafterbeschluss zurückgehen[1082]. Daher werden anschließend Funktion (unten aa.) und generelles Zustandekommen

---

1075 Vgl. BGH, Urteil vom 13.01.1966 – VII ZR 9/64 – BB 1966, 265, 265 am Beispiel eines Handelsvertreters i. S. d. § 84 HGB.

1076 Vgl. oben § 2 I. 1.

1077 Vgl. oben § 2 I. 2.

1078 Vgl. oben § 2 II. 3. b) bb).

1079 S. oben § 9 IV. 2. b) bb) (1).

1080 Differenzierend zu den Begriffen der Gesellschafterversammlung und der Gesellschafter *Schmidt*, GesellschaftsR, § 36 III. 1., der die Gesamtheit der Gesellschafter als das Organ definiert und die Gesellschafterversammlung lediglich als Regelfall des Beschlussverfahrens ansieht, von dem unterschiedlich abgewichen werde.

1081 Scholz/*Schneider/Schneider*, GmbHG, § 37 Rn. 38.

1082 Scholz/*Schneider/Schneider*, GmbHG, § 37 Rn. 38.

(unten bb.) eines Beschlusses sowie die wesentlichen Einflussnahmemöglichkeiten eines Gesellschafter-Geschäftsführers (unten cc.) erläutert.

aa) Funktion der Beschlussfassung

Die Beschlussfassung ist das Mittel der kollektiven Willensbildung. Mithilfe des Beschlusses soll der kollektive Wille, der der Entscheidungseinheit „Gesellschaft“ zugerechnet werden soll, als solcher kenntlich gemacht und vom selbständigen Willen der Gesellschafter unterschieden werden[1083]. Dem Beschluss kommen zwei Funktionen zu: Er soll angesichts der Vielzahl der Verhaltensmöglichkeiten den Inhalt der Verbandsentscheidung ermitteln und diese gegenüber den Mitgliedern rechtsverbindlich machen[1084].

bb) Grundsätze des Beschlussverfahrens

Beschlüsse der Gesellschafterversammlung werden grundsätzlich entweder in Versammlungen oder schriftlich gefasst, § 48 GmbHG, wovon aber durch Gesellschaftsvertrag oder allseitiges Einvernehmen abgewichen werden kann[1085]. Ein förmlicher Gesellschafterbeschluss wird nur dann als entbehrlich erachtet, wenn nur ein einzelner Gesellschafter an der Gesellschaft beteiligt ist oder der Geschäftsführer selbst der alleinige Gesellschafter ist[1086]. Das Fassen von Beschlüssen setzt die Beschlussfähigkeit der Gesellschafterversammlung voraus, die bei einer ordnungsgemäßen Einberufung grundsätzlich schon bei Anwesenheit eines einzelnen Gesellschafters vorliegt[1087]. Die Beschlussfassung richtet sich dann im Grundsatz nach der Mehrheit der abgegebenen Stimmen[1088], § 47 Abs. 1 GmbHG.

Die Beschlussfassung erfolgt durch Abstimmung[1089]. Das Stimmrecht ist die Befugnis eines Mitglieds zur Teilnahme an der kollektiven Willensbildung durch Beschlüsse[1090]. Es ist ein aus der Mitgliedschaft in der GmbH resultierendes Teilhaberecht[1091]; Inhaber des Stimmrechts sind ausschließlich die Gesellschafter[1092]. Es muss aber nicht zwingend mit dem Halten von Geschäftsanteilen verbunden sein. Vielmehr kann der Gesellschaftsvertrag auch stimmrechtslose Geschäftsanteile vorsehen[1093].

1083 *Wiedemann,* § 3 III. 1. a).
1084 *Wiedemann,* § 3 III. 1. a).
1085 *Schmidt,* GesellschaftsR, § 36 III. 3. a).
1086 Vgl. BGH, Urteil vom 28.09.1992 – II ZR 299/81 – WM 1992, 2053, 2054 f.; BGH, Urteil vom 14.12.1959 – II ZR 187/57 – BGHZ 31, 258, 278. – Allgemein hierzu BeckHbGmbH/*Fischer/Schmidt,* § 4 Rn. 75.
1087 BeckHbGmbH/*Fischer/Schmidt,* § 4 Rn. 130.
1088 BeckHbGmbH/*Fischer/Schmidt,* § 4 Rn. 132; *Drygala/Staake/Szalai,* § 11 Rn. 145.
1089 Vgl. Lutter/Hommelhoff/*Bayer,* § 47 Rn. 1.
1090 *Schmidt,* GesellschaftsR, § 21 II. 1. a).
1091 *Schmidt,* GesellschaftsR, § 35 I. 3. a).
1092 BeckHbGmbH/*Fischer/Schmidt,* § 4 Rn. 82.
1093 *Schmidt,* GesellschaftsR, § 35 I. 3. a).

Das Stimmrecht wird durch starre Stimmverbote und flexible Ausübungsschranken des Stimmrechts beschränkt[1094]. Insbesondere sind Gesellschafter nach § 47 Abs. 4 Satz 2 GmbHG vom Stimmrecht ausgeschlossen, wenn die Beschlussfassung die Vornahme eines Rechtsgeschäfts gegenüber dem Gesellschafter betrifft. Die Regelung basiert auf dem Gedanken des Insichgeschäfts im Sinne des § 181 BGB[1095]. Soweit das Verbot auf dem Gedanken des Insichgeschäfts beruht, ist es durch Satzung oder Gesellschafterbeschluss ebenso abdingbar wie das Verbot des Insichkontrahierens gem. § 181 BGB[1096]. Rechtsgeschäft im Sinne dieser Vorschrift ist jedes Rechtsgeschäft und jede rechtsgeschäftsähnliche Handlung[1097]. § 47 Abs. 4 GmbHG gilt nicht für Einmann-Gesellschaften, weil es bei diesen am erforderlichen Interessenkonflikt fehlt[1098].

Die Stimmabgabe selbst erfolgt durch Willenserklärung zu einem bestimmten Beschlussantrag[1099].

Mehrheitsbeschlüsse werden durch zwingendes Recht und die guten Sitten, den Gleichbehandlungsgrundsatz, die Treupflicht sowie mehrheitsfeste Minderheitenrechte beschränkt[1100].

cc) Einflussnahme durch Beherrschung oder Sperrung

Für die Einflussnahmemöglichkeiten des Gesellschafter-Geschäftsführers sind im Wesentlichen zwei Varianten Gegenstand der Diskussion: der Einfluss kraft beherrschender Mehrheit und der Einfluss kraft Sperrminorität.

(1) Einfluss kraft beherrschender Mehrheit

Den Einfluss kraft beherrschender Mehrheit üben die Gesellschafter über ihre Stimmkraft aus. Dies ist das Gewicht, das der Stimmabgabe eines Gesellschafters zukommt[1101]. Die Stimmkraft bemisst sich grundsätzlich nach der Höhe der Gesellschafterbeteiligung[1102]. Der Gesellschaftsvertrag kann hiervon abweichende Regelungen vorsehen[1103]. Entscheidend ist nicht die Kopf-, sondern die Stimmenmehrheit, wobei jeder Euro eines Geschäftsanteils eine Stimme gewährt, § 47 Abs. 2

1094 Ausführlich hierzu *Schmidt*, GesellschaftsR, § 21 II. 2., 3.
1095 Vgl. Lutter/Hommelhoff/*Bayer*, GmbHG, § 47 Rn. 43.
1096 GroßkommGmbHG/*Schmidt*, GmbHG, § 47 Rn. 173.
1097 BGH, Urteil vom 09.07.1990 – II ZR 9/90 – LM Nr. 25 zu § 46 GmbHG unter II. der Gründe; Lutter/Hommelhoff/*Bayer*, GmbHG, § 47 Rn. 43; GroßkommGmbHG/*Schmidt*, GmbHG, § 47 Rn. 109.
1098 BeckHbGmbH/*Fischer/Schmidt*, § 4 Rn. 108.
1099 BeckHbGmbH/*Fischer/Schmidt*, § 4 Rn. 61; *Wolany*, 3. Kapitel B. IV. 1.
1100 *Schmidt*, GesellschaftsR, § 16 II. 4.
1101 BeckHbGmbH/*Fischer/Schmidt*, § 4 Rn. 80.
1102 Baumbach/Hueck/*Zöllner*, GmbHG, § 47 Rn. 66.
1103 BeckHbGmbH/*Fischer/Schmidt*, § 4 Rn. 80.

GmbHG[1104]. In der Höhe bestimmt sich die Stimmkraft alleine nach dem Nennbetrag des Geschäftsanteils[1105]. Von der Höhe der Einlageleistung ist sie unabhängig[1106]. Außerdem können Geschäftsanteile vollständig stimmrechtslos ausgestaltet sein[1107].

Hält ein Gesellschafter demnach mehr als die Hälfte der Geschäftsanteile und handelt es sich dabei nicht ausnahmsweise um stimmrechtslose Geschäftsanteile, kann er die Beschlussfassung kraft Mehrheit der von ihm abzugebenden Stimmen beeinflussen. So ist er in der Lage, den Inhalt des Beschlusses selbst zu bestimmen. Er kann folglich eine zu erteilende Weisung der Gesellschafterversammlung inhaltlich gestalten.

(2) Einfluss kraft Sperrminorität

Die Beschlussfassung in der GmbH unterliegt im Grundsatz dem Mehrheitsprinzip[1108]. Im Unterschied zum Prinzip der Einstimmigkeit ist daher nicht jede Stimme mit einer Sperrminorität verbunden[1109].

Die Stimmkraft kann aber in dieser Hinsicht modifiziert werden. Dies ist zulässig, soweit nicht positives Recht oder ein zwingendes Schutzgebot entgegensteht[1110]. Daher können einzelnen Gesellschaftern Vetorechte gegen Mehrheitsbeschlüsse als Sonder- bzw. Vorzugsrechte eingeräumt werden[1111]. Daneben können sich Sperrminoritäten aus der Anzahl der gehaltenen Geschäftsanteile ergeben: In diesem Sinne liegt eine Sperrminorität in einer GmbH jedenfalls dann vor, wenn ein Gesellschafter exakt die Hälfte der Geschäftsanteile hält und keine weiteren, der Sperrminorität in diesem Fall widersprechenden Vereinbarungen bestehen[1112] oder wenn einzelne Beschlüsse nur unter qualifizierten Anforderungen an die Mehrheit gefasst werden können und ein Gesellschafter ausreichend Geschäftsanteile hält, um das Entstehen einer qualifizierten Mehrheit zu verhindern[1113]. Hierzu zählen nach den gesetzlichen Vorgaben insbesondere Grundlagenbeschlüsse, wie über Satzungsänderungen, die Erhöhung oder Absenkung des Stammkapitals, Konzernbildungs- oder Umwandlungsbeschlüsse[1114].

1104 BeckHbGmbH/*Fischer/Schmidt*, § 4 Rn. 80. – Vgl. Baumbach/Hueck/*Zöllner*, GmbHG, § 47 Rn. 66; *Schmidt*, GesellschaftsR, § 21 II. 1. e).

1105 BeckHbGmbH/*Fischer/Schmidt*, § 4 Rn. 80.

1106 Baumbach/Hueck/*Zöllner*, GmbHG, § 47 Rn. 66.

1107 Vgl. BGH, Urteil vom 14.07.1945 – II ZR 342/53 – BGHZ 14, 264, 270; Lutter/Hommelhoff/*Bayer*, GmbHG, § 47 Rn. 5.

1108 S. oben § 9 IV. 4. b) bb).

1109 Vgl. *Schmidt*, GesellschaftsR, § 21 II. 1. e).

1110 *Schmidt*, GesellschaftsR, § 21 II. 1. e). – Ausführlich hierzu *Wolany*, 2. Kapitel B. I. 1. b).

1111 *Schmidt*, GesellschaftsR, § 35 I. 3. – Ebenso BeckHbGmbH/*Fischer/Schmidt*, § 4 Rn. 81.

1112 Vgl. BGH, Urteil vom 13.12.2004 – II ZR 206/02 – NJW-RR 2005, 335, 336; Oppenländer/Trölitzsch/*Baumann*, § 15 Rn. 9.

1113 Vgl. Oppenländer/Trölitzsch/*Baumann*, § 15 Rn. 12.

1114 *Schmidt*, GesellschaftsR, § 36 III. 3. c).

Verfügt ein Geschäftsführer als Gesellschafter über eine Sperrminorität, kann er damit die Beschlussfassung der Gesellschafterversammlung verhindern. Somit kann er das Entstehen von Weisungen der Gesellschafterversammlung unterbinden[1115]. Im Unterschied zum oben erwähnten Einfluss kraft beherrschender Mehrheit[1116] ermöglicht der Einfluss kraft Sperrminorität aber keine Gestaltung der Gesellschafterbeschlüsse.

(3) Exkurs: Rechtsprechung von BSG und BAG hinsichtlich Beschäftigten- bzw. Arbeitnehmereigenschaft bei Einflussmöglichkeiten kraft Haltens von Gesellschaftsanteilen

Das BSG nimmt diese Einflussmöglichkeiten zum Anlass, GmbH-Geschäftsführer unterschiedlich i. S. d. § 7 Abs. 1 SGB IV zu beurteilen. § 7 SGB IV regelt die Beschäftigung als die praktisch wichtigste Voraussetzung für die Zugehörigkeit zum Kreis der versicherungspflichtigen Personen[1117]. Danach ist Beschäftigung die nichtselbständige Arbeit, § 7 Abs. 1 SGB IV. Beschäftigter ist, wer unselbständige Arbeit leistet, also von einem Arbeitgeber persönlich abhängig ist[1118]. An der persönlichen Abhängigkeit fehle es, wenn ein GmbH-Gesellschafter-Geschäftsführer aufgrund seiner Gesellschafterstellung maßgeblichen Einfluss auf die Willensbildung der GmbH hat und damit Einzelweisungen an sich als Geschäftsführer im Bedarfsfall jederzeit verhindern kann[1119]. Eine derartige Stellung liege entweder vor, wenn der Geschäftsführer mit mehr als 50 Prozent am Stammkapital beteiligt ist[1120] oder wenn er zumindest mit seinem Anteil ihm nicht genehme Entscheidungen verhindern kann[1121]. Insbesondere Alleingesellschafter hätten gegenüber dem Geschäftsführer auf Grund ihrer gesellschaftsrechtlichen Position die Leitungsmacht und unterlägen damit nicht ihrerseits dessen Weisungsrecht[1122]. Auf diese Ansicht des BSG verweist auch das BAG hinsichtlich der Arbeitnehmerstellung GmbH-Gesellschaftern, die bei derselben Gesellschaft auch angestellt sind[1123].

1115 So auch BGH, Urteil vom 13.12.2004 – II ZR 206/02 – NJW-RR 2005, 335, 336 zum Fall eines zu 50 Prozent an der Gesellschaft beteiligten GmbH-Alleingeschäftsführers.

1116 S. oben § 9 IV. 4. b) cc) (1).

1117 ErfK/*Rolfs*, SGB IV, § 7 Rn. 1.

1118 BSG, Urteil vom 25.01.2006 – B 12 KR 30/04 R – juris Rn. 21; BSG, Urteil vom 14.12.1999 – B 2 U 38/98 R – DB 2000, 329, 329; BSG, Urteil vom 08.08.1990 – 11 Rar 77/89 – juris Rn. 18.

1119 BSG, Urteil vom 25.01.2006 – B 12 KR 30/04 R – juris Rn. 23; BSG, Urteil vom 08.08.1990 – 11 Rar 77/89 – juris Rn. 19.

1120 Vgl. BSG, Urteil vom 11.06.1990 – 2 RU 59/89 – juris Rn. 15 f.

1121 BSG, Urteil vom 08.08.1990 – 11 Rar 77/89 – juris Rn. 19 f.

1122 BSG, Urteil vom 25.01.2006 – B 12 KR 30/04 R – juris Rn. 23.

1123 Vgl. BAG, Beschluss vom 17.09.2014 – 10 AZB 43/14 – NZA 2014, 1293, 1295; BAG, Urteil vom 06.05.1998 – 5 AZR 612/97 – AP Nr. 95 zu § 611 BGB Abhängigkeit.

c) Fazit

Durch eine beherrschende Mehrheit bzw. eine Sperrminorität kann ein Gesellschafter-Geschäftsführer zwar Einfluss auf die Willensbildung der Mitgliederversammlung und damit auch des Verbands nehmen. Bei dem Ergebnis der Beschlussfassung handelt es sich aber um einen der Gesellschaft zuzurechnenden, streng von dem des Gesellschafters abzugrenzenden Willen. Es ist gerade nicht der selbständige Wille des Gesellschafters, der in dem Beschluss seinen Ausdruck findet. Durch die Teilnahme am Willensbildungsprozess der Gesellschaft erfolgt eine Trennung des selbständigen Willens des Individuums vom Willen der Gesellschaft. Dieses Ergebnis bestätigt der Gesetzgeber, der in § 35 Abs. 3 GmbHG für Rechtsgeschäfte des Allein-Gesellschafter-Geschäftsführers mit der Gesellschaft die Geltung des § 181 BGB (klarstellend) angeordnet und auch durch das MoMiG nicht aufgehoben hat. Daran wird deutlich, dass die fehlende Selbständigkeit des GmbH-Geschäftsführers in letzter Konsequenz nicht Folge der Weisungsabhängigkeit, sondern der Rechtspersönlichkeit der Gesellschaft ist.

5. *Übertragung der Ergebnisse auf den verbraucherrechtlichen Begriff der Selbständigkeit innerhalb des Begriffs der beruflichen Tätigkeit*

Wie schon bei der Gewerblichkeit der Tätigkeit kommt es auch hier auf die Grundsätze zum verbraucherrechtlichen Begriff der selbständigen beruflichen Tätigkeit an.

Danach[1124] dient das Merkmal der Selbständigkeit der Abgrenzung zu generell weisungsunterworfenen beruflichen Tätigkeiten. Hierzu zählt auch die Tätigkeit des Geschäftsführers. So ist er zunächst aus dem Organverhältnis heraus weisungsgebunden. Hiervon kann zwar im Einzelfall abgewichen werden. Das gesetzliche Leitbild des Geschäftsführers geht aber von seiner Weisungsunterworfenheit aus. Daneben folgt seine Weisungsbindung auch aus seinem (zwingend erforderlichen) Anstellungsverhältnis. Hier ist eine Befreiung von der Weisungsabhängigkeit sogar ausgeschlossen. Dieses Ergebnis deckt sich mit den von BGH und BAG gefundenen Ergebnissen.

An der Unselbständigkeit ändert auch eine eigene Beteiligung des Geschäftsführers an seiner Gesellschaft nichts. Dass er Anteile an der Gesellschaft hält, führt zunächst nicht zum Tragen eines wirtschaftlichen Risikos. Außerdem führt seine Beteiligung am Willensbildungsprozess selbst bei beherrschendem Einfluss nicht zur Unabhängigkeit. Es ist stattdessen das Wesen der Ausübung seiner Mitgliedschaft im Verband, dass er sich bei Beschlussfassung seines selbständigen Willens begibt und seine inhaltliche (Mit-)Gestaltung Teil des Verbandswillens wird. Entgegen der Stimmen in der Literatur, die die Selbständigkeit vom Anteil des Gesellschafter-Geschäftsführers abhängig machen wollen, kommt es darauf also nicht an.

1124 S. oben § 6 IV. 2. c) bb) (2).

Vierter Teil

§ 10 – Ergebnisse

- Auf deutscher Ebene fand eine Entwicklung des Verbraucherschutzrechts statt, die allerdings uneinheitlich und ungeordnet verlief. Aus ihr gingen Regelungen hervor, die der Bewahrung privatautonomer Entscheidungsfreiheit dienten.
- Diese ursprünglichen Regelungen enthielten keinen Verbraucherbegriff. Sie enthielten stattdessen eine Beschränkung des personalen Anwendungsbereichs durch die Ausklammerung von Kaufleuten.
- Auf europäischer Ebene erfolgte die Verbraucherschutzgesetzgebung vor dem Hintergrund der Schaffung und Fortentwicklung des Binnenmarkts. Die Erreichung eines hohen Schutzniveaus im Bereich des Verbraucherschutzes wird als wichtige Voraussetzung für das Funktionieren des Binnenmarkts angesehen. Damit basiert die europarechtliche Verbraucherschutzgesetzgebung auf einem anderen Schutzgedanken als den Regelungen auf deutscher Ebene regelmäßig beigemessen wurde.
- Auf europäischer Ebene fehlt es nach wie vor an einem einheitlichen Verbraucherbegriff. Stattdessen enthalten die verbraucherschützenden Regelungen jeweils eigene Definitionen des Verbrauchers. Viele dieser Definitionen greifen auf einheitliche Merkmale zurück. Die europäischen Verbraucherschutzregelungen können in ihren Erwägungsgründen zusätzliche Einschränkungen ihres Anwendungsbereichs vorsehen.
- Die europäischen Verbraucherbegriffe im Verbrauchervertragsrecht sind überwiegend derart definiert, dass eine natürliche Person zu einem Zweck handelt, der nicht ihrer beruflichen oder gewerblichen Tätigkeit zugerechnet werden kann. Dabei stellt das Begriffspaar der beruflichen oder gewerblichen Tätigkeit nicht lediglich eine Abgrenzung zur rein privaten Sphäre der handelnden Person dar.
- Der in das deutsche Recht übernommene Verbraucherbegriff geht auf die europäischen Vorgaben zurück. Mit seiner Einfügung im allgemeinen Teil des BGB ist sein Anwendungsbereich abweichend von den vorherigen, einzelfallbezogenen Regelungen, auf das gesamte Zivilrecht erstreckt worden.
- Das deutsche Verbraucherschutzniveau ist gegenüber dem europarechtlich vorgegebenen Schutzniveau nicht durch eine weitere Fassung des Verbraucherbegriffs erweitert. Vielmehr geben die deutschen Sprachfassungen der einschlägigen Richtlinien den europarechtlich vorgegebenen Verbraucherbegriff verkürzt wieder. Sowohl eine rechtsvergleichende als auch eine systematische Auslegung zeigen, dass auch auf europäischer Ebene nur selbständige berufliche Tätigkeiten von den Verbraucherbegriffen ausgeschlossen sind.
- Gewerbliche Tätigkeit im Sinne des § 13 BGB ist jede rechtlich selbständige, planmäßige, entgeltliche und erkennbar auf einem Markt ausgeübte Tätigkeit. Berufliche Tätigkeit ist jede auf Erwerb gerichtete Beschäftigung, die sich nicht

in einem einmaligen Erwerbsakt erschöpft. Die berufliche Tätigkeit ist neben der gewerblichen Tätigkeit der umfassendere Begriff. Für die Selbständigkeit der beruflichen Tätigkeit sind neben der Freiheit von Weisungen ein Ausüben im eigenen Namen und Verantwortungsbereich sowie auf eigene Gefahr und Rechnung maßgeblich.

- Der verbraucherrechtliche Gewerbebegriff ist nicht mit dem handelsrechtlichen Gewerbebegriff identisch. Seine Merkmale sind anhand der deutschen und europäischen Verbraucherschutzregelungen zu ermitteln.
- Auch unter Zugrundelegung des verbraucherrechtlichen Gewerbebegriffs stellt das Halten von Geschäftsanteilen keine gewerbliche Tätigkeit dar.
- Die Einflussnahmemöglichkeiten eines Gesellschafter-Geschäftsführers durch beherrschenden Einfluss oder eine Sperrminorität führen nicht zur Selbständigkeit seiner Tätigkeit als Geschäftsführer.

Literaturverzeichnis

Albers, Marion; Ortler, Bettina: Verbraucherschutz und Markttransparenz im Recht der Verbraucherinformation, GewArch 2009, S. 225–230.

Altmeppen, Holger; Roth, Günther H.: Gesetz betreffend die Gesellschaften mit beschränkter Haftung (GmbHG), Kommentar, 8. Aufl., München 2015 (zit. Roth/Altmeppen/*Bearbeiter*).

Röhricht, Volker; Westphalen, Friedrich von (Hrsg.): Handelsgesetzbuch, Kommentar zu Handelsstand, Handelsgesellschaften, Handelsgeschäften und besonderen Handelsverträgen, 4. Aufl., Köln 2014 (zit. Röhricht/von Westphalen/*Bearbeiter*).

Annuß, Georg: Der Arbeitnehmer als solcher ist kein Verbraucher!, NJW 2002, S. 2844–2846.

Armbrüster, Christian: Interessenkonflikte in der D&O-Versicherung, NJW 2016, S. 897–901.

Bamberger, Heinz Georg; Roth, Herbert (Hrsg.): Beck'scher Online-Kommentar BGB, Edition: 39, München, Stand: 01.05.2016 (zit. BeckOK-BGB/*Bearbeiter*).

Basedow, Jürgen; Hopt, Klaus J.; Zimmermann, Reinhard (Hrsg.): Handwörterbuch des Europäischen Privatrechts, Tübingen 2009 (zit. Basedow/Hopt/Zimmermann/*Bearbeiter*).

Bauer, Jobst-Hubertus; Kock, Martin: Arbeitsrechtliche Auswirkungen des neuen Verbraucherschutzrechts, DB 2002, S. 42–46.

Baumann, Wolfgang; Dickhuth-Harrach, Hans-Jürgen von; Marotzke, Wolfgang (Hrsg.): Gesetz, Recht, Rechtsgeschichte, Festschrift für Gerhard Otte zum 70. Geburtstag, München 2005 (zit. *Bearbeiter* in FS Otte).

– *Kleindiek, Detlef*: Unternehmensleiter als Verbraucher?, S. 185–193.

Hopt, Klaus J.; Kumpan, Christoph; Merkt, Hanno; Roth, Markus: Handelsgesetzbuch, 36. Aufl., München 2014.

Beurskens, Michael; Fastrich, Lorenz; Haas, Ulrich; Noack, Ulrich: Gesetz betreffend die Gesellschaften mit beschränkter Haftung, GmbHG, 20. Aufl., München 2013 (zit. Baumbach/Hueck/*Bearbeiter*).

Baur, Jürgen F. (Hrsg.): Festschrift für Ernst Steindorff zum 70. Geburtstag am 13. März 1990, Berlin 1990 (zit. *Bearbeiter* in FS Steindorff).

– *Hadding, Walther*: Verfügungen über Mitgliedschaftsrechte, S. 31–44.

Becher, Herbert Jaime; Schlüter-Ellner, Corinna: Spanisch-Deutsch, 6. Aufl., München 2013.

Benöhr, Hans-Peter: Konsumentenschutz vor 80 Jahren, Zur Entstehung des Abzahlungsgesetzes vom 16. Mai 1894, ZHR 1974 (138), S. 492–503.

Berger, Christian: Der Ausschluss gesetzlicher Rückgewähransprüche bei der Erbringung unbestellter Leistungen nach § 241a BGB, JuS 2001, S. 649–654.

Lenz, Carl Otto; Borchardt, Klaus-Dieter (Hrsg.): EU-Verträge, Kommentar, 6. Aufl., Köln 2013 (zit. Lenz/Borchardt/*Bearbeiter*).

Beuthien, Volker: Zur Grundlagenungewissheit des deutschen Gesellschaftsrechts, NJW 2005, S. 855–860.

Boemke, Burkhard: Höhe der Verzugszinsen für Entgeltforderungen des Arbeitnehmers, BB 2002, S. 96–97.

Boemke, Burkhard: Kontrahierungszwang im Arbeitsrecht wegen Grundrechtsverletzung?, NJW 1993, S. 2083–2085.

Boemke, Burkhard: Privatautonomie im Arbeitsvertragsrecht, NZA 1993, S. 532–538.

Boemke, Burkhard: Das Dienstverhältnis des GmbH-Geschäftsführers zwischen Gesellschafts- und Arbeitsrecht, ZfA 29 (1998), S. 209–235.

Boemke, Burkhard: Schuldvertrag und Arbeitsverhältnis, München 1999.

Boemke, Burkhard: Studienbuch Arbeitsrecht, 2. Aufl., München 2004.

Boemke, Burkhard; Ulrici, Bernhard: BGB Allgemeiner Teil, 2. Aufl., Berlin, Heidelberg 2014.

Boesebeck, Ernst: Das Weisungsrecht der Gesellschafter einer GmbH, GmbHR 1960, S. 118–123.

Bork, Reinhard: Allgemeiner Teil des Bürgerlichen Gesetzbuchs, 3. Aufl., Tübingen 2011.

Bülow, Peter: Gleichgründige Gesamtschuld (Mitdarlehensnehmer), Schuldbeitritt, GesellschafterGF, Heilung, Anm. zu BGH, Urteil vom 25.02.1997 – XI ZR 49/96, EWiR 1997, S. 427–428.

Bülow, Peter: Schuldbeitritt als Verbraucherkreditgeschäft, Hauptvertrag kein Kreditvertrag, Anwendung auf Bürgschaft und Sicherungsverträge, Anm. zu BGH, Urteil vom 05.06.1996 – VIII ZR 151/95, EWiR 1996, S. 813–814.

Bülow, Peter: Ein neugefasster § 13 BGB – überwiegende Zweckbestimmung, WM 2014, S. 1–4.

Bülow, Peter; Artz, Markus: Fernabsatzverträge und Strukturen eines Verbraucherprivatrechts im BGB, NJW 2000, S. 2049–2056.

Bülow, Peter; Artz, Markus: Verbraucherprivatrecht, 4. Aufl., Heidelberg, München, Landsberg, Frechen, Hamburg 2014.

Bülow, Peter; Artz, Markus (Hrsg.): Verbraucherkreditrecht, 8. Aufl., München 2014 (zit. Bülow/Artz/*Bearbeiter*).

Busche, Jan: Privatautonomie und Kontrahierungszwang, Tübingen 1999.

Bydlinski, Peter; Klauninger, Johannes: Zur Anwendbarkeit der Richtlinie 85/577/EWG vom 20. Dezember 1985 betreffend den Verbraucherschutz im Falle von außerhalb von Geschäftsräumen geschlossenen Verträgen auf Bürgschaftsverpflichtungen von Verbrauchern, Anm. zur Entscheidung des Gerichtshofs der Europäischen Gemeinschaften vom 17. März 1998, ZEuP 1998, S. 994–1015.

Bydlinski, Peter; Thoß, Axel: Gesellschafter-GF als Mitkreditnehmer, Verbraucherbegriff, Anm. zu BGH, Urteil vom 28.06.2000 – VIII ZR 240/99, EWiR 2001, S. 139.

Calais-Auloy, Jean: Consumer legislation in France, A study, New York 1980.

Canaris, Claus-Wilhelm: Wandlungen des Schuldvertragsrechts – Tendenzen zu einer „Materialisierung", AcP 2000 (200), S. 273–364.

Canaris, Claus-Wilhelm: Handelsrecht, 24. Aufl., München 2006.

Craig, Paul; Búrca, Gráinne de (Hrsg.): The Evolution auf EU Law, 1. Aufl., Oxford 1999 (zit. Craig/de Búrca/*Bearbeiter*).

Däubler, Wolfgang: Das Arbeitsrecht 2, Leitfaden für Arbeitnehmer, 7. Aufl., Reinbek bei Hamburg 1990.

Däubler, Wolfgang: Die Auswirkungen der Schuldrechtsmodernisierung auf das Arbeitsrecht, NZA 2001, S. 1329–1337.

Däubler, Wolfgang: Arbeitsrecht, Ratgeber für Beruf, Praxis und Studium, 7. Aufl., Frankfurt M. 2008.

Dauner-Lieb, Barbara: Verbraucherschutz durch Ausbildung eines Sonderprivatrechts für Verbraucher, Systemkonforme Weiterentwicklung oder Schrittmacher der Systemveränderung?, Berlin 1983.

Dauner-Lieb, Barbara: Die geplante Schuldrechtsmodernisierung – Durchbruch oder Schnellschuß?, JZ 2001, S. 8–18.

Dauner-Lieb, Barbara; Dötsch, Wolfgang: Ein „Kaufmann" als „Verbaucher"? – Zur Verbrauchereigenschaft des Personengesellschafters, DB 2003, S. 1666–1669.

Dauner-Lieb, Barbara; Heidel, Thomas; Ring, Gerhard (Hrsg.): Anwaltkommentar BGB, Bonn 2004–2005 (zit. AnwK-BGB/*Bearbeiter*).

Derleder, Peter: Kurzkommentar zu BGH, Urt. v. 10.1.2006 – XI ZR 169/05, EWiR 2006, S. 195–196.

Dick, Hans: Das Verbraucherleitbild der Rechtsprechung, Der Einfluss von Verbraucherschutzkonzeptionen auf die Gerichtsbarkeit am Beispiel der Rechtsprechung zur Verbraucherverschuldung und zur Verbraucherinformation, München 1995.

Dieterich, Thomas (Hrsg.): Festschrift für Marie Luise Hilger und Hermann Stumpf. Unter Mitarbeit von Franz Gamillscheg und Herbert Wiedemann, München 1983 (zit. *Bearbeiter* in FS Hilger/Stumpf).

- *Fleck, Hans-Joachim*: Das Organmitglied – Unternehmer oder Arbeitnehmer?, S. 197–226.
- *Hueck, Götz*: Bemerkungen zum Anstellungsverhältnis von Organmitgliedern juristischer Personen, S. 365–380.

Doehner, Rupert: Die Schuldrechtsreform vor dem Hintergrund der Verbrauchsgüterkauf-Richtlinie, Baden-Baden 2004.

Drescher, Ingo: Die Haftung des GmbH-Geschäftsführers, 7. Aufl., Köln 2013.

Drexl, Josef: Die wirtschaftliche Selbstbestimmung des Verbrauchers, Eine Studie zum Privat- und Wirtschaftsrecht unter Berücksichtigung gemeinschaftsrechtlicher Bezüge, Tübingen 1998.

Drygala, Tim; Staake, Marco; Szalai, Stephan: Kapitalgesellschaftsrecht, Berlin, Heidelberg 2012.

Joost, Detlev; Strohn, Lutz (Hrsg.): Handelsgesetzbuch, 3. Aufl., München 2014 (zit. Ebenroth/Boujong/Joost/Strohn/*Bearbeiter*).

Ebert, Sabine: Folgepflicht und Haftung des GmbH-Geschäftsführers beim Erhalt und bei der Ausführung von Weisungen, GmbHR 2003, S. 444–449.

Enders, Germar: Anmerkung zu BGH, Urteil vom 10.01.2006 – XI ZR 169/05, JZ 2006, S. 573–576.

Westermann, Harm Peter (Hrsg.): Bürgerliches Gesetzbuch, Handkommentar, 10. Aufl., Köln 2000 (zit. Erman/*Bearbeiter* (10. A.)).

Ewald, Hans: Das geltende Abzahlungsgesetz und seine Reform, Köln, Berlin 1956.

Faber, Wolfgang: Elemente verschiedener Verbraucherbegriffe in EG-Richtlinien, zwischenstaatlichen Übereinkommen und nationalem Zivil- und Kollisionsrecht, ZEuP 1998, S. 854–892.

Fastrich, Lorenz: Richterliche Inhaltskontrolle im Privatrecht, München 1992.

Fastrich, Lorenz: Inhaltskontrolle im Arbeitsrecht nach der Bürgschaftsentscheidung des Bundesverfassungsgerichts vom 19.10.1993, RdA 1997, S. 65–80.

Faust, Florian: BGB AT: Begriff des Verbrauchers, BGB § 13: Der BGH lässt offen, ob für die Verbrauchereigenschaft der vom Betreffenden tatsächlich verfolgte Zweck oder der objektive Empfängerhorizont maßgeblich ist., JuS 2010, S. 254–256.

Fehrenbacher, Oliver; Herr, Gunter: Die BGB-Gesellschaft – eine natürliche Person im Sinne des Verbraucherschutzrechts?, BB 2002, S. 1006–1010.

Fleck, Hans-Joachim: Das Dienstverhältnis der Vorstandsmitglieder und Geschäftsführer in der Rechtsprechung des BGH, (Fortsetzung zu WM 1968 Sonderbeilage 3), WM 1981, Beilage 3, S. 1–23.

Fleischer, Holger; Goette, Wulf (Hrsg.): Münchener Kommentar zum GmbH-Gesetz (zit. MüKo-GmbHG/*Bearbeiter*).

- Band 1, 2. Aufl., München 2015.
- Band 2, 2. Aufl., München 2016.

Flume, Werner: Allgemeiner Teil des bürgerlichen Rechts, Erster Band, Zweiter Teil: die juristische Person, Berlin 1983 (zit. Flume, Juristische Person).

Flume, Werner: Allgemeiner Teil des Bürgerlichen Rechts, zweiter Band: Das Rechtsgeschäft, 4. Aufl., Berlin 1992 (zit. Flume, Rechtsgeschäft).

Flume, Werner: Vom Beruf unserer Zeit für Gesetzgebung, Die Änderungen des BGB durch das Fernabsatzgesetz, ZIP 2000, S. 1427–1430.

Gamillscheg, Franz: Die Grundrechte im Arbeitsrecht, Berlin 1989 (zit. Gamillscheg, Grundrechte im Arbeitsrecht).

Gamillscheg, Franz: Kollektives Arbeitsrecht, München 1997 (zit. Gamillscheg, Kollektives Arbeitsrecht).

Gamm, Otto Friedrich; Raisch, Peter; Tiedemann, Klaus (Hrsg.): Strafrecht, Unternehmensrecht, Anwaltsrecht, Festschrift für Gerd Pfeiffer zum Abschied aus dem Amt als Präsident des Bundesgerichtshofes, Köln 1988 (zit. *Bearbeiter* in FS Pfeiffer).

- *Eisenhardt, Ulrich*: Zum Weisungsrecht der Gesellschafter in der nicht mitbestimmten GmbH, S. 839–852.

Garay, Catalina: Rechtswörterbuch, Spanisch-Deutsch, Deutsch-Spanisch, 3. Aufl., Köln 2008.

Gebauer, Martin; Wiedmann, Thomas (Hrsg.): Zivilrecht unter europäischem Einfluss, Die richtlinienkonforme Auslegung des BGB und anderer Gesetze : Kommentierung der wichtigsten EU-Verordnungen, 2. Aufl., Stuttgart 2010 (zit. Gebauer/Wiedmann/*Bearbeiter*).

Geiger, Rudolf; Khan, Daniel-Erasmus; Kotzur, Markus: Vertrag über die Europäische Union und Vertrag über die Arbeitsweise der Europäischen Union – EUV/AEUV, Kommentar, 5. Aufl., München 2010 (zit. Geiger/Khan/Kotzur/*Bearbeiter*).

Gieseke, Horst: Interessenkonflikte der GmbH-Geschäftsführer bei Pflichtenkollisionen, GmbHR 1996, S. 486–492.

Gilles, Peter: Auf dem Weg zu einem Verbraucherkreditgesetz, ZRP 1989, S. 299–307.

Godefroid, Christoph: Leasing und Verbraucherkreditgesetz – Eine Zwischenbilanz, BB 1994, Beilage 6, S. 14–21.

Goette, Wulf: Einführung in das neue GmbH-Recht, München 2008.

Nettesheim, Martin (Hrsg.): Das Recht der Europäischen Union, Stand: Januar 2016 (58. Erg.-Lfg.), München 2016 (zit. Grabitz/Hilf/Nettesheim/*Bearbeiter*).

Grigoleit, Hans Christoph: Der Verbraucheracquis und die Entwicklung des Europäischen Privatrechts, AcP 2010 (210), S. 354–423.

Canaris, Claus-Wilhelm; Habersack, Mathias; Schäfer, Carsten (Hrsg.): Handelsgesetzbuch, Großkommentar, 5. Aufl., Berlin 2008 (zit. GroßkommHGB/*Bearbeiter*).

Grunewald, Barbara; Maier-Reimer, Georg; Westermann, Harm Peter (Hrsg.): Bürgerliches Gesetzbuch, Handkommentar, 14. Aufl., Münster 2014 (zit. Erman/*Bearbeiter*).

Grunsky, Wolfgang: Vertragsfreiheit und Kräftegleichgewicht, Berlin 1995.

Gsell, Beate; Herresthal, Carsten (Hrsg.): Vollharmonisierung im Privatrecht, Die Konzeption der Richtlinie am Scheideweg?, Tübingen 2009 (zit. Gsell/Herresthal/*Bearbeiter*).

Habersack, Mathias: Vertragsfreiheit und Drittinteressen, Eine Untersuchung zu den Schranken der Privatautonomie unter besonderer Berücksichtigung der Fälle typischerweise gestörter Vertragsparität, Berlin 1992.

Habersack, Mathias; Hommelhoff, Peter (Hrsg.): Festschrift für Wulf Goette zum 65. Geburtstag, München 2011 (zit. *Bearbeiter* in FS Goette).

- *Mülbert, Peter O.*: Verbraucher kraft Organmitgliedschaft?, S. 333–344.

Habersack, Mathias; Joeres, Hans-Ulrich; Krämer, Achim (Hrsg.): Entwicklungslinien im Bank- und Kapitalmarktrecht, Festschrift für Gerd Nobbe, Köln 2009 (zit. *Bearbeiter* in FS Nobbe).

- *Müller, Gerd*: „Tod“ oder „Hypertrophie“ des Verbraucherschutzes in Fällen des Schuldbeitritts geschäftsführender Gesellschafter einer GmbH?, S. 415–435.

Ulmer, Peter (Hrsg.): Gesetz betreffend die Gesellschaften mit beschränkter Haftung (GmbHG), 8. Aufl., Berlin 1996–1997 (zit. Hachenburg/*Bearbeiter*).

Hänlein, Andreas: Der mitverpflichtete Gesellschafter-Geschäftsführer als Verbraucher?, Anmerkung zum Urteil des BGH vom 28.06.2000 – VIII ZR 240/99, DB 2001, S. 1185–1188.

Häuser, Franz (Hrsg.): Festschrift für Walther Hadding zum 70. Geburtstag am 8. Mai 2004, Berlin 2004. (zit. *Bearbeiter* in FS Hadding).

- *Mülbert, Peter O.*: Der (zukünftige) Gesellschafter – stets ein Verbraucher?, S. 575–592.

Häuser, Franz; Welter, Reinhard: Neues Recht der Darlehenskündigung, Von § 247 BGB zu § 609a BGB, NJW 1987, S. 17–21.

Heckschen, Heribert; Heidinger, Andreas (Hrsg.): Die GmbH in der Gestaltungs- und Beratungspraxis, 2. Aufl., Köln, München 2009 (zit. Heckschen/Heidinger/*Bearbeiter*).

Henssler, Martin: Das Anstellungsverhältnis der Organmitglieder, RdA 1992, S. 289–302.

Henssler, Martin: Arbeitsrecht und Schuldrechtsreform, RdA 2002, S. 129–140.

Herberger; Maximilian; Martinek, Michael; Rüssmann, Helmut; Weth, Stephan (Hrsg.): juris Praxiskommentar BGB (zit. jurisPK-BGB/*Bearbeiter*).

- Band 1 – Allgemeiner Teil, 7. Aufl., Saarbrücken 2014.
- Band 2 – Schuldrecht, 7. Aufl., Saarbrücken 2014.

Hesselink, Martijn W.: European Contract Law: A Matter of Consumer Protection, Citizenship, or Justice?, ERPL 2007, S. 323–348.

Hippel, Eike von: Verbraucherschutz, 3. Aufl., Tübingen 1986.

Hoffmann, Jochen: Der Verbraucherbegriff des BGB nach Umsetzung der Finanz-Fernabsatzrichtlinie, WM 2006, S. 560–567.

Hofmann, Henning: Das Gesetz zur Umsetzung der Verbraucherrechterichtlinie (BGBl I 2013, 3642), Teil 1: Allgemeine Änderungen sowie Modifizierungen der

Verbraucherverträge und besonderen Vertriebsformen, jurisPR-ITR 2014 (3), Anm. 2.

Hommelhoff, Peter: Unternehmensführung in der mitbestimmten GmbH, ZGR 1978, S. 119–156.

Horn, Norbert; Lwowski, Hans-Jürgen; Nobbe, Gerd (Hrsg.): Bankrecht – Schwerpunkte und Perspektiven, Festschrift für Herbert Schimansky, Köln 1999 (zit. *Bearbeiter* in FS Schimansky).

– *Bungeroth, Erhard*: Schutz vor dem Verbraucherschutz? – Merkwürdigkeiten im Verbraucherkreditgesetz -, S. 279–297.

Hueck, Götz: Zur arbeitsrechtlichen Stellung des GmbH-Geschäftsführers, ZfA 1985, S. 25–37.

Hümmerich, Klaus: Der Verbraucher-Geschäftsführer – Das unbekannte Wesen, NZA 2006, S. 709–713.

Hümmerich, Klaus: Grenzfall des Arbeitsrechts: Kündigung des GmbH-Geschäftsführers, NJW 1995, S. 1177–1182.

Hümmerich, Klaus; Holthausen, Joachim: Der Arbeitnehmer als Verbraucher, NZA 2002, S. 173–181.

Jaeger, Georg: Der Anstellungsvertrag des GmbH-Geschäftsführers, 2. Aufl., München 1992.

Jarass, Hans D.; Pieroth, Bodo: Grundgesetz für die Bundesrepublik Deutschland, Kommentar, 14. Aufl., München 2016 (zit. Jarass/Pieroth/*Bearbeiter*).

Stürner, Rolf (Hrsg.): Bürgerliches Gesetzbuch, Kommentar, 16. Aufl., München 2015 (zit. Jauernig/*Bearbeiter*).

Kapnopoulou, Elissavet N.: Das Recht der missbräuchlichen Klauseln in der Europäischen Union, Das griechische Verbraucherschutzgesetz als Beitrag zum europäischen Privatrecht, Tübingen 1997.

Kemper, Rainer: Verbraucherschutzinstrumente, 1. Aufl., Baden-Baden 1994.

Knobel, Ulrike: Wandlungen im Verständnis der Vertragsfreiheit, Berlin 2000.

Knütel, Rolf: Weisungen bei Geschäftsbesorgungsverhältnissen, insbesondere bei Kommission und Spedition, ZHR 1973 (137), S. 285–333.

Köbler, Gerhard: Rechtsfranzösisch, Deutsch-französisches und französisch-deutsches Rechtswörterbuch für jedermann, 4. Aufl., München 2004.

Koch, Raphael: Verbraucherrecht = brauchbares Recht? Ausgewählte Aspekte nach Umsetzung der Verbraucherrechterichtlinie, Zugleich ein Beitrag zu den Grundfragen der Rechtsharmonisierung, GPR 2014, S. 128–135.

Koller, Ingo; Kindler, Peter; Morck, Winfried; Roth, Wulf-Henning: Handelsgesetzbuch, 8. Aufl., München 2015 (zit. Koller/Kindler/Roth/Morck/*Bearbeiter*).

Konzen, Horst: Geschäftsführung, Weisungsrecht und Verantwortlichkeit in der GmbH und GmbH & Co KG, NJW 1989, S. 2977–2987.

Kötz, Hein: Welche gesetzgeberischen Maßnahmen empfehlen sich zum Schutze des Endverbrauchers gegenüber Allgemeinen Geschäftsbedingungen und Formularverträgen?, Gutachten A zum 50. Deutschen Juristentag, München 1974.

Krämer, Ludwig; Micklitz, Hans-W; Tonner, Klaus (Hrsg.): Law and diffuse interests in the European legal order – Recht und diffuse Interessen in der Europäischen Rechtsordnung, Liber amicorum Norbert Reich, Baden-Baden 1997 (zit. *Bearbeiter* in FS Reich).

Krebs, Peter: Verbraucher, Unternehmer oder Zivilpersonen, – Zur Einordnung von BGB-Gesellschaften und anderen „Verbänden" ohne eigenes Gewerbe oder selbständige berufliche Tätigkeit -, DB 2002, S. 517–520.

Kulke, Ulrich: Widerrufsrechte beim Sicherungsgeschäft, NJW 2006, S. 2223–2225.

Kümpel, Siegfried: Verbraucherschutz im Bank- und Kapitalmarktrecht, WM 2005, S. 1–8.

Röller, Jürgen (Hrsg.): Personalbuch 2016, 23. Aufl., München 2016 (zit. Küttner/*Bearbeiter*).

Kurz, Stefan: Ist der Mehrheitsgesellschafter und Alleingeschäftsführer einer GmbH „Verbraucher"?, NJW 1997, S. 1828–1829.

Kurz, Stefan: Anmerkung zu BGH, Urteil vom 25.02.1997 – XI ZR 49/96, WiB 1997, S. 807–808.

Larenz, Karl; Wolf, Manfred: Allgemeiner Teil des bürgerlichen Rechts, 9. Aufl., München 2004.

Leser, Hans G.; Tamotsu, Isomura (Hrsg.): Wege zum japanischen Recht, Festschrift für Zentaro Kitagawa zum 60. Geburtstag am 5. April 1992, Berlin 1992 (zit. *Bearbeiter* in FS Kitagawa).

– *Medicus, Dieter*: Wer ist ein Verbraucher?, S. 471–486.

Lieb, Manfred: Grundfragen einer Schuldrechtsreform, AcP 1983 (183), S. 327–366.

Lieb, Manfred; Noack, Ulrich; Westermann, Harm Peter (Hrsg.): Festschrift für Wolfgang Zöllner, Zum 70. Geburtstag, Köln, München 1998 (zit. *Bearbeiter* in FS Zöllner, Band I).

– *Reuter, Dieter*: Bestellung und Anstellung von Organmitgliedern im Körperschaftsrecht, S. 487–502.

Loacker, Leander: Verbraucherverträge mit gemischter Zwecksetzung, Ist der Scheideweg im Unionsprivatrecht erreicht?, JZ 2013, S. 234–242.

Lorenz, Stephan: Richtlinienkonforme Auslegung, Mindestharmonisierung und der „Krieg der Senate", Zur Anwendung des Haustürwiderrufsgesetzes auf Bürgschaften, NJW 1998, S. 2937–2940.

Löwisch, Manfred: Zweifelhafte Folgen des geplanten Leistungsstörungsrechts für das Arbeitsvertragsrecht, NZA 2001, S. 465–476.

Löwisch, Manfred: Arbeitsrecht, Ein Studienbuch, 8. Aufl., Köln 2007.

Lutter, Marcus; Bayer, Walter; Hommelhoff, Peter; Kleindiek, Detlef: GmbH-Gesetz, Kommentar, 18. Aufl., Köln 2012 (zit. Lutter/Hommelhoff/*Bearbeiter*).

Starck, Christian (Hrsg.): Kommentar zum Grundgesetz, 6. Aufl., München 2010 (zit. v. Mangoldt/Klein/Starck/*Bearbeiter*).

Mennicke, Petra: Zum Weisungsrecht der Gesellschafter und der Folgepflicht des GF in der mitbestimmungsfreien GmbH, NZG 2000, S. 622–626.

Micklitz, Hans-W: Anmerkung zu EuGH, Urteil vom 17.03.1998 – C-45/96 (Dietzinger), EuZW 1998, S. 252–254.

Mildenberger, Martin: Der Geschäftsführervertrag, Eine Untersuchung des Verhältnisses von Organstellung und Anstellung des GmbH-Geschäftsführers unter besonderer Berücksichtigung der historischen Grundlagen, Tübingen 2000.

Miller, Georg: Der Anstellungsvertrag des GmbH-Geschäftsführers – Rechtliche Einordnung und gesetzliche Mindestkündigungsfrist, BB 1977, S. 723–726.

Möstl, Markus: Grenzen der Rechtsangleichung im europäischen Binnenmarkt, – Kompetenzielle, grundfreiheitliche und grundrechtliche Schranken des Gemeinschaftsgesetzgebers -, EurR 2002, S. 318–350.

Rebmann, Kurt; Säcker, Franz Jürgen (Hrsg.): Münchener Kommentar zum Bürgerlichen Gesetzbuch, 2. Aufl., München 1988 (zit. MüKo-BGB/*Bearbeiter* (2. A.)).

Kunig, Philip (Hrsg.): Grundgesetz, Kommentar, 6. Aufl., München 2012 (zit. v. Münch/Kunig/*Bearbeiter*).

Natzel, Ivo: Schutz des Arbeitnehmers als Verbraucher?, NZA 2002, S. 595–597.

Nikisch, Arthur: Arbeitsrecht, I. Band – Allgemeine Lehren und Arbeitsvertragsrecht, 3. Aufl., Tübingen 1961.

Nobbe, Gerd: Neuregelungen im Verbraucherkreditrecht, – Ein kritischer Überblick -, WM 2011, S. 625–632.

Nowak, Carsten: Europarecht nach Lissabon, Baden-Baden 2011.

Oppenländer, Frank; Trölitzsch, Thomas (Hrsg.): Praxishandbuch der GmbH-Geschäftsführung, 2. Aufl., München 2011 (zit. Oppenländer/Trölitzsch/*Bearbeiter*).

Oppermann, Thomas; Classen, Claus Dieter: Die EG vor der Europäischen Union, NJW 1993, S. 5–12.

Oppermann, Thomas; Classen, Claus Dieter; Nettesheim, Martin: Europarecht, 7. Aufl., München 2016 (zit. Oppermann/Classen/Nettesheim/*Bearbeiter*).

Palandt, Bürgerliches Gesetzbuch.

- 57. Aufl., München 1998 (zit. Palandt/*Bearbeiter* (57. A.)).
- 59. Aufl., München 2000 (zit. Palandt/Bearbeiter (59. A.)).
- 61. Aufl., München 2002 (zit. Palandt/*Bearbeiter* (61. A.)).
- 75. Aufl., München 2016 (zit. Palandt/*Bearbeiter*).

Paulus, Christoph G.; Zenker, Wolfgang: Grenzen der Privatautonomie, JuS 2001, S. 1–9.

Peters, Bernd: Leasinggeschäfte und Verbraucherdarlehensrecht, WM 2006, S. 1183–1193.

Peters, Hans: Das Recht auf freie Entfaltung der Persönlichkeit in der höchstrichterlichen Rechtsprechung, Köln 1963.

Pfeiffer, Thomas: Anmerkung zu BGH, Urteil vom 05.06.1996 – VIII ZR 151/95, LM Nr. 5 zu § 1 VerbrKrG.

Pfeiffer, Thomas: Vom kaufmännischen Verkehr zum Unternehmensverkehr, NJW 1999, S. 169–174.

Preis, Ulrich: Der persönliche Anwendungsbereich des Sonderprivatrechts, Zur systematischen Abgrenzung von Bürgerlichem Recht, Verbraucherrecht und Handelsrecht, ZHR 1994 (158), S. 567–613.

Preis, Ulrich: Arbeitsrecht, Individualarbeitsrecht – Lehrbuch für Studium und Praxis, 4. Aufl., Köln 2012.

Preis, Ulrich; Müller-Glöge, Rudi; Schmidt, Ingrid (Hrsg.): Erfurter Kommentar zum Arbeitsrecht, 16. Aufl., München 2016 (zit. ErfK/*Bearbeiter*).

Priester, Hans-Joachim; Mayer, Dieter; Wicke, Hartmut (Hrsg.): Münchener Handbuch des Gesellschaftsrechts, Band 3, 4. Aufl., München 2012–2014 (zit. MüHbGesR-III/*Bearbeiter*).

Prinz, Ulrich; Winkeljohann, Norbert (Hrsg.): Beck'sches Handbuch der GmbH, Gesellschaftsrecht, Steuerrecht, 5. Aufl., München 2014 (zit. BeckHbGmbH/*Bearbeiter*).

Prütting, Hanns; Wegen, Gerhard; Weinreich, Gerd: BGB, Kommentar, 11. Aufl., Köln 2016 (zit. Prütting/Wegen/Weinreich/*Bearbeiter*).

Pützhoven, Andreas: Europäischer Verbraucherschutz im Fernabsatz, Die Richtlinie 97/7/EG und ihre Einbindung in nationales Verbraucherrecht, München 2001.

Rauscher, Thomas (Hrsg.): Europäisches Zivilprozess- und Kollisionsrecht EuZPR / EuIPR, Kommentar (zit. Rauscher/*Bearbeiter*).

- Band I, 4. Aufl., Köln 2016.
- Band III, 4. Aufl., Köln 2016.

Rebmann, Eberhard: Anmerkung zu BGH, Urteil vom 05.06.1996 – VIII ZR 151/95, DZWir 1996, S. 459–460.

Reich, Norbert: Verbrauchergerichtsstand bei Vertrag mit doppeltem Zweck – Anmerkung zu EuGH, Urteil vom 20.01.2005 – C-464/01 (Gruber / BayWa AG), EuZW, S. 241–245.

Reich, Norbert: Markt und Recht, Theorie und Praxis des Wirtschaftsrechts in der Bundesrepublik Deutschland, Neuwied 1977.

Reich, Norbert; Micklitz, Hans-W: Verbraucherschutzrecht in der Bundesrepublik Deutschland, Eine Studie unternommen für die EG Kommission, New York 1980.

Reich, Norbert; Micklitz, Hans-W (Hrsg.): Europäisches Verbraucherrecht, 4. Aufl., Baden-Baden 2003 (zit. Reich/Micklitz/*Bearbeiter*).

Reichsgerichtsräte und Bundesrichter (Hrsg.): Das Bürgerliche Gesetzbuch, mit besonderer Berücksichtigung der Rechtsprechung des Reichsgerichts und des Bundesgerichtshofes, 11. Aufl., Berlin 1959 (zit. BGB-RGRK/*Bearbeiter*).

Reinicke, Dietrich; Tiedtke, Klaus: Formbedürftigkeit des Schuldbeitritts zu einem Kreditvertrag, WiB 1997, S. 449–453.

Reinicke, Dietrich; Tiedtke, Klaus: Schutz des Bürgen durch das Haustürwiderrufsgesetz, Eine Besprechung des Urteils des EuGH vom 17. März 1998, ZIP 1998, S. 893–897.

Reiserer, Kerstin: Der GmbH-Geschäftsführer im Arbeits- und Sozialversicherungsrecht, Heidelberg 1995.

Reymann, Christoph: Das Sonderprivatrecht der Handels- und Verbraucherverträge, Einheit, Freiheit und Gleichheit im Privatrecht, Tübingen 2009.

Richardi, Reinhard (Hrsg.): Münchener Handbuch zum Arbeitsrecht, 3. Aufl., München 2009 (zit. MünchHbArbR/*Bearbeiter*).

Riehm, Thomas: Das Gesetz über Fernabsatzverträge und andere Fragen des Verbraucherrechts, Jura 2000, S. 505–513.

Ring, Gerhard: Umsetzung der Verbrauchsgüterkaufrichtlinie in den Regelungen über den Verbrauchsgüterkauf, BuW 2002, S. 776–782.

Rischbieter, Gerhard; Gröning, Maximillian (Hrsg.): Gründung und Leben der GmbH nach dem MoMiG, München 2009 (zit. Rischbieter/Gröning/*Bearbeiter*).

Roth, Wulf-Henning: Europäischer Verbraucherschutz und BGB, JZ 2001, S. 475–490.

Schmidt-Leithoff, Christian (Hrsg.): Gesetz betreffend die Gesellschaften mit beschränkter Haftung (GmbHG), Kommentar, 4. Aufl., München 2002.

Sachs, Michael (Hrsg.): Grundgesetz, Kommentar, 7. Aufl., München 2014 (zit. Sachs/*Bearbeiter*).

Säcker, Franz Jürgen: Kompetenzstrukturen bei Bestellung und Anstellung von Mitgliedern des unternehmerischen Leitungsorgans, BB 1979, S. 1321–1325.

Säcker, Franz Jürgen, Rixecker, Roland; Oetker, Hartmut, Limperg, Bettina (Hrsg): Münchener Kommentar zum Bürgerlichen Gesetzbuch.

- 3. Aufl., München 1995 (zit. MüKo-BGB/*Bearbeiter* (3. A.)).
- 4. Aufl., München 2001 (zit. MüKo-BGB/*Bearbeiter* (4. A.)).
- 6. Aufl., München 2012 (zit. MüKo-BGB/*Bearbeiter* (6. A.)).
- 7. Aufl., München 2015 (zit. MüKo-BGB/*Bearbeiter*).

Koch, Ulrich; Linck, Rüdiger; Treber, Jürgen; Vogelsang, Hinrich (Hrsg.): Arbeitsrechts-Handbuch, 16. Aufl., München 2015 (zit. Schaub/Bearbeiter).

Schäfer, Carsten: Lässt sich die Gewinnzusage nach § 661a BGB in das System des bürgerlichen Rechts einordnen?, JZ 2005, S. 981–987.

v. Schenck, Kersten: Handlungsbedarf bei der D&O-Versicherung, NZG 2015, S. 494–501.

Schmelz, Karl-Joachim; Klute, Sabine: Zum Gesetzentwurf für ein Verbraucherkreditgesetz, ZIP 1988, S. 1509–1525.

Schmidt, Eike: In diffusis submersus, Oder aber: Diffusitas non nocet, in FS Reich, S. 81–92.

Schmidt, Karsten: Die Arbeitsgemeinschaft im Baugewerbe: als oHG eintragungspflichtig oder eintragungsfähig?, – Bemerkungen zu § 105 Abs. 2 HGB und zum Urteil des OLG Dresden vom 20.11.2001, DB 2003, S. 703–707.

Schmidt, Karsten: Verbraucherbegriff und Verbrauchervertrag – Grundlagen des § 13 BGB, JuS 2006, S. 1–8.

Schmidt, Karsten: Gesellschaftsrecht, 4. Aufl., Köln 2002.

Schmidt, Karsten (Hrsg.): Münchener Kommentar zum Handelsgesetzbuch, 4. Aufl., München 2016 (zit. MüKo-HGB/*Bearbeiter*).

Schneider, Christian: Erfüllungszwang bei Gewinnzusagen – verfassungsmäßig?, Eine Kritik an § 661a BGB, BB 2002, S. 1653–1658.

Scholz, Franz (Hrsg.): Kommentar zum GmbH-Gesetz, Mit Anhang Konzernrecht, 11. Aufl., Köln 2014 (zit. Scholz/*Bearbeiter*).

Schön, Wolfgang: Die vermögensverwaltende Personenhandelsgesellschaft, – Ein Kind der HGB-Reform -, DB 1998, S. 1169–1177.

Schulte-Nölke, Hans; Twigg-Flesner, Christian; Ebers, Martin: EC consumer law compendium, The consumer acquis and its transposition in the member state, München 2008.

Schwab, Martin: Die Durchgriffshaftung des GmbH-Gesellschafters bei Verjährung der ursprünglichen Gesellschaftsverbindlichkeit, GmbHR 1012, S. 1213–1221.

Schwarze, Jürgen; Becker, Ulrich; Hatje, Arnim; Schoo, Johann (Hrsg.): EU-Kommentar, 3. Aufl., Baden-Baden 2012 (zit. Schwarze/*Bearbeiter*).

Sedlmeier, Kathleen: Rechtsgeschäftliche Selbstbestimmung im Verbrauchervertrag, Tübingen 2012.

Siems, Mathias: Die Vermögensverwaltung im HGB – Gewerbebegriff und Vermögensverwaltungsgesellschaften, NZG 2001, S. 738–742.

Singer, Reinhard: Arbeitsvertragsgestaltung nach der Reform des BGB, RdA 2003, S. 194–204.

Singh, Avtar: Law of Consumer Protection – Principles and Practice, being a study oft the Consumer Protection Act 1986, 4. Aufl., Lucknow 2005.

Siebert, Wolfgang (Hrsg.): Bürgerliches Gesetzbuch, 13. Aufl., Stuttgart 2002 (zit. Soergel/*Bearbeiter*).

Staudinger, Kommentar zum Bürgerlichen Gesetzbuch mit Einführungsgesetz und Nebengesetzen, §§ 581–597, Landrecht, 598–610, 12. Bearbeitung, Berlin 1989 (zit. Staudinger/*Bearbeiter* (12. B.)).

Staudinger, Kommentar zum Bürgerlichen Gesetzbuch mit Einführungsgesetz und Nebengesetzen, 13. Bearbeitung (zit. Staudinger/*Bearbeiter*).

- VerbrKrG [u. a.], Neubearbeitung 2001, Berlin 2001.
- §§ 1–14; Verschollenheitsgesetz (Einleitung zum BGB und Allgemeiner Teil 1), Neubearbeitung 2013, Berlin 2013.
- §§ 90–124: 130–133 (Allgemeiner Teil 3), Neubearbeitung 2012, Berlin 2012.
- §§ 163–240, Neubearbeitung 2014, Berlin 2014.
- §§ 241–243, Neubearbeitung 2015, Berlin 2015.
- §§ 305–310, UKlaG, Neubearbeitung 2013, Berlin 2013.
- §§ 631–651, Neubearbeitung 2014, Berlin 2014.
- §§ 657–704, Neubearbeitung 2006, Berlin 2006.
- Eckpfeiler, Neubearbeitung 2014/2015, Berlin 2015.

Sternel, Friedemann: Mietrecht, 3. Aufl., Köln 1988.

Streinz, Rudolf: Europarecht, 8. Aufl., Heidelberg 2008 (zit. *Streinz* (8. A.)).

Streinz, Rudolf: Europarecht, 9. Aufl., Heidelberg 2012 (zit. *Streinz*).

Streinz, Rudolf; Kruis, Tobias; Michl, Walther (Hrsg.): EUV/AEUV, Vertrag über die Europäische Union und Vertrag über die Arbeitsweise der Europäischen Union, 2. Aufl., München 2012 (zit. Streinz-EUV-AEUV/*Bearbeiter*).

Struck, Nicola: Der Verbraucher-/Unternehmerbegriff im BGB, MittBayNot 2003, S. 259–263.

Sutschet, Holger (Hrsg.): Tradition und Moderne – Schuldrecht und Arbeitsrecht nach der Schuldrechtsreform, Festschrift für Horst Ehmann zum 70. Geburtstag, Berlin 2005 (zit. *Bearbeiter* in FS Ehmann).

- *Schmidt, Thomas*: Der „Arbeitnehmer-Verbraucher" – Zwischenbilanz eines Paradigmenwechsels, S. 153–168.

Tamm, Marina: Verbraucherschutzrecht, Europäisierung und Materialisierung des deutschen Zivilrechts und die Herausbildung eines Verbraucherschutzprinzips, Tübingen 2011.

Tiedtke, Klaus: Kurzkommentar zu BGH, Urteil vom 08.11.2005 – XI ZR 34/05, EWiR 2006, S. 319–320.

Tillmanns, Kerstin: Strukturfragen des Dienstvertrages, Leistungsstörungen im freien Dienstvertrag und im Arbeitsvertrag, Tübingen 2007.

Ulmer, Peter; Habersack, Mathias; Löbbe, Marc (Hrsg.): Gesetz betreffend die Gesellschaften mit beschränkter Haftung, 2. Aufl., Tübingen 2014 (zit. GroßkommGmbHG/*Bearbeiter*).

Ulmer, Peter; Habersack, Mathias; Winter, Martin (Hrsg.): Gesetz betreffend die Gesellschaften mit beschränkter Haftung (GmbHG), Grosskommentar, 1. Aufl., Tübingen 2005–2010 (zit. GroßkommGmbHG/*Bearbeiter* (1. A.)).

Ulmer, Peter; Zöllner, Wolfgang; Lutter, Marcus (Hrsg.): Festschrift 100 Jahre GmbH-Gesetz, Köln 1992 (zit. *Bearbeiter* in FS GmbHG).

– *Zöllner, Wolfgang*: Inhaltsfreiheit bei Gesellschaftsverträgen, S. 85–125.

Ungeheuer, Christina: Anmerkung zu BGH, Urteil vom 10.07.1996 – VIII ZR 213/95, LM Nr. 6 zu § 1 VerbrKrG.

Verein zur Förderung der Versicherungswissenschaft an den drei Berliner Universitäten (Hrsg.): Festschrift für Prof. Dr. Horst Baumann, Karlsruhe 1999 (zit. *Bearbeiter* in FS Baumann).

– *Schulze-Osterloh, Joachim*: Die Verwaltung eigenen Vermögens als Handelsgewerbe, S. 325–333.

Vogel, Alexander von: Verbrauchervertragsrecht im Privatrechtssystem, Zur systematischen Stellung verbrauchervertraglicher Vorschriften im Recht der Europäischen Gemeinschaft und ihrer Mitgliedstaaten, GPR 2004, S. 164–172.

Wackerbarth, Ulrich: Zur Anwendung des Verbraucherkreditgesetzes auf die persönliche Mitverpflichtung des GmbH-Gesellschafters, DB 1998, S. 1950–1955.

Wank, Rolf: Fremdgeschäftsführer einer GmbH als Verbraucher, Darstellende, weiterführende Anmerkung zur Entscheidung des Bundesarbeitsgerichts vom 19. Mai 2010 – 5 AZR 253/09, RdA 2011, S. 178–181.

Wank, Rolf; Hirte, Heribert; Frey, Kaspar; Fleischer, Holger; Thüsing, Gregor (Hrsg.): Festschrift für Herbert Wiedemann zum 70. Geburtstag, München 2002 (zit. *Bearbeiter* in FS Wiedemann).

– *Goette, Wulf*: Der Geschäftsführerdienstvertrag zwischen Gesellschafts- und Arbeitsrecht in der Rechtsprechung des Bundesgerichtshofs, S. 873–888.

Weber, Christoph: Privatautonomie und Ausseneinfluss im Gesellschaftsrecht, Tübingen 2000.

Wellenhöfer-Klein, Marina: Strukturell ungleiche Verhandlungsmacht und Inhaltskontrolle von Verträgen, ZIP 1997, S. 774–781.

Wendehorst, Christiane: Das neue Gesetz zur Umsetzung der Verbraucherrechterichtlinie, NJW 2014, S. 577–584.

Westphalen, Friedrich Graf von: Leasing und Verbraucherkreditgesetz: Mithaftende GmbH-Geschäftsführer/Gesellschafter, BB 1993, Beilage 8, S. 19–23.

Westphalen, Friedrich Graf von: Die Novelle zum AGB-Gesetz, BB 1996, S. 2101–2106.

Westphalen, Friedrich Graf von: Verbraucherkreditverträge und die Beteiligung Dritter, MDR 1997, S. 307–311.

Wiedemann, Herbert: Gesellschaftsrecht, München 1980.

Wilhelm, Jan: Kapitalgesellschaftsrecht, 2. Aufl., Berlin 2005.

Witt, Carl-Heinz: Unternehmereigenschaft einer GmbH beim Verbrauchsgüterkauf, Zugleich zum Vorrang der Nacherfüllung bei unwirksamem Ausschluss der Gewährleistung, NJW 2011, S. 3402–3404.

Wolany, Josef: Rechte und Pflichten des Gesellschafters einer GmbH, Köln 1964.

Wolf, Manfred; Lindacher, Walter F.; Pfeiffer, Thomas (Hrsg.): AGB-Recht, 6. Aufl., München 2013 (zit. Wolf/Lindacher/Pfeiffer/*Bearbeiter*).

Zahn, Herbert: Die Bürgschaft des Verbrauchers bei Haustürgeschäften und Kreditverträgen, Zugleich Besprechung BGH v. 10.1.2006 – XI ZR 169/05, ZIP 2006, S. 1069–1074.

Ziemons, Hildegard; Jaeger, Carsten (Hrsg.): Beck'scher Online-Kommentar: GmbHG, 20. Edition, Stand: 2014, München (zit. BeckOK-GmbHG/*Bearbeiter*).

Zöllner, Wolfgang: Privatautonomie und Arbeitsverhältnis, Bemerkungen zu Parität und Richtigkeitsgewähr beim Arbeitsvertrag, AcP 1976 (176), S. 221–246.

Zöllner, Wolfgang: Zivilrechtswissenschaft und Zivilrecht im ausgehenden 20. Jahrhundert, AcP 1988 (188), S. 85–100.